Anja Saskia Beyer & Charly von Feyerabend

Frau im Glück
Erprobte Tipps und Tricks zum Nachahmen

Für Veronika

♡

Anja & Charly

Topicus

Das Buch

Was ist das überhaupt, dieses Glück, das wir uns alle wünschen? Kann man es finden, wenn man richtig danach sucht? Oder ist es längst da? Zwei Autorinnen machen sich auf die Suche nach Antworten. Sie sind Ehefrauen, Mütter, Schriftstellerinnen, Geliebte, Töchter und Freundinnen, aber vor allem: sie selbst.

Mit viel Lust am Entdecken führen sie ein Glückstagebuch, versuchen es mit Yoga und Achtsamkeit, verschicken Fragebögen an ihre Freundinnen und nehmen die Liebe unter die Lupe. Ein lebenskluges, lustiges, berührendes Buch über die kleinen und großen Glücksmomente im Leben und wie wir lernen, sie zu sehen.

Die Autorinnen

Anja Saskia Beyer studierte Theaterwissenschaft, sie ist erfolgreiche Drehbuchautorin, Schriftstellerin und Sachbuchautorin. In ihren Romanen entführt die Nr.-1-Kindle-Bestsellerautorin und Nr.-1-BILD-Bestsellerautorin ihre Leser gerne in schöne Urlaubsländer, erzählt von Liebe, Freundschaft und Familiengeheimnissen. Die Autorin lebt mit ihrem Mann, ihren Kindern und ihrem Hund in Berlin.
www.facebook.com/AnjaSaskiaBeyer
www.Anja-Saskia-Beyer.com
www.instagram.com/AnjaSaskiaBeyer

Charly von Feyerabend hat Literaturwissenschaften, Medienpädagogik und Texttechnologie studiert, im Verlagsumfeld und im Bereich PR und Marketing gearbeitet. Sie hat das Glück sechs Jahre lang in Norwegen erforscht, lebt derzeit in Schweden und testet, wie es so ist, mit drei Kindern als Autorin zu leben und eine Katze zu haben. Den Mann nicht zu vergessen. Sie kann bestätigen: Glück trägt manchmal einen Tarnumhang und kann stärker glänzen als Gold!
www.facebook.com/CharlyvonFeyerabend
www.vonFeyerabend.de
www.instagram.com/vonFeyerabend

Anja Saskia Beyer
Charly von Feyerabend

FRAU IM GLÜCK

Erprobte Tipps und Tricks zum Nachahmen

Deutsche Erstveröffentlichung bei
Topicus, Amazon Media EU S.à r.l.
38, avenue John F. Kennedy, L-1855 Luxembourg
April 2020
Copyright © der deutschsprachigen Ausgabe 2020
By Anja Saskia Beyer und Charly von Feyerabend
All rights reserved.

Umschlaggestaltung: bürosüd⁰ München, www.buerosued.de
Umschlagmotiv: © HelloRF Zcool / Shutterstock; © alexdndz /
Shutterstock; © Kazakova Maryia / Shutterstock; © Kastoluza /
Shutterstock; © TabitaZn / Shutterstock; © Evgeny Karandaev /
Shutterstock; © Denis Sazhin - Iconka / Shutterstock
1. Lektorat: Judith Zimmer
2. Lektorat, Korrektorat und Satz: VLG Verlag & Agentur,
Haar bei München, www.vlg.de
Gedruckt durch:
Amazon Distribution GmbH, Amazonstraße 1, 04347 Leipzig /
Canon Deutschland Business Services GmbH, Ferdinand-Jühlke-Str. 7,
99095 Erfurt /
CPI books GmbH, Birkstraße 10, 25917 Leck

ISBN 978-2-49670-131-9

www.topicus-verlag.de

Inhalt

Erprobte Glückstipps für Deine Faulbärzeit
Chill mal oder probier dich aus. Wetten, dass noch viel mehr in
dir steckt?

Erprobte Glückstipps von den alten Weisen
Butter bei die Fische: Wie du die Knoten im
Gehirn lösen kannst oder neue dazubekommst

»Ein Tag ohne Lächeln ist ein verlorener Tag.«
Charlie Chaplin

I

Vorspiel – Bin ich glücklich?

Wirklich? Warum wir uns damit beschäftigen müssen

Wie Frauen glücklich werden? Die wohl wichtigste Frage des Universums. Für die richtige Antwort würde sich vermutlich so mancher Mann mit gefalteten Händen vor uns auf die Knie werfen. Allein wegen dieser bildlichen Vorstellung schreiben wir dieses Buch.

Nein, natürlich nicht, wir schreiben es in erster Linie für Frauen, die viel nachdenken (gibt es auch Frauen, die das nicht tun?), und zwar über das Leben und wie man es für sich selbst noch glücklicher gestalten könnte. Für alle, die nicht gern wissenschaftliche Abhandlungen darüber lesen, sondern zu diesem Thema mit einem Schuss Selbstreflexion unterhalten werden wollen. Und warum dieses Buch hauptsächlich für Frauen ist? Weil die Tipps von Frauen getestet wurden.

Keine Sorge, wir raten nicht zu Lachyoga. Wir wollen dich viel lieber auf eine Reise mitnehmen, bei der du entdecken kannst, was DICH glücklich macht. Auf lange Sicht. Nicht nur ein kurzes Sternschnuppenglück. Sondern ein bunter Dauerlutscher, der lange hält und herrlich schmeckt. Nach Himbeergelee, Mandelmousse und Schokopudding.

Also Männer, die ihr die Augen eurer Frauen zum Leuchten bringen wollt: gut aufgepasst. Wir sagen euch, was vielen tollen Frauen hilft, den Alltag mit euch und all seinen Tücken zu überleb... äh ... zu verschönern. Richtige Tipps zum Umsetzen, keine IKEA-Bauanleitungen, bei denen drei Schrauben übrig bleiben und man sich nach ein paar Wochen wundert, warum das Regal so schräg an der Wand steht.

Glitzerpulver für alle?

Reicht leider nicht. Denn Frauen sind ja grundverschieden und das ist auch gut so. Nur in einem sind wir uns ähnlich: Wir wollen entspannt und fröhlich durchs Leben gehen. Und Bücher lesen, die uns weiterbringen, aber auch amüsieren.

Wir, zwei Liebesroman-Krimi-Jugendbuch-Frauenunterhaltungs-Autorinnen, müssen es schließlich wissen, denn a) sind wir Frauen und b) schlüpfen wir so oft in verschiedene Charaktere wie andere in frische Unterwäsche. Zwei Frauen also, noch dazu mit ausreichend Glücks-, Lebens- und Unglückserfahrung. Und ausreichend glücklichen und unglücklichen Freundinnen, Nachbarinnen, Kolleginnen und Männern, die sie kreuzunglücklich gemacht haben. Aber auch superhappy. Sehr sogar – zum Glück.

Aber nun zum Kern unseres Buches: Was ist das überhaupt, dieses Glück?

Über diese Frage stolpert man immer. Ständig. Manchmal verpackt sie sich anders und trägt einen Tarnumhang oder einen gefälschten Schnauzer, aber im Grunde genommen dreht sich das Leben doch wirklich um die Suche nach dem ultimativen Glücksrezept. Denk an dein Lieblingsbuch oder deinen Lieblingsfilm, um was ging es da doch gleich? Macht, Reichtum, Liebe? Sind das nicht einfach nur unterschiedliche Masken auf der Suche nach dem individuellen Glück? Die eine braucht ihre Hütte im Grünen, die andere mehr Liebhaber als Socken, eine Dritte bevorzugt den Vorstandssessel, um sich gut zu fühlen. Sich zu spüren.

Aber realisieren wir das auch?

Lehnen wir uns irgendwann zurück und fragen uns: Macht das glücklich?

Getrieben vom Alltag, vom Feierabend mit all seinen Pflichten und verheißungsvollen Terminen, abgelenkt von Glotze und Handy findet die Kommunikation mit dem eigenen Hirn nur sehr eingeschränkt statt. Funktionieren muss der Einzelne, getrimmt auf Gleichschaltung, gesteuert, verführt und vorgeflüstert von Werbung und Wirtschaft.

Verändert sich das Glück im Laufe eines Lebens? Ist diese getriebene Suche nach dem Glück, das einem als »Leben« vorgegaukelt wird, nicht eigentlich der Weg, um unglücklich zu werden?

Wir sind gespannt, wo das Buch dich hinbringt und was es mit dir macht!

Mit uns und unseren Freundinnen, die wir auch immer wieder befragt haben, hat es so einiges angestellt! Und diese Erfahrungen wollen wir in diesem Buch mit euch teilen. Wege aus der Grübelfalle aufzeigen. Wege zu mehr Selbstliebe. Keine trockenen, wissenschaftlichen Ergüsse, sondern von toughen Frauen erprobte Tipps, die helfen.

Du bist hier also genau richtig. Gut, oder?

2.

CHARLY: ZUM GLÜCK EIN ANFANG

Wie man anfangen kann, über das Glück nicht nur nachzudenken: Go for it!

Dieses Glücksbuch hat tatsächlich so einiges mit uns angestellt, aber bevor ich dich zu den Wurzeln des Glücks und zum Thema Liebe & Sex entführe, erzähle ich noch etwas über mich. Ungeschönt, unverblümt und mit einer anfänglichen Prise Taschentuch, das sich aber schnell wieder wegstecken lässt. Versprochen!

Ich bin Ende 30 (schon eine ganze Weile), Mutter von drei Kindern, verheiratet, vor ein paar Monaten nach Stockholm gezogen, Autorin von Büchern und Spielen und immer bereit, für eine gute Geschichte eine Pause mit Tee und Schokoladenkuchen einzulegen.

Dabei gibt es Themen, die sind wie vollgesabberte Hundestöckchen: Sie werden dir immer wieder vor die Füße geschmissen, ob du willst oder nicht – so ging es mir mit dem Anliegen dieses Buches. Ich stolperte schon als Jugendliche über die Frage: Was ist Glück? Manchmal getarnt unter dem Mantel einer anderen Frage, wie wir es alle in der Pubertät durchmachen: Was ist Sinn, was ergibt Sinn, muss Schule sein und was ist Liebe?

Die Initialzündung, über Glück ernsthaft nachzudenken, kam nach dem Tod eines langjährigen guten Freundes.

Ich befand mich in einem Vakuum, als wäre ich durch einen Riss aus der Zeit herausgefallen. Sämtliche Uhren schienen stehen geblieben zu sein. Fassungslos beobachtete ich andere Menschen, die ihrem Trott, ihrem Alltag nachgingen. Einkaufen, arbeiten, ein Schwätzchen halten, kochen, essen, Musik hören. Alles fühlte sich so falsch an, war mir nicht möglich. Erstarrt im Schock.

Alles erschien mir als so sinnlos.

Ein Freund war gestorben und es hätten verdammt noch mal die Kirchturmglocken der ganzen Welt, von der Arktis bis in den tiefsten Dschungel, anfangen sollen zu läuten, damit sich auch die letzte Pappnase genauso mies fühlen sollte wie ich. Genauso unfähig, überhaupt nur irgendeine Klitzigkeit gebacken zu bekommen.

Fand aber nicht statt.

Ich und vielleicht fünfundvierzig andere waren die Einzigen, die mit verweinten Augen herumliefen. Mehr Schatten als Mensch.

Und die ersten Gehirnrädchen drehten sich in meinem Kopf um die Fragen: Warum er, warum jetzt und warum lebe ich überhaupt? Das brachte mich zwangsläufig dazu, über Glück nachzudenken, und darüber, was ich mit meinem Leben anfangen wollte. War nicht Glücklichsein das Ziel?

Das war zur Studentenzeit, ich war damals Mitte zwanzig. Nur wenige Jahre später starb ein weiterer Freund. Wir hatten uns schon lange zuvor aus den Augen verloren, trotzdem ging mir sein Tod sehr nahe.

Wieder das Gefühl, den Boden unter den Füßen weggezogen zu bekommen. In der Luft zu hängen. Ein Zombie unter Lebenden zu sein. Mehr Gehirn und Gedankenschmerz als fühlendes Wesen. Weitere Todesfälle traten ein, mal dichter, mal älter, mal schmerzhafter.

Was für Leben hatten die Verstorbenen gelebt? Waren sie glücklich gewesen?

Warum empfinde ich den Tod als so etwas Schlimmes?

Was ist Glück und wenn ja – wie viele?

Schlechter Scherz, ich weiß, sorry, aber manchmal hilft mir nur der Galgenhumor, um aus gewissen Situationen mit einem blauen Emotions-Auge hinauszugelangen.

Glück – da war es. Ein Schlagwort, das mich seit der ersten Konfrontation mit dem Tod eines Freundes ständig verfolgt und mich alles, was ich dazu finden kann, lesen lässt. Verschlingen ist wohl der treffendere Ausdruck.

Muss man erst das Ende vor Augen geführt bekommen, um das Jetzt fassen zu wollen?

Ich weiß es nicht.

Jahre vergingen, mit Glückssuche, Finden, Verlieren, Sackgassen, Flüchen und Trottphasen. Das Ergebnis haltet ihr in Händen. So viel sei schon mal verraten: Glücklichsein bedeutet, sich zu spüren. Und dafür gibt es viele Wege!

* * *

In den letzten Wochen habe ich mir einen Scherz erlaubt und meine Freundinnen gefragt, ob sie glücklich sind. Dass ich damit gleich mehrere Büchsen der Pandora aufgemacht und etliche Silvesterraketen gezündet habe, konnte ich nicht ahnen. Ich war wohl für mindestens vier Krisen, zwei Ehekräche und einen zornigen Anruf um Mitternacht verantwortlich. Nur gut, dass ich da schon geschlafen habe und mein Mann das Telefon abnahm.

Nichts trifft uns mehr als die Frage nach dem persönlichen Glück. Allein so eine Frage scheint Verdrängungs- und Bestätigungsreflexe anzuwerfen, und erst nach einigen Stunden, in einer einsamen Höhle, kommt der Verstand zu sich und beschäftigt sich analytisch mit der Bestandsaufnahme und versucht, sich selbst nicht in die Tasche zu lügen.

»Natürlich bin ich glücklich. Hab ich zwei Louis-Vaittongd-Taschen oder was?«, hörte ich mal eine junge Frau in einer Berliner Straßenbahn zu einer anderen sagen, was diese mit einem »Dafür hab ich schon mit Larry gepoppt« toppte. Wie sich herausstellte, wollte die Vaittong-Taschen-Besitzerin genau das auch, und zwar schon seit zwei Jahren, und verstand nicht, warum sie erst jetzt vom Schäferstündchen ihrer besten Freundin erfuhr, aber dann musste ich leider aussteigen.

Sind das die Wurzeln des Glücks? Dinge und Sex?

Jain, würde ich spontan sagen. Und das ist nur etwas aus dem Fenster gelehnt.

Aber lasst uns erst mal einen Blick auf meine Freundinnen werfen, die mir das Weitertratschen verzeihen, solange ich nicht ihren Realnamen nenne und die nächste Runde Prosecco und Abendessen zahle. Nein, Scherz, sie trinken eigentlich Bier. Meine unschuldige Frage saß ihnen wie ein Giftpfeil im Allerwertesten und wirkte nach und nach. Die eigenen Lebenskonzepte kamen samt Partner auf den Prüfstein, ebenso die Zukunft, die Rente; Ängste drängten hervor, verpasste Chancen wurden bejammert und die Frage nach Sinn und Unsinn im Leben schob sich an die Oberfläche.

Die nächtliche Anruferin beschwerte sich bitterlich bei meinem Mann, dass sie seit zwei Nächten nicht schlafen konnte, da sie seit meiner Frage Gedankenkarussell fuhr und kurz davor war, ihren Job zu kündigen. Die Ehekrachlerinnen hatten beim näheren Nachdenken wohl herausgefunden, dass der Partner nicht wirklich zur Glückssteigerung beitrug. Und die Krisen, tja, die kennt ja jeder. Aussehen, Job, Partner, Hobbys, jede Chance, sich zu verwirklichen, bot auch die sumpfige Falle, in einem Fake zu versacken. Interessanterweise bereuen Menschen auf dem Sterbebett meistens die gleichen Dinge, die sie nicht getan haben. Bronnie Ware, die als Palliativpflegerin arbeitete, notierte unter den häufigsten Äußerungen: »Ich wünschte, ich hätte den Mut gehabt, mir selbst treu zu bleiben, statt die Erwartungen der anderen zu erfüllen, hätte nicht so viel gearbeitet, hätte meine Gefühle offenbart, hätte mehr Zeit mit Familie und Freunden verbracht und mir selbst mehr gegönnt.«[1]

Aber bitte: Jetzt mal runter mit der Schminke. Zeig dir selbst mal das nackte Gesicht im Spiegel! Nicht, dass du mit 80 Jahren davorstehst wie Tante Inge und lamentierst: »Hätte ich mal. «

Jetzt ist der richtige Zeitpunkt, dich mit deinem ganz persönlichen Glück auseinanderzusetzen. Schnapp dir einen Stift und ein Blatt Papier, nimm dir mal ein paar Minuten Ruhe und überlege jeweils drei Antworten.

1. Was hat dich in der letzten Woche glücklich gemacht?

2. Auf was freust du dich in den nächsten zwei Wochen?

3. Was hat dir in der letzten Woche die Stimmung versemmelt?

4. Auf was hast du überhaupt keinen Bock, wenn du an die nächsten Tage denkst?

5. Wenn du dir selbst eine Freude bereiten willst – was kann das sein?

6. Wenn du an deine besten Freunde/Freundinnen denkst und dir die glücklichste herauspickst – was hat sie nicht, was du hast?

7. Wie verbringst du deine Freizeit? Gibt es da Glücksmomente?

Na – gibt es eine Tendenz? Ich bin mir übrigens sicher, dass dir im Laufe des Buches noch mehr einfallen wird – im Kapitel 23 »*Die Glückstagebuch-Challenge*« findest du noch mehr dazu. Jedi-Meister Yoda würde sagen: »Tue es oder tue es nicht. Es gibt kein Versuchen.« Also keine faulen Ausreden, einfach machen. Und bitte komm mir jetzt nicht mit der Frage, ob »Star Wars«-Filme glücklich machen (Na klar!! Manche Menschen zumindest).

Du kannst dir sicher sein, dass auf den Zetteln und in den Büchern der anderen Leserinnen ziemlich andersartige Notizen zu finden sind und gleichzeitig frappierend ähnliche. Es gibt definitiv Ansätze, die für die meisten Menschen positive Auswirkungen haben. Die wollen wir aufzeigen und schon jetzt verraten, dass alle Glücksmomente eines gemeinsam haben: Sie machen etwas mit unserem Körper. Und der lässt sich ja schwer belügen. Also zumindest nicht die körpereigenen Abläufe. Das ist wie mit Sex, entweder macht er Spaß oder man geht zwischendurch raus, eine rauchen oder ein Gläschen Wein trinken.

Ich frage mich, ob Menschen, die regelmäßig Sex haben, nicht nur gesünder und schöner, sondern auch glücklicher sind?[2] Eine Freundin von mir, der ich den Spitznamen Smokie gebe, behauptet das zumindest. Sie ist ein richtiger Hingucker; obwohl sie nicht die »klassischen Maße« und viel gerühmten »langen Beine« hat, aber wenn sie einen Raum betritt, dann bleiben etliche Männeraugen an ihr hängen. Dieses Thema ist doch durchaus eine Challenge wert, oder? Anja? Wie wäre es mit zwei Wochen? Für den Anfang zumindest.

ERPROBTE GLÜCKSTIPPS IN SACHEN SEX UND LIEBE

VON WILDEM SEX, TRAUMMÄNNERN UND DAUERBRAVEN KINDERN

3.

ANJA: *DIE SEX-CHALLENGE*

Macht ganz viel Sex glücklicher?

Zwei Wochen jeden Tag wilden Sex? Puh, Charly, diese Challenge, also ehrlich gesagt … hat mein Mann gerade eine Männergrippe und ist zu nichts zu gebrauchen. Weißt du was, ich gebe die Challenge ausnahmsweise an meine Freundin Bea ab. Soll sie für uns herausfinden, ob Sex in großer Dosis glücklich macht. Bea ist außerdem nicht schwerstarbeitende Autorin, Teenie-Mutter, Ehefrau, Familienmanagerin, Sockensucherin, Krankenschwester für alle Wehwehchen und Hundemama. Die ist noch deutlich jünger, ist Single und in letzter Zeit ziemlich unglücklich und unzufrieden mit ihrem Leben. Die perfekte Challenge also für sie. Und versprochen, alle anderen Challenges, die du mir stellen wirst, absolviere ich selbst. Großes Indianerehrenwort.

Als ich Bea angerufen und ihr die Sex-Challenge ans Herz gelegt habe, hat sie aufgequiekt. »Yess, mega, da mache ich mit. Ich opfere mich doch gerne für die Feld-Wald-und-Wiesenforschung für glückliche Frauen«, giggelte sie. »Nur, mit wem soll ich Sex haben?« Gerade hatte sie keine Affäre am Start.

Bea wäre nicht Bea, wenn sie nicht schnell die passende Wahl auf Tinder getroffen hätte. Der Typ sah ganz gut aus, hatte einen super Body und wollte nur Sex. Perfekt. Die zwei tauschten sich aus und verabredeten sich zu einem Date. Er konnte sein Glück nicht fassen. Eine Frau, die wirklich nur Sex will und nicht wie die meisten anderen es nur behaupten und im Grunde ihres Herzens aber den Mann fürs Leben finden wollen, Hochzeitskleid, Brautschuhe und Kinderwagen schon vor sich sehen.

Anscheinend kann für einige Männer diese bloße Sex-Aussicht schon Glück bedeuten.

Nach dem ersten Date war für Bea klar: Der ist es. Also der Richtige für die Sex-Challenge. »Mike riecht gut, redet nicht zu viel drumrum und wohnt alleine mit einem Einsachtzig-Bett.« Ihren Nachbarn wollte sie das Gestöhne nämlich nicht zumuten.

Gespannt saß ich also zwei Wochen lang gemütlich mit meiner Familie auf dem Sofa vor dem Fernseher, knabberte an meinem Lieblingsschokoriegel, der so schön auf der Zunge zergeht und knuspert, und las Beas Nachrichten. Die ersten Tage klangen sie wirklich euphorisch. »Eine Granate, was habe ich für ein Glück.«

Ich sah heimlich meinen Mann an und hätte er nicht gerade diese Erkältung gehabt, bei der er inzwischen wirklich kaum noch Luft bekam und deshalb nachts schnarchte wie eine Robbe, hätte ich ihn verführt.

Die Tage vergingen und Beas Nachrichten klangen immer weniger begeistert. »Mike war heut echt müde von der Arbeit, wurde rumgescheucht von seiner Chefin wie ein Kaninchen.«

Ich musste lachen und hakte nach: »Ja und?«

»Ich hab ihm gesagt, wir müssen.«

»Und dann?« Innerlich musste ich grinsen und stellte mir sein Gesicht vor. Den Mann, der nur Sex wollte und sein Glück nicht hatte fassen können. Jetzt zum Sex gezwungen.

»Na ja, ich konnte ihn überreden. Ging dann aber so.«

Wir telefonierten, während der schlafende Mike neben ihr lag. Nackt.

Bea flüsterte: »Ich glaube, es liegt daran, dass wir nicht verliebt sind.«

»Meinst du?« Macht Sex nur glücklich, wenn man den Menschen liebt? Kann ich mir nicht vorstellen. Definitiv nicht. Aber vielleicht ist es wie mit Schokokuchen. Ab und zu ein Stück ist der Himmel auf Erden. Aber jeden Tag ein Stück Schokokuchen unter Zwang – allein bei der Vorstellung wurde mir schlecht. Schnell schob ich noch einen Schokoriegel nach und überlegte. Das war es. Alles in Maßen. Nur nichts übertreiben.

»Bea, wenn du willst, kannst du die Challenge abbrechen, ist ja klar.«

»Was? Nein, da muss er jetzt durch.« Ich hörte sie förmlich grinsen. Also immerhin brachte die Challenge Bea zum Lächeln. Und verhalf ihr zu Spaß. Aber richtig glücklich, vor allem dauerhaft, machte sie meine Versuchsperson nicht.

Einfach nur ganz viel Sex ist für eine Frau auch keine Lösung, um glücklicher zu werden. Danke, Bea. Eigentlich ahnte ich das ja schon. Dennoch wurde mir nach der Challenge etwas noch klarer: Auch wenn man vieles eigentlich weiß, muss man es manchmal wieder aus seinem Arbeitsgedächtnis hervorkramen, sich in dem Fall bewusst machen: Sex kann sehr glücklich machen. Mit dem richtigen Partner, mit den gleichen Vorlieben, wenn es prickelt und passt. Da spielt die Häufigkeit so gar keine Rolle. Für das tiefe, innere Gefühl der Zufriedenheit, des Einsseins mit sich selbst, bedarf es mehr. Also eine Vielzahl aus Einzelnem? Auf jeden Fall macht ein erfülltes Sexleben glücklich, falls das bei dir gerade etwas brachliegt, lohnt es sich, dies wieder in Schwung zu bringen und aufzupeppen.

Guter Sex ist definitiv für die meisten Frauen ein Glücksrezept und was »gut« ist, ist natürlich für jede sehr unterschiedlich und gilt es für Frauen, aber auch für Männer, herauszufinden.

Und kann der Blick durch die rosarote Brille auch glücklich machen? Wie ist es mit der großen Liebe, die nach ein paar Wochen am Ende eines Tages auch nur maulfaul auf dem Sofa sitzt? Ist es für Frau der ultimative Glückstipp, auf Mr Right zu warten? Und darf der so unromantisch sein wie ein Faultier? Mehr dazu erfährst du bei Charly im nächsten Kapitel.

Frau kann durchaus glücklicher werden durch Sex. Durch guten Sex. Was gut ist, entscheidest du selbst – und dein Partner oder deine Partnerin. Und wie oft ihr miteinander schlaft, spielt für das Glücksempfinden keine Rolle, ist sehr individuell. Wichtig, um happy zu sein: die Vorlieben und Wünsche der Partner beim Sex zu kommunizieren. Ihr solltet harmonieren, euch fallen lassen können, genießen können. Tut also eure Zärtlichkeitswünsche oder Wildheitswünsche kund, gerne auch nonverbal.

Wie ihr euer Sexleben aufpeppen könnt? Hier kommen ein paar Tipps:[3]

1. Wenn du dich schön fühlst, bist du verführerischer. Also mach dir klar: Du bist sinnlich, erotisch, begehrenswert, deine Rundungen oder Kanten sind etwas Besonderes und durchaus sexy.

2. Wie wäre es mit einer schöneren Beleuchtung im Schlafzimmer? Seidenschal über die olle Nachttischlampe oder installiere ein paar schmeichelnde Lichter.

3. Geschmackvolle Dessous können dir helfen, dich verführerischer oder eleganter zu fühlen.

4. Es muss ja nicht gleich wie in »Shades of Grey« bei dir aussehen, aber mit ein paar Tüchern, Federn oder Sahne lässt sich auch spielen.

5. Egal wie fest euch der Alltag im Griff hat: Verabrede dich mit deinem Partner immer mal wieder zu einem romantischen Date mit eindeutiger Absicht.

Viel Spaß dabei!

4.

CHARLY: DIE GROSSE LIEBE UND DEINE ROSAROTEN ERWARTUNGEN

Von Märchenprinzen und unromantischen Männern, die vielleicht doch einen edlen Kern haben, wenn auch in Kirschkerngröße, und wie du aufhören kannst, perfekt sein zu wollen, egal ob als Geliebte oder als Mutter

Also Sex kann glücklich machen, muss aber nicht. Und wie ist das mit der großen Liebe? Eine gute Frage von Anja, ob es sich lohnt, auf Mr Right zu warten, und ob ein Faultier auf der Couch überhaupt fähig ist, zum Glück beizusteuern. Gibt es überhaupt einen Mr Right und so etwas wie die große Liebe? Die eine, die ein Leben lang hält und trotzdem noch knistert und hin und wieder Herzkonfetti in die Luft streut? Ist sie wirklich ein Glücksgarant? Eines ist sicher: Zu hoher Märchenkonsum, zu viele Soaps und rosa gezeichnete Liebesromane können eine falsche Erwartungshaltung beflügeln. Man könnte sich durchaus fragen: Liebe ich schon oder warte ich noch auf den Märchenprinzen? Ob mit goldenem Ball, weißen Stöckelschuhen oder Blumen im Haar bewaffnet: Warten birgt ein hohes Risiko, unzufrieden zu werden. Könnte ja sein, dass der Prinz eine ganz andere Route reitet. Übrigens führen uns beispielsweise Dornröschen oder Rapunzel genau das vor: wie es *nicht* laufen sollte. Von wegen mit den Haaren wedeln und der Edelmann kommt schon angesprungen, oder pennen, bis sich die Matratzenfedern biegen, und ein Kuss wird es dann richten. Machen die Prinzessinnen in den klassischen Märchen überhaupt irgendetwas, außer Prinzessin zu sein? Die meisten nicht. Da lob ich mir »Drei Nüsse für Aschenbrödel«, da haut das angehende Prinzesschen so richtig mit der behandschuhten Faust auf den Tisch.

Wen aus meinem Freundinnenkreis könnte ich auf das Thema ansprechen? Smokie, die behauptet, so viel Sex in ihrem Leben zu haben, um keine anderen Drogen nehmen zu müssen? Klebeglitzernagel, die schon froh ist, wenn sie mit sich alleine zurechtkommt? Zahnlückeneule, die wohl anstelle eines festen Freundes ein festes Bücherregal bevorzugen würde? Oder Adilette, die es als bekennende Couch-Potato immerhin zu einem Kind nebst Beziehung gebracht hat? Ich beschloss, das Thema an einem Mädelsabend einfach mal so in die Runde zu schmeißen. Ich selbst bekam schon bei der Erwähnung der rosaroten Brille Pickel. Wenn diese rosarote Brille ein Mensch wäre, hätte ich ihn schon längst erwürgt – so viel Ärger hat sie mir schon verursacht. Zumindest, nachdem ich sie abgenommen hatte.

MÄDELSABEND

Zahnlückeneule schnappt nach Luft. »Liebe? Never. Das ist mehr Selbsttäuschung als alles andere. Es gibt Studien dazu⁴, die besagen, dass man nicht nur das Äußere der Person beschönigt, sondern dass vor allem deren Eigenschaften komplett falsch wahrgenommen werden. Die negativen werden zu hundert Prozent positiv gesehen. Stellt euch vor, man bewundert einen Egoisten dafür, dass er so unbeirrt sein Ding macht. Oder man ist felsenfest davon überzeugt, dass ein Lügner nur deshalb lügt, weil er einen schützen will.«

Klebeglitzernagel nickt. »Stellt euch vor, ich war vor etlichen Monaten mit meinem Ex im Kino, also mein letzter Ex, da schauten wir nett eine romantische Komödie. Zu Hause hatte ich Kerzen auf dem Tisch vorbereitet und gleich angezündet, so richtig kuschelig halt, und Rosé eisgekühlt serviert, da schnappt er sich ein Bier und fragt tatsächlich, ob der Strom ausgefallen ist. Außerdem sei im Film viel zu wenig geballert worden und die Spannung war ja auch gleich null gewesen. Zum Glück ist mein jetziger Freund da ganz anders. Er mag Rosé.«

Zahnlückeneule grinst. »Wahre Liebe gibt's eben nur zwischen zwei Buchdeckeln oder im Film. Im Leben passen zwei Menschen gerade mal an einer Stelle zusammen und die befindet sich jeweils in der Mitte.«

»Euli«, jaulen wir auf. Solche Sprüche waren wir von ihr echt nicht gewohnt.

Euli schaut trotzig. »Was denn? Auch ich hab hin und wieder Sex, aber ganz ehrlich. Ich werd 'nen Teufel tun und mich auf irgendeinen Deppen für länger einlassen. Man verliebt sich ja nur, weil man entweder a) nicht alleine sein will oder b) es um Sex geht und die Hormone Tango tanzen oder c) man denkt, dass nur dieser eine Partner uns das wahre Glück schenken kann. Wisst ihr, man färbt sich den anderen ja so ein, wie man denkt, dass er sein soll, damit er einen glücklich machen kann.«

Okay, man malt sich also den anderen schön, um sich in seiner Wahl zu bestätigen, dass er wirklich der Richtige ist. Aber warum eigentlich? Wenn er dann nicht der Richtige ist, gibt es nach dem Absetzen der Brille das große Aufschreien. Hätte man sich ja eigentlich sparen können, oder? Ist das wieder alles ein Spiel der Hormone?

Schauen wir uns das mal näher an, mit dem Gehirn. Wenn wir uns verlieben, schießen die Hormone durch das Belohnungszentrum und reagieren auf den Liebsten wie auf eine Droge. Deshalb drehen sich dann auch alle Gedanken nur um den einen. Ob er romantisch ist oder nicht. Nach ungefähr sechs Monaten übernehmen die »Kuschelhormone«, wie Oxytocin die Steuerung und lassen ein Gefühl von Nähe und Bindung aufkommen.

Aber zu diesem Thema gibt es noch mehr im Kapitel 20 »Zum Glück können Hormone nicht denken, sonst hätten sie Zornesfalten auf der Stirn. Wo uns Hormone nützen können«. Ich will mich hier lieber der Frage widmen: Was ist eigentlich Romantik? Bringt sie was, um uns glücklich zu machen?

Manche Männer verstehen unter Romantik, ein Fußballspiel mit der Frau zu gucken und dabei einen Bierkasten plattzumachen. Was verstehen die meisten Frauen darunter? Rosenblätter auf dem Bett? Rosenblätter in der Schaumbadewanne? Rosenblätter als Tischdeko bei einem selbst gekochten Essen oder Rosenblätter als Schnitzeljagd-Wegweiser ins Wohnzimmer, wo schon die Lieblings-DVD wartet? Inwieweit wurde hier unsere Vorstellung von Romantik durch Literatur und Film versaut?

Ich muss ja gestehen, dass ich das früher auch sehr romantisch gefunden hätte – das mit den Rosenblättern im Bett. Aber warum eigentlich? Weil das alle romantisch finden und ich dachte, das muss dann so sein.

Smokie sagt: »Scheiß auf Romantik, scheiß auf Traumtypen. Es gibt viele Wege, glücklich mit einem Kerl zu werden. Mit manchen macht es einfach Spaß, die Laken zu durchwühlen, aber mit anderen kann man tatsächlich reden. Und hin und wieder klappt sogar beides.«

Adilette schaut sie mit großen Augen an: »Nein, man kann mit Männern auch reden?«

Smokie kneift ihre Augen zusammen. »Nur weil du hier als Einzige schon seit Jahrzehnten in einer Beziehung steckst, musst du nicht …«

Klebeglitzernagel grätscht ins Gespräch. »Was hat das aber jetzt mit Liebe zu tun?«

Smokie legt ihren Kopf schräg. »Bei mir gibt es ohne Verliebtsein keinen Sex. So einfach ist das. Aber es ist ja nicht so schwer, sich zu verlieben, oder?«

Euli schüttelt ihren Kopf und Adilette zuckt mit den Schultern.

Ich hake nach: »Aber gibt es wirklich die eine große Liebe – die auch dann noch attraktiv und voller Hormone ist, wenn die Brille wegflutscht? Kann sie uns langfristig happy machen?«

Smokie gibt den Ball an mich zurück: »Was sagst du denn dazu, Charly?«

Mhm, schwierige Frage. Meine erste große Liebe hat mich als Kumpelin akzeptiert, aber das war's dann auch schon. Gespräche bis in die Nacht, Ausflüge und nicht mehr. Ich glaub, ich war ihm damals zu jung. Auf jeden Fall war ich zu schüchtern, mehr Zeichen zu setzen. Tja. Das brachte mich auf jeden Fall etliche Jahre später zu meiner nächsten großen Liebe, inklusive Hochzeit und drei Kindern. Eine gute Ausbeute, wie mein Vater zu sagen pflegt, nur frisst uns streckenweise der Alltag mit seinen Pflichten und Sorgen auf. Paarzeit ist ziemlich selten, doch wenn es stressfreie Momente gibt, blitzt das Sich-frisch-ineinander-Verlieben immer wieder durch. Und nach über zwanzig gemeinsamen Jahren wird die rosarote Brille bei uns zumindest schon etwas durchsichtiger geworden sein, oder? Die einst verklärten Seiten hat die Realität enttarnt und man hat das Ergebnis als zum Gesamtpaket gehörend akzeptiert. Was ja nicht schlecht sein muss. Alltag kann auch schön sein. Ich lebe nun ebenso mit den eckigen Seiten meines Mannes wie er mit meinen. Also antworte ich: »Ich hab mal gelesen, dass man beim Kennenlernen ruhig unverschämt und irritierend sein soll. Diejenigen, die dich auf den ersten Blick nicht so dolle fin-den, kannste eh nicht durch Einschleimen überzeugen und die-jenigen, die dich interessant finden, bleiben entweder am Ball oder gehen. Somit hat man die Langweiligen und diejenigen, die nicht zu einem passen, direkt aussortiert[5]. Ich glaube, dass mein Mann und ich anfangs gegenseitig nix beschönigt haben, im Gegenteil. Und dann wartet man auch nicht auf die drei Üs des Überraschungseies. Jetzt ihr wieder!«

Die anderen überlegen. Aber Adilette ist neben mir die Einzige, die schon seit vielen Jahren einen festen Partner hat. Sie sagt: »Irgendwann rutscht man vom Verliebtsein in die Liebe. Klar finde ich es dann irgendwann nicht mehr süß, seine Socken neben dem Bett aufsammeln zu müssen, oder würde mir wünschen, öfters von ihm gesagt zu bekommen, dass er mich liebt, aber er gibt mir das Gefühl, dass ich der eine beson-dere Mensch in seinem Leben bin, mit dem er alt werden will.«

Ich nicke. »Ja, stimmt, es ist das Gefühl, etwas Besonderes für ihn zu sein. Vor allem, wenn er etwas ganz Spezielles für mich gemacht hat. Mein Mann hat sich mal gemerkt, dass ich altmodische Füllfederhalter toll finde, und mir ein besonders edles Stück geschenkt, das fand ich sehr berührend.«

Vielleicht ist das ein Problem heutzutage: ein unterschied-liches Verständnis von Romantik. Die einen versuchen, einem

Ideal aus Filmen und Liebesromanen nachzueifern, und andere suchen ihr Leben lang nach einem Gefühl, das Romantik nahekommt, ohne selbst genau zu wissen, was das eigentlich ist.

Smokie schüttelt sich. »Ich hatte vor Kurzem eine Affäre, und der Kerl sagte doch tatsächlich, ich sei perfekt für ihn. Stellt euch mal vor: *perfekt*!«

»Und?«, fragt Klebeglitzernagel.

»Wie anstrengend ist das denn, bitte? Ich will überhaupt nicht perfekt sein. Ich bin ich.«

Guter Einwand, denke ich. Heißt es nicht immer, man müsse sich erst selbst lieben können, um andere zu lieben? Es gehe nicht darum, sich selbst als den tollsten Menschen auf der Welt zu betrachten, sondern sich selbst genauso viel Wertschätzung entgegenzubringen wie einem geliebten Mitmenschen. Man solle sich selbst dumme Fehler verzeihen können und keinen übergroßen Anspruch an sich selbst haben, außerdem solle man sich selbst liebevoll behandeln. Sich Zeit für seine Bedürfnisse nehmen. Dann könne man aus sich heraus glücklich werden und sei bereit, andere Menschen so anzunehmen, wie sie sind. Mit all ihren glänzenden Seiten, aber auch mit der dunklen Seite der Macht. Das leuchtet durchaus ein, denn indem wir von einer anderen Person verlangen, dass sie uns glücklich macht, begeben wir uns in ein emotionales Abhängigkeitsverhältnis – und das kann nur schiefgehen. Wenn man sich selbst zu gering schätzt, überträgt man das auf den Partner, woraus schnell Eifersucht resultieren kann oder dass wir uns ständig unzufrieden fühlen.[6] Die Unfähigkeit, aus sich heraus Glück zu empfinden, und die damit einhergehende Leere kann der andere nicht ausgleichen, das muss in uns selbst geklärt werden.

Ich gehe ins Bad und komme mit einem Handspiegel zurück. Nachdem ich mich wieder hingesetzt habe, betrachte ich mein Gesicht und sage grinsend: »Charly, ich liebe dich.«

Verständlicherweise fallen in der Mädelsrunde erst mal alle Gesichter auf den Boden, bis Lachen die Stille verdrängt.

Ich ergänze: »Nee, ohne Witz, macht das mal. Das ist gar nicht so einfach, aber es zeigt, ob man sich wirklich selbst mag oder nicht.«

Alle bestehen den Test, bis auf Smokie. »Mir ist das echt zu blöd«, schimpft sie, schaut wieder in den Spiegel und lässt ihn dann sinken. »Ich kann das nicht. Warum soll ich mir selbst vorsagen, dass ich mich liebe? Ich tu das nicht. Ich mag mich, okay, aber lieben? Und jetzt hört auf, mich so blöd anzuglotzen.«

Klebeglitzernagel streicht ihr über den Arm. »Ich fand es auch ganz komisch. Fühlt sich ziemlich schräg an, sich selbst so etwas zu sagen. Aber ich glaube, es bringt was. Allein die Tatsache, dass ich gezögert habe, das ist seltsam und sagt mir, dass ich darüber nachdenken sollte. Ich meine schon, dass ich ein liebenswerter Mensch bin, nur fühle ich mich von vielen nicht verstanden. Und manchmal zweifle ich tatsächlich daran, ob ich liebenswert bin.«

Adilette schnauft. »Aber das ist es doch. Fragt mich nicht, warum, ob das Erziehung ist, aber warum fällt es vielen Frauen so schwer, sich selbst so zu akzeptieren, wie sie sind, und auf die Meinung anderer zu scheißen. Sorry, aber ich musste mal kurz so deutlich werden. Ich bin oft angenervt von mir selbst, wenn ich mir etwas nicht zutraue. Auf der Arbeit oder auch in der Freizeit. Vielleicht liegt ja hier der Schlüssel für die große Liebe. Vielleicht kann die nur dann so groß werden, wenn wir mit uns selbst im Reinen sind. Und wenn ich mit mir zufrieden bin, muss der andere keine Lücken mehr ausfüllen, sondern darf so sein, wie er ist. Dann können wir auch ganz selbstverständlich Unterstützung von ihm fordern. Ob im Haushalt oder mit Kindern.«

Klebeglitzernagel fällt ein: »Klar, und es stellt sich viel schneller heraus, ob man harmoniert. Ob man über die gleichen Dinge lachen kann und so ungefähr das Gleiche vom Leben will. Ich meine jetzt nicht Campingurlaub oder den Flug nach Hawaii, sondern wo man sich und seinen Partner in einigen Jahren sieht. Ob mit Kindern, auf dem Land oder sonst wie.«

Smokie wirft ein: »Der erste Schritt wäre ja schon mal, dass der Mann sich richtig interessiert und sogar zuhört. Ist das nicht eher selten?«

Adilette zuckt mit den Schultern. »Das sollte trotzdem die Basis sein. Und zu dem ›perfekt‹ will ich noch sagen: Klar bist du perfekt, so wie du bist, Smokie. Das Schöne ist, auch wenn du dich veränderst, bist du immer noch perfekt. Was bitte sonst? Gibt es etwa ein Punktesystem, wie eine Frau zu einer perfekten Frau wird? Ich glaube nicht. Wie mich das annervt, dieses Streben nach dem goldenen Ei. Viele Frauen denken, sie müssen alles auf einmal sein: eine Supermutter, verführerische Geliebte, geschickte Haushälterin, grandiose Köchin, allwissende Lehrerin für die Kids, einfühlsame beste Freundin für den Mann, in ihrem Beruf erfolgreich und, und, und. So ein Quatsch, jeder Mensch hat seine Grenzen und keiner kann das alles leisten. Also locker machen, mal eine Runde Couchen zum Runterkommen und Prioritäten setzen, beispielsweise habe ich die Erfahrung gemacht, dass Wäscheberge viel geduldiger sind als ein weinendes Kind.«

Wir nicken erfreut. Sollte es uns gelungen sein, einen Lösungsansatz für eine der großen Fragen im Leben zu finden?

Die Zeit wird es zeigen.

Gegen die hormongesteuerte rosarote Brille kann man nichts tun. Doch vielleicht bringt uns wachsende Lebenserfahrung dazu, schneller über den Brillenrand schauen zu können. Männer und Frauen in einer Liebesbeziehung sollten sich gegenseitig wertschätzen, sich unterstützen und sich lieben, *weil* sie so sind, wie sie sind. Und was das Thema »Männer und Romantik« anbelangt, denke ich, dass bei Frauen das Verständnis davon genauso unterschiedlich ausfallen kann. Vielleicht ist der Mann ja auf seine Weise sehr romantisch veranlagt, nur sind es halt nicht die Rosenblätter und das Kerzenmeer am Bett, sondern es ist ein Tiger-Schlüsselanhänger, den er dir schenkt oder für sich selbst wählt, weil er dir den Kosenamen »Tigerchen« gegeben hat? Ansonsten traut euch, den Mund aufzumachen und klar zu verkünden, was ihr euch wünscht. Denn nur wer fragt, hat die Möglichkeit, etwas zu bekommen!

Die Liebe kann also durchaus langfristig glücklich machen. Egal ob zu Mann oder Frau oder non-binärem Geschlecht. Und wie ist das mit Kindern? Ich selbst stimme hier für Glück! Habe ich selbst doch drei. Zwar sind es sehr anstrengende Zeiten, aber auch erfüllende. Doch wie sehen das andere Menschen, was sagt die Wissenschaft und stimmt es, dass die Pubertät so schrecklich ist? Das finden wir im nächsten Kapitel heraus.

ROMANTIK-TIPPS

1. Romantisch ist, wenn du dir merkst, was dein Partner besonders gern mag. Hat er einen Lieblingsautor? Dann suche doch aus einem der Bücher ein schnuffiges Zitat (vorausgesetzt, das Buch gibt das auch her), schreibe es auf einen Zettel und lege ihm diesen aufs Kopfkissen, unter die Teetasse, in eine Schachtel Pralinen, die im Idealfall noch voll ist. Gern kannst du auch Liedzeilen aus dem Lieblingssong oder der Lieblingsserie nehmen, man kann sie sogar auf ein Shirt oder eine Tasse drucken lassen.

2. Weitere Inhalte für Liebespost sind Themen, die sich auf euch beide beziehen, zum Beispiel eine Erinnerung daran, wo oder wie ihr euch kennengelernt habt, oder Gedanken darüber, wie du dir die gemeinsame Zukunft vorstellst. Oder beschreibe doch einen ganz besonderen Moment, der dir immer ein Lächeln auf das Gesicht hext.

Was hat dich bis jetzt davon abgehalten, ein Gedicht zu schreiben oder ein Liebeslied zu trällern? Blamieren in Liebesdingen gibt es nicht, also trau dich.

Lobe deinen Liebsten, deine Freunde, dein Kind, denn ohne Lob verkümmern die guten Eigenschaften wie Blumen ohne Wasser, außerdem rückst du damit auch die positiven Dinge in den Mittelpunkt.[7]

Und wenn du dich mal streitest, dann bleibe oberhalb der Gürtellinie, vermeide pauschalisierende Worte wie »immer« oder »jedes Mal«. – Das Besondere an der Liebe ist ja gerade, dass sie uns alles intensiver erleben lässt, daher wirken vernichtende Worte auch besonders stark. »Liebe ist nicht alles im Leben; aber ohne Liebe ist alles nichts.«[8]

SICH SELBST LIEBEN KÖNNEN

Wer Musiklehrer werden möchte, um Schülern Notensysteme oder Harmonielehre beizubringen, muss sich das Wissen darüber erst durch ein entsprechendes Studium aneignen. Genauso ist es mit der Liebe – wie kannst du jemand anderen lieben, wenn du dich selbst nicht liebst? Den Trick mit dem Spiegel habe ich oben bereits erwähnt. Sage dir ruhig regelmäßig Nettigkeiten. Wenn du besonders gut aussiehst, etwas toll gemacht hast, wenn du einfach du bist. Sei stolz auf dich! Lobe dich selbst! Lerne es, deine Erfolge auch selbst zu feiern. Und wenn es mit einer Schaumbadewanne oder einem Stück Kuchen ist.

Plane Zeit für dich ein – es reichen schon zehn Minuten jeden Tag. Verzeih dir Schwächen und Fehler und überlege, was du an dir selbst gern magst und was du noch ändern kannst, um dich noch lieber zu haben. – Mach das regelmäßig und du wirst sehen, wie es dich entspannter werden lässt.

5.

Anja: Ein Kind als Glücksgarant für dein Leben? Ob das mal nicht in die Hose geht.

Von Quälgeistern und Schlafentzug. Und warum du deinen Schnullerträger zum Lächeln bringen solltest

Macht ein Kind das Leben einer Frau wirklich glücklicher? Schwanger werden und zack, alles ist rosarot ... oder hellblau für immer? Die Antwort ist einfach und eindeutig: ein klares »Jain«.

Kinder können glücklich machen. Ich denke an die Momente, wenn sie sich an dich schmiegen, sie so gut duften, lachen, dieses selige Lächeln, wenn sie schlafen (okay, dann denke ich auch an die vielen schlaflosen Nächte, Kotze, schreiende Wutmonster, die morgens um fünf am Wochenende Lego Duplo spielen wollen oder die man zappelnd aus dem Supermarkt trägt, weil sie gerade einen aufgestapelten Turm Erbsen zum Umfallen gebracht haben. Oder die Dreimonatskoliken, an die Trotzphasen, an die Vorpubertät oder die Pubertät, die bei manchen bis 20 gehen soll.

Am besten, ich rufe mal meine Freundin Anna an, die hat erst vor ein paar Monaten ein Baby bekommen, ist also total gestresst und voller Hormone. Mal gucken, was sie sagt.

»Na klar macht ein Kind glücklich«, sagt die frischgebackene Mutter. »Wenn sie lächeln, sind sie so süß, und es geht einem das Herz auf, also dieses Gefühl, das dich da überflutet, ist unbeschreiblich.« Ihre Stimme bekommt einen ganz warmen Ton. »Es macht mir auch nichts aus, dass er jede Stunde nachts wach wird und trinken will, ehrlich, das ist ja nur eine begrenzte Zeit.«

Immer noch jede Stunde wach, denke ich. Wow. Also mit mir hat das damals schon etwas gemacht. Schlafentzug ist zumindest für mich echte Folter. Wie schafft es Anna nur, das alles so positiv zu sehen? Aber ist ja toll, davon kann man sich echt ein Scheibchen abschneiden. »Es ist doch alles nur eine begrenzte Zeit«, wiederholt Anna.

Hat sie auch wieder recht, denke ich. Schade, dass mir das damals keiner noch mal gesagt hat, was man ja eigentlich weiß, in seinem Mutterstress aber vergisst. Dass sie so schnell groß werden, die Zeit doch so kostbar ist und, auch wenn sie anstrengend ist, ausgekostet werden sollte. Aber die ersten Schreiwochen kamen mir damals vor wie Jahrzehnte. Schade, dass ich Anna damals noch nicht kannte. Diese Lässigkeit ging mir als frischgebackene Mutter damals ehrlich gesagt ab.

Also haltet euch das öfter vor Augen, wenn ihr Mütter seid. Wie schnell die Kleinen aus den Windeln wachsen, wie schnell sie dann den Führerschein machen wollen und schwups, wie schnell sie uns nur noch zu Ostern und Weihnachten besuchen (wenn es schlecht läuft). Wir plaudern noch etwas, dann rufe ich Sandra an, Dreifachmutter. Ein Baby, ein Kleinkind, ein Teenie. Kurz vorm Nervenzusammenbruch.

»Um Gottes willen«, sagt sie gestresst. Im Hintergrund kreischt es. »Das Gekreische soll glücklich machen? Ich hab seit vier Jahren nicht mehr durchgeschlafen, meine Falten sind so tief wie der Grand Canyon und mein Bauch ist so ausgeleiert wie meine alte Hängematte. Weil wir uns keinen Babysitter leisten können, waren wir, lass mal überlegen, seit meine Mutter vor einem Jahr da war, nicht mehr zusammen aus. Und sie macht das nie wieder, hat sie gesagt, ist ihr zu stressig. Ihr wolltet doch Kinder, meinte sie. Und dann dieser Kampf ums Gedaddel den ganzen Tag und das Genöle von diesem Pubertier, das frisst uns die Haare vom Kopf … und Sex? Was ist das?«

Ich unterbreche Sandras Schimpftirade vorsichtig. »Äh, aber warum wolltest du denn dann gleich drei Kinder?«

Sie hält inne, Stille am Ende der Leitung. Dann lacht sie. »Du hast recht. Das ist wie mit den Hunden.«

»Mit den Hunden?«

Sie hat vor zwei Jahren einen Straßenköter-Mischling aus Portugal mitgebracht, der nur drei Beine hat.

»Na ja, Gassi gehen im Schüttregen nervt, und von außen betrachtet ist es ja wirklich eklig, jeden Tag dreimal Kacke aufzuheben. Dann nie wieder fliegen können, angebunden sein … Aber sie geben dir einfach doch so viel. Und Kinder eben noch viel mehr.«

Beruhigt bestätige ich das. Geht mir ja genauso. Und ich mag es, wenn Mütter auch zugeben, wenn es mal nervt. Anna, die mir die Erkenntnis mitgegeben hat, dass alles so schnell vorbei sei und man die Zeit viel mehr genießen müsse, scheint es wirklich nicht zu stressen, und das bewundere ich. Aber mal ehrlich, es gibt viele Mütter, die insgeheim am Ende sind, gerade in der anstrengenden Anfangszeit oder in der Trotzphase oder der Pubertät, aber nach außen so tun, als sei ihr Kind das Traumkind aus Bullerbü, das durchschläft, nett lächelt, schon mit zwei Jahren lesen kann oder hochintelligent ist und eigentlich schon übermorgen das Abi machen könnte. Manche sind das vielleicht auch, aber zu deiner Beruhigung, falls du Mutter bist – das sind die wenigsten. »Entweder du hast Glück oder Pech«, hat mal jemand zu einer Freundin gesagt, die ein Schreibaby hatte. Manche Dinge muss man einfach akzeptieren, sich durchaus Hilfe holen, aber nicht immer die Fehler bei sich suchen. Das tun wir Frauen ja gerne, aber damit ist jetzt Schluss. Und wenn wir uns das bewusst machen (zur Not auf Zettel schreiben und die überall hinpinnen), dann wäre das schon mal ein großer Punkt, um als Mutter glücklicher zu sein.

Eins ist also sicher: Das gewünschteste Wunschkind treibt dich ebenfalls in den Wahnsinn. Aber das darf es auch. Schließlich ist es ein kleiner Mensch, ein eigener Charakter, und das ist ja gerade so spannend. Sandra bestätigt, dass jedes ihrer Kinder von Tag eins an so ganz anders war und ist, und am liebsten würde sie noch fünf dazubekommen, um zu sehen, was da alles aus ihr herauskommt. Diese wunderbaren Mischungen sind doch einfach faszinierend.

Man kann aber auch sehr gut ohne Kind glücklich werden. Wirklich. Ich habe sogar den ultimativen Beweis: Ich kenne nämlich einige Freundinnen und Kolleginnen (mindestens acht), die sehr zufrieden ohne Kind leben. Die nicht in der überteuerten Schulferienzeit verreisen müssen, die keine Karrierebremse zwischen die Beine geworfen bekommen haben von einer Gesellschaft, die leider immer noch kinderfeindlich ist, auch wenn sie scheinheilig etwas anderes behauptet. Zumindest was das Arbeitsleben betrifft, befinden wir uns doch als Mütter in Deutschland gefühlt im Mittelalter. Okay, nicht ganz so duster und schlammig ist es heute. Aber einen erfüllenden Job mit hoher Qualifikation in Teilzeit findet man heutzutage kaum. Oder wenn, dann chronisch unterbezahlt. Als Schriftstellerin kann ich mich wirklich nicht beschweren, was die freie Einteilung meiner Arbeitszeit betrifft. Aber für das Familienbudget ist es sehr riskant, selbstständige Autorin zu sein, wenn man ein paar Kindermäuler mitfüttern oder womöglich sogar allein füttern muss. Wie andere Frauen ihren normalen Job (ja, so ganz normal ist der Autorenberuf in der Tat nicht) hinbekommen, wenn die Kinder vor allem in der Kita-Anfangszeit ständig krank sind, man die faulerern Exemplare nachmittags bei den Hausaufgaben unterstützen und piesacken muss, sie vom Dauerdaddeln oder Glotzen abhalten will – das frage ich mich oft. Also ohne Kind kann man so richtig schön Karriere machen. Oder seinen Hobbys nachgehen, wellnessen, Zeit für seine Freundinnen oder seinen Partner haben.

Manchen Frauen ist das leider erst nach der Geburt ihrer Kinder klar geworden. Und wie soll man es vorher auch so genau wissen? Ich sage nur »Hashtag RegrettingMotherhood«. Unzählige Frauen haben sich in den Medien dazu bekannt, ihre Mutterschaft zu bereuen. Ganz schön krass, aber auch krass mutig. Denn dir wird als Frau doch wirklich suggeriert: »Bekomme ein Kind und du bist glücklich.« Das ist aber nicht bei jeder Frau so und dazu sollte Frau dann durchaus stehen, um ihre Gefühle nicht zu unterdrücken und insgeheim unglücklich zu werden. Mit Gleichgesinnten darüber reden (vielleicht nicht unbedingt mit dem Kind) hilft oft sehr. Oder sich Hilfe holen, gerade in der anstrengenden Anfangszeit. Das ist Stärke, nicht Schwäche, wie Müttern oft weisgemacht wird.

Auch für die Partnerschaft ist ein kleines Kind oft eine echte Zerreißprobe. Selbst das liebste Kind bekommt Zähne, Koliken, hat Wachstumsschmerzen, schreit also hin und wieder oder öfter. Frauen und Männer mutieren in ihrer Rolle als Eltern, manchmal nicht so, wie es dem Partner oder der Partnerin gefällt.

Die gute Nachricht für Kinderlose ist also: Wenn man nicht schwanger werden kann, man Single ist, der Partner partout kein Ebenbild von sich möchte oder man selbst auf keinen Fall, ist das gewiss kein Unglücksgarant für eine Frau.

Aber ich verstehe auch, dass es schon recht lange kreuzunglücklich machen kann, wenn Frau sich etwas in den Kopf setzt, sich ein Kind sehnlichst wünscht und dann aus verschiedensten Gründen keines haben kann. Mich hätte es verrückt gemacht. Denn wenn ich etwas will, dann am liebsten sofort. Wenn es dann länger dauert oder womöglich nie klappt … ich will es mir nicht ausdenken. Da muss der Partner sehr viel Verständnis aufbringen, auch wenn er die extremen Gefühlsregungen der Frau so gar nicht versteht.

Was ein unerfüllter Kinderwunsch mit Frau machen kann, habe ich im Freundeskreis live erlebt. Ich mit meinen beiden Kindern wurde plötzlich nicht mehr besucht, weil es zu wehtat. Was ich zwar irgendwie verstand, aber trotzdem war es nicht einfach. Freundschaften zerbrechen an dieser Kinderfrage, Beziehungen eben auch. Aber muss das sein? Kann man nicht die Hormone aus- und die Vernunft einschalten und sich eben die ganzen Argumente gegen ein Kind aufzählen, dann wohlig seufzen und froh sein, dass man für immer ausschlafen und sich viel teurere Urlaube leisten kann als mit Kind? Nein, kann man nicht. Mit Vernunft hat das Kinderthema nichts zu tun. Denn es geht um Gefühl, um Liebe, um Vermissen, um Sehnsucht, um Familie. Ein eigenes Kind, eine Mischung aus dir und dem Partner, oder auch ein adoptiertes oder Pflegekind. Ein Kind ist ein Kind, etwas ganz Besonderes. Zumindest für die meisten von uns. Aber es macht nicht zwingend unglücklich, keine Kinder zu haben.

Mein Blick fällt auf den schon wieder vergessenen Sportbeutel und die müffelnden, dreckigen Turnschuhe, die im Flur kreuz und quer liegen. Es gibt sehr viele Argumente für Kinder. Ich bin sehr froh um meine beiden Prachtexemplare und liebe sie über alles. Aber ich bin ehrlich und erinnere mich auch an schwierige Phasen, in denen ich mich völlig überfordert gefühlt habe. Auch wenn die zum Glück immer mehr verblassen.

Unterm Strich finde ich, in den meisten Fällen bereichert so ein kleiner Fratz die Beziehung sehr, ist ja meist Ausdruck der Liebe, ein neues großes Abenteuer, erst jetzt ist man eine kleine Familie. Nicht umsonst bekommen die meisten, die ich kenne, die sich für ein Kind entschieden haben, nicht nur ein Kind, sondern zwei, drei, manche vier oder ein Paar sogar sieben Kinder. Demnach scheinen Kinder viele schon ziemlich glücklich zu machen.

Und was sagt die Wissenschaft? Das Allensbach-Institut hat ermittelt, dass nur knapp die Hälfte der Deutschen, also 47 %, Kinder als Voraussetzung sehen, wirklich glücklich zu sein[9]. Mmhm, wieso denken dann so viele, dass Kinder glücklich machen, überlege ich. Die Glücksforscherin Sonja Lyubomirsky gibt zu, dass Kinder einem viel Wichtiges und Wertvolles schenken, was zum Glück beiträgt, was aber mit den üblichen Fragebögen, die vor allem nach Stress fragen, nicht erfasst werden kann.[10] Man denke nur an das Gefühl, wenn sich dein Kind beim Vorlesen an dich schmiegt. Sofort ist der Kampf ums Zähneputzen wieder so gut wie vergessen. Nur der Zahnpastaklecks auf deinem neuen T-Shirt erinnert dich noch daran.

Glücklich machen sie also eindeutig, zumindest oft, zumindest die meisten Menschen. Aber nicht alle. Und es ist wie immer im Leben: Wo Licht ist, ist auch Schatten.

Die viel wichtigere Frage lautet ja auch: Müssen Kinder uns glücklich machen oder ist es nicht vielmehr unsere

Aufgabe, unsere Kinder glücklich zu machen? Und dass genau das UNS dann wiederum glücklich macht? Ha! Vermutlich ist genau das das Geheimnis. Glückliche Kinderaugen machen uns zufrieden und beseelen uns. Insofern lautet also ein echtes Glücksrezept für Eltern: Erzieht eure Kinder zu tollen Menschen, bringt sie oft zum Lachen, dann kommt das Lachen zu euch zurück.

Wenn du kein eigenes Kind hast, das du glücklich machen kannst? Dann schnapp dir ein anderes. Es gibt so viele einsame, arme Kinder, die sich über dich freuen würden. Eine Freundin von mir gibt in der ARCHE, einem Kinder- und Jugendwerk, das sich für sozial benachteiligte Kinder einsetzt[11], einmal die Woche Mathe-Nachhilfe. Und sie verhilft so vielleicht ein paar Kindern zu einem besseren Leben. Es gibt aber auch genug Kids in der Nachbarschaft, die sich freuen würden, mit dir mal ein Eis essen zu gehen.

Und wie du das anstellen sollst, ein Leuchten in Kinderaugen zu bekommen? Oh nein, Berge an Geschenken sind keine Lösung. Verbringe Zeit mit ihnen, interessiere dich für Dinge, die sie tun. Okay, ich interessiere mich auch nicht für Fortnite oder andere Playstation-Spiele. Aber ich bemühe mich manchmal, diese Welt zu verstehen. Erst dann bekomme ich Zutritt zu ihrer Welt. Erst dann erzählen sie mir aufgeregt, was es in ihrem Leben Neues gibt.

Erziehungsratgeber gibt es Tausende, am besten ist, da sind sich alle meine Mütterfreundinnen einig: Hör auf dein Bauchgefühl. Lässig erziehen, aber trotzdem mit Grenzen, da kann nicht allzu viel schiefgehen. Sonst lass dich ruhig beraten, es gibt auch genug Gruppen, online oder im *real life*. Nicht alle Mütter sind Übermütter mit hochbegabten Kids.

Und dann gibt es ja noch das Kind in dir, das du auch zum Lächeln bringen solltest, das ist ein echtes Glücksrezept. Es gibt unzählige Bücher darüber, wie das Kind eine Heimat finden kann und so fort. Auch die Psychologen reden von deinem inneren Kind. Es muss also was Wahres dran sein, würde aber hier den Rahmen sprengen, detaillierter ins Thema einzusteigen. In Kürze: Beschäftige dich mit deinem inneren Kind, suche es, wenn es sich versteckt, erst wenn du dich mit ihm befreundest, kannst du wirklich langfristig zufriedener werden. Denn nur dann spürst du wieder dein Bauchgefühl, kannst dich versöhnen mit der Vergangenheit.[12] Wie das geht? Es ist ein längerer Weg und deshalb kann ich ihn hier nur kurz anreißen. Aber es lohnt sich, ihn zu gehen. Einige Wege findest du auch in unserem Glücksbuch in anderen Kapiteln oder in unserem Glückstagebuch »Ich im Glück«. Du solltest auf jeden Fall Kontakt zu deinem inneren Kind aufnehmen. Erinnere dich an die schönen Momente deiner Kindheit, schreibe sie auf. Meditiere, mache eine Traumreise (gerne geführt), verbringe Zeit mit dir. Du kannst deinem inneren Kind einen Brief schreiben, führe einen Dialog mit ihm, nähere dich ihm durch kreative Dinge wie Malen oder Ähnliches. Lasse deine schmerzlichen Gefühle von früher zu, erst dann kannst du heilen, sagen die Fachleute.[13] Und wenn du dich um dieses Kind gut kümmerst, ist die Chance, zufriedener zu leben, natürlich sehr viel größer.

Wie das mit dem Glück wohl in anderen Ländern so ist? Charly entführt uns im nächsten Kapitel in ihre Wahlheimat Schweden. Vielleicht hat das Kind in ihr ja da Heimat gefunden, im Pippi-Langstrumpf-Land.

Kinder machen glücklich – zumindest manchmal, zumindest die meisten von uns –, wenn man den ganzen Stress, den diese kleinen Wutzwerge in uns entfachen, ausblendet. Es geht alles vorbei, ist nur eine Phase.

Ohne Kinder kann man auch sehr glücklich sein – ich kenne Beweise. Und wenn man etwas nicht ändern kann, sollte man versuchen, es zu akzeptieren, um glücklich zu werden. Denk an die Vorteile: ausschlafen, bis der Arzt kommt, reisen, wann immer du willst, Zeit für dich und deinen Partner. Für andere Kinder engagieren kannst du dich ja trotzdem.

Nicht Kinder sollen uns glücklich machen, sondern wir die Kinder. Dann erst sind wir es auch. Das ist ein echtes Glücksrezept. Und das kann man auch bei nicht eigenen Kindern anwenden. Ein echtes Wohlfühlglück.

Wie du deinen Spross glücklich machen kannst? Tauche ein in seine verrückte Welt. Erziehe nach Bauchgefühl, lässig und mit Grenzen.

Suche das Kind in dir, meditiere, schreibe ihm, achte auf dich … und schließe Freundschaft mit ihm.

ERPROBTE GLÜCKSTIPPS IN SACHEN KOPFNUTZUNG UND AUSMISTEN

WIE ICH MEINEN KOPF AUCH ABSEITS EINES FRISEURBESUCHS TRÈS CHIC AUF GLÜCKSLEISTUNG TUNEN KANN. UND WIE ICH MEIN LEBEN AUSMISTE UND MICH VIEL LEICHTER FÜHLE

6.

Charly: Glück über den Tellerrand

Sind Frauen in Schweden glücklicher? Liegt das am Einfluss von Pippi Langstrumpf oder an den Köttbullarn?

Ob mein inneres Kind im Astrid-Lindgren-Land Heimat gefunden hat? Schwierig zu beantworten, dazu bin ich noch zu frisch hier, aber mal so gesagt: Es hat hier schon mal eine Menge Spaß! Bevor ich es vergesse, eines der wichtigsten Bücher, die ich zum Thema Kinder und Aufwachsen gelesen habe, stammt von Jean Liedloff: »Auf der Suche nach dem verlorenen Glück.«[14] Aber zurück in meine neue Heimat.

Ich lebe nun seit ein paar Monaten in Schweden. Oberhalb von Stockholm. Nicht weit weg vom Wald und Wasser. Ein paar

Elche habe ich auch schon in freier Wildbahn gesehen und einige Runensteine. Letztere ließen sich ausgiebiger bestaunen, da sie nicht so schnell wegrennen konnten. Der Umzug nach Schweden war teilweise geplant, größtenteils spontan und auf jeden Fall chaotisch. Was es hier auch einige Monate später immer noch ist. Fragt mich nicht nach der Anzahl an unausgepackten Kartons.

Warum ich in unserem Glücksbuch über meine neue Heimat schreibe? Weil die Schwedinnen zu den glücklichsten Menschen der Welt zählen! Laut dem WHR, dem World Happiness Report, rangiert Schweden seit Jahren, ach, was sag ich, seit Jahrhunderten auf den ersten zehn Plätzen. Und nicht nur die Schweden, auch Norwegen und Dänemark, Finnland und Island. Ganz Skandinavien trifft sich in den Top Ten des Happiness Reports. Ganz Skandinavien? Yes! Jedes noch so kleine Popeldorf eingeschlossen. Mit oder ohne Gallier. Was haben die, was wir nicht haben?

Abgesehen von den Elchen, der exorbitanten Auswahl an Knäckebrot, IKEA und H&M und … okay, lassen wir es. *Step by step.*

Also: Im Jahre 2019 kam der 7. Happiness Report[15] raus und auf Platz 1 stand Finnland, das Land der alten Glücksnasen, gefolgt von 2. Dänemark, 3. Norwegen, 4. Island, 5. Niederlande, 6. Schweiz, 7. Schweden, 8. Neuseeland, 9. Kanada, 10. Österreich. Ich kürze jetzt ab, da wir erst auf Platz 17 Deutschland finden.

In den Jahren zuvor sahen die Rangfolgen übrigens ähnlich aus – die ersten Zehn streiten sich nur darum, wer ganz vorne stehen darf. So was wie Ringelpiez mit Anfassen.

Was also steckt dahinter, das die Schwedinnen so glücklich sein lässt? Die Regierung kann ja schlecht Drogen ins Wasser kippen – oder? ODER?

Über den World Happiness Report könnte ich ein eigenes Kapitel schreiben, das würdest du sehr wahrscheinlich aber gar nicht lesen wollen, weil es das Zeug dazu hat, an Trockenheit der Wüste Gobi den Rang abzulaufen (für Wissbegierige sei der Hinweis gestattet, in diese Anmerkung[16] zu blicken). Hier kurz zu des Pudels Kern: In den teilnehmenden Ländern beantworten Menschen wie du und ich einen Fragebogen, der sich mit dem persönlichen Leben sowie der Gesamtsituation befasst. Die Rangfolge ergibt sich also aus der Zufriedenheit und dem persönlichen Glücksgefühl der Menschen, die in dem jeweiligen Land leben. Dabei werden natürlich nicht nur Frauen, sondern auch Männer befragt, und zwar dieses Mal in 156 Ländern. Aber das tut der Aussage ja keinen Abbruch, dass es sich um die glücklichsten Menschen in einem Land handelt.

Was alle skandinavischen Länder gemein haben, ist eine ähnliche Lebenseinstellung. Über diese spezielle Lebensauffassung stolpert man tatsächlich auch in deutschen Buchläden, wo sie zwischen zwei Pappdeckeln unter den Schlagwörtern *Lagom* und *Hygge* angepriesen werden. Gab es in den vergangenen Jahren doch eine Schwemme an Büchern mit diesen Titeln und ich muss gestehen, dass auch ich das eine oder andere gekauft habe (was unter anderem den einen oder auch zwanzigsten schweren unausgepackten Bücherkarton erklären mag). Hier in Schweden bin ich Gast bei der Lagom-Fraktion.

Hört sich fast nach einer »Om«-Übung an, wenn man das Wort langsam ausspricht. LAAGOOOM.

Ich habe einen Nachbarschaftsplausch auf der Straße genutzt, um etwas mehr über Lagom zu erfahren. Praktischerweise hat die ältere Generation der Schweden fast durch die Bank Deutschunterricht genossen. Das macht die Verständigung momentan noch etwas einfacher. Ich versuche zwar immer, auf Schwedisch zu reden (ich habe sechs Jahre in Oslo gelebt und kann Norwegisch, was ähnlich ist), aber es ist nicht so leicht.

Nachbarin Trude: »Lagom? Ja, das benutzen wir schon. Bei vielen Gelegenheiten. Die Menge des Essens war lagom oder der Urlaubsort war lagom.«

Ich: »Und das heißt dann so viel wie ›Es war ganz *okay*‹, oder was genau?«

Trude: »Nein, es war ... mhm, ich glaube, dieses Wort kann man nicht direkt ins Deutsche übersetzen. Es bedeutet so was wie: *genau richtig*. Wenn im Urlaub alles gestimmt hat. Nicht zu viel Sonne, das Essen war so, wie man es sich vorgestellt hat, die Leute waren nett. Gibt es nicht ein eigenes Wort im Deutschen dafür?«

Ich: »Ähm ... für *genau richtig?* Vielleicht, dass es *passt*. Nee, hört sich nicht gut an.« Wenn ich daran denke, dass bei der Frage nach dem Urlaub vielen Deutschen zuerst die schlechten Dinge durch den Kopf purzeln, dann wundert es mich nicht, dass wir kein Lagom haben. Eher ein »Ging so« oder »Muss ja«.

Trude: »Du bist doch so interessiert an den Wikingern, da passt die Geschichte um Lagom ganz gut rein. Es soll auf *laget om* zurückgehen, was so viel bedeutet wie *um die Gruppe herum*. Du warst doch auf dem Wikingerhof Richtung Flughafen, oder?«

Ich nickte. Seitdem ich in Schweden bin, habe ich es zu meiner Aufgabe auserkoren, Runensteine und alles, was mit den Wikingern zu tun hat, zu entdecken. Nennt es Neugierde oder Abenteuerlust oder einfach Spaß an guten Geschichten.

Trude: »Es spielte sich damals ziemlich viel um die Feuerstellen ab. Das Zusammensitzen nach getaner Arbeit und Essen. Man erzählt sich, wenn das Trinkhorn die Runde machte, dann trank jeder nur einen kleinen Schluck, sodass für die anderen auch noch was übrig blieb. So reichte die Menge im Trinkhorn für die ganze Gruppe. Es war genau richtig gefüllt. Eben *lagom*.«

Ich musste lachen, was mir eine hochgezogene Augenbraue einbrachte. Ich hätte dieses Verhalten in der Wikingerrunde eher als gesunden Überlebensinstinkt, gepaart mit scharfen Äxten, bezeichnet, aber nach einem kurzen Räuspern sagte ich: »Das hört sich gut an. Eine … ähm, nette Geschichte. Die ist lagom.«

Trude grinste mich schief an, was mir das Gefühl gab, das Wort nicht gerade auf typische Weise benutzt zu haben, und wechselte zum Gesprächsthema Wetter. Mit einer anderen Nachbarin.

Was hat es jetzt aber mit dem Wort *Lagom* auf sich? Ich recherchierte weiter und stieß auf den Schwedischen Sprachenrat[17], der die Hauptorganisation für Sprachpflege in Schweden ist, zum Institut für Sprache und Folklore zählt und neben Wörterbücherveröffentlichungen auch ein Auge auf die Entwicklung der Sprache selbst hat.

»Alles Quatsch«, bekam ich als Antwort von einer Dame aus dem Institut zurück. Lagom und Wikingerrunde seien erstunken und erlogen. Das drückte sie natürlich mit neutraleren und netteren Worten aus. Sie schrieb mir weiter: »Das Wort *lagom* kam schon im 17. Jahrhundert vor und stammt von dem Nomen *lag* ab, was ›der richtige Zustand der Dinge‹, ›das richtige Verhältnis‹ bedeutet. *Lag* in *lagom* wird im Dativ benutzt, der in der schwedischen Sprache so nicht mehr vorkommt.«[18]

War das schon das ganze Geheimnis hinter dem Glücklichsein der Schwedinnen im Pippi-Langstrumpf-Land voller Felsen, Wälder und Trolle? Fragt man die Schweden, wie sie ihr Land bezeichnen, sagen sie »landet lagom« und »lagom är bäst« (so der *The Guardian*, London 2017)[19], und das bedeutet, dass es am besten ist, wenn man mit dem zufrieden ist, was man hat. Nicht mehr und nicht weniger. Und wenn alle mit dem zufrieden sind, was sie haben, gibt es keinen Grund, sich zu beklagen. Es gibt hier kein Glas, das halb voll ist oder halb leer, stattdessen freut die Schwedin sich, ihren Durst zu stillen und sogar noch etwas übrig zu haben.

Die Schwedin Lola Åkerström fasst Lagom in ihrem Ratgeber »In der Mitte liegt das Glück« so zusammen: »Es ist die Grundlage einer optimalen Lebensführung, in der Geben und Nehmen sich die Waage halten, ohne die Balance zwischen Individualität und Gruppendynamik zu zerstören.«[20]

Das hört sich ja sehr nett an. Der Einzelne darf sein, wie er mag, wenn er die Grenzen der anderen respektiert und weder egoistisch noch zu laut ist. Ob ich es richtig verstanden habe und es auch tatsächlich so gelebt wird, kann ich dir in einem Jahr schreiben!

Definitiv haben die Schweden eins: viel Natur um sich rum. Und selbst die Stadtmenschen achten sehr darauf, einen Großteil ihrer Freizeit entweder in einer Hütte im Wald beim Skifahren oder irgendwo am Wasser zu verbringen. Sie haben ein Händchen für eine Wohlfühlatmosphäre rund um den Kamin. Ob es nun kalt ist oder nicht.

Für meinen Podcast[21], den ich über Schweden und seine Eigenarten angefangen habe, stolperte ich vor Kurzem über den Begriff *Jantelag,* der den Begriff Lagom in einem anderen Licht dastehen lässt. Etwas weniger bunt und kuschelig. Aksel Sandermose hat im Jahr 1933 den Roman »Ein Flüchtling kreuzt seine Spur«[22] geschrieben und darin das Verhalten der Skandinavier aufs Korn genommen. Jantelagen bezeichnet elf Leitsätze, die so etwas wie einen ungeschriebenen Verhaltenskodex darstellen, der besagt, dass sich in der schwedischen Gesellschaft keiner besser geben soll als der andere. Keiner soll überhaupt nur denken, besser sein zu können als andere – mit diesem Grundsatz legen die Schweden eine Bescheidenheit an den Tag, die den deutschen »Tiefstaplern« die Schamesröte ins Gesicht treibt.

Ein Beispiel aus dem Alltag: Angenommen, du hast ein echt exklusives Luxusteil ergattert und spazierst damit über die Straße, triffst eine Freundin, die zu Recht deine neueste Errungenschaft mit »Wow, das ist ja ein tolles Teil, ist das neu?« bestaunt.

Wie reagierst du in Schweden richtig?

Du sagst: »Was? Ach das? Nein, das ist schon alt, lag ewig in der hintersten Ecke im Kleiderschrank.«

Nee, is klar, oder?

Jantelagen ist bestimmt nett, um Neid einzudämmen, aber darf man denn nicht stolz sein auf das, was man kann oder hat? Ich frage mich, wie man ein Gespür für sich selbst bekommen kann, wenn man das Besondere, das, was aus der Masse heraussticht, unterdrücken soll. Was, wenn dieser Konformismus, dass alle gleich sind, als Norm genommen wird, als Maßstab, und den Einzelnen erstickt?

Schwieriges Thema, aber diesen Einschub wollte ich dir nicht vorenthalten. Klar ist es klasse, in einer gechillten Gesellschaft zu leben, die sich vor allem Toleranz auf die Fahne geschrieben hat. Es wäre toll, wenn die Angeber dieser Welt hier keine Schnitte hätten, sondern einfach relaxed nicken, anstatt über ihre neuesten Errungenschaften in epischer Breite zu schwadronieren. Aber ist das wirklich so? Und auf wessen Kosten? Manchmal hört sich einiges verlockend an, wenn man dann allerdings einen Zipfel anhebt, kommen einem die Staubflocken der letzten Jahrhunderte entgegen. Vielleicht sollten wir einfach das Beste aus diesem Thema herausholen und uns unsere eigene Lagom-Philosophie zurechtschmieden. Wir lassen öfters mal fünfe gerade sein und realisieren, dass die aktuelle Situation so ist, wie sie ist, und damit ziemlich okay. Wir rennen nicht sehenden Auges in einen Burn-out, sondern sind tolerant mit uns selbst und unseren Bedürfnissen und gehen pünktlich in den Feierabend. Und bei der nächsten Gelegenheit auf einer Party oder unter Kollegen stutzen wir dem Angeber der Runde die Flügel und halten selbst gepflegt die Klappe. Es wird dir sogar Energie sparen, einfach nur nett nickend zuzuhören. Versuch es mal.

Ich hatte im Laufe meines Lebens das Glück, für fast sechs Jahre in Norwegen zu leben. Norwegen steht beim Happiness Report meistens noch ein paar Plätze vor Schweden. Ein guter Grund, auch hier die Lupe draufzuhalten.

Unsere norwegischen Nachbarn, ein Paar, beide weit über 70, rufen uns zum Wochenende immer ein »kos dere!« zu. Was so viel bedeutet wie »Macht's euch gemütlich!« und echt oft verwendet wird. Man kann das »kos« an alles Mögliche anhängen, so gibt es den »peiskos« (Gemütlichkeit vor dem Kamin) oder den »skikos« (es sich beim Skifahren gemütlich machen) und noch einige mehr. Wie du siehst, ist Gemütlichkeit hier ein gelebtes Gefühl und gehört zum Leben und Glücklichsein dazu.

Die erste Begegnung mit unserem 77-jährigen Nachbarn war auf Skiern.

Also er kam uns schwungvoll auf Langlaufskiern entgegen und grüßte uns nett, während wir fröstelnd zur Wohnungsbesichtigung ins Nachbarhaus gingen. Ich bin jetzt nicht die Sportskanone, jogge aber recht gern, ich nenne das »Lüften des Gehirns« und konnte so schon den einen oder anderen Knoten in einer Geschichte lösen, mit dem netten Nebeneffekt, fit zu bleiben. Aber jetzt mal unter uns: Ich bin noch nie so oft von alten Leuten überholt worden wie in Norwegen. Die sind alle so unglaublich trainiert.

Die Natur ist ein stetiger Bestandteil des norwegischen Lebens. Es gibt sogar einen speziellen Ausdruck dafür: *Friluftsliv*, der nicht so leicht ins Deutsche zu übertragen ist – es handelt sich um das Leben im Freien. Allerdings das aktive Leben. Die Freizeit ist ein hohes Gut und wird am liebsten im Grünen oder im Weißen verbracht. Mit Wanderstock oder Ski.

Ein Spruch in Norwegen lautet: »Ut på tur, aldri sur.« Das heißt frei übersetzt: »Draußen auf Wanderschaft – niemals schlechte Laune.«

Ist dies der gesuchte Glücksindikator? Ausreichend Freizeit (nach 16 Uhr erreicht man eigentlich in Norwegen niemanden und in Schweden auch meistens nicht), die Bedeutung von Natur, verbunden mit körperlicher Anstrengung, die Freude am einfachen Essen (ich liebe Waffeln und habe in Norwegen auf ein Doppelwaffeleisen umgerüstet), die Familienfreundlichkeit (ein Angestellter darf durchaus früher aus einem Meeting gehen, wenn die Tochter ein Fußballspiel hat, und verliert dann nicht seinen Job). Ich komme noch mal zurück zur Natur: In Skandinavien gibt es wirklich kein schlechtes Wetter – dafür sorgen schon die unzähligen Outdoor-Ausrüstungsläden, die von Wanderausstattung bis zum Jagdtarnumhang alles anbieten. Wirklich alles.

In Norwegen gibt es auch dazu einen Spruch:

> »Lykkelig er den som ikke sørger over hava
> han mangler,
> men gleder seg over hva han bar.«

Frei übersetzt:

> »Glücklich ist, wer sich nicht darüber
> sorgt, was ihm noch fehlt,
> sondern sich über das freut, was er hat.«

Wieder zurück nach Schweden: Astrid Lindgren hat in »Michel aus Lönneberga« geschrieben: »Lagom stora, lagom runda och lagom bruna« – auf Deutsch: »genau richtig groß, genau richtig rund und genau richtig braun« –, womit sie Fleischklößchen beschreibt und nicht Michel, als er aus einer Matschpfütze steigt. Diese Köttbullar[23] sind eine der schwedischen Leibspeisen, hier mit Liebe zubereitet und so, wie sie fertig sind, genau richtig zum Essen. Warum sollte man sich über ein Kleineres auch ärgern oder über eine angebrannte Stelle? Das würde den Genuss am Essen mindern. *Genießen* lautet das Stichwort und ist wirklich übertragbar auf alle Lebensgebiete. Auf das Schöne konzentrieren und Dinge annehmen, wie sie sind. Wir müssen nämlich gar nicht Fleischklopse oder Knäckebrot in uns reinstopfen, um so glücklich wie die Schwedinnen zu werden. Man färbt sich ja auch nicht die Haare blond, um mehr Aufmerksamkeit … oops, nein, aber es dreht sich hier um das Zufriedensein. Es muss nicht immer nur Kaviar sein oder Champagner in den Mägen perlen, es reicht, wenn man sich gute Hausmannskost schmecken lässt.

Nicht immer auf das schielen, was der Nachbar hat, sondern loslassen und sich an dem, was man selbst hat, erfreuen! Ich bin ja im Badischen aufgewachsen, hier sagt man: »Es isch halt so« – mal die Dinge so annehmen, wie sie sind, ohne zu hadern!

Ein netter Tag im Wald mit Lagerfeuer und frisch gezupften Beeren kostet nichts und lässt uns zur Ruhe kommen. Und einen Gang zurückschalten kann vielleicht sogar das Gefühl herbeizaubern, dass alles gut ist. Wir, am Busen der Natur. Sicher und geborgen, ohne Zeitstress und Handy.

Sich erden.

Einatmen.

Ausatmen.

Das hört sich gut an, oder?

Klebeglitzernagel hat mir vor Kurzem erzählt, dass sie etwas über das Bedürfnis von uns Menschen gelesen habe, im Wald zu sein. Wie wichtig Bäume für unser Seelenheil seien – so von wegen Steinzeitmenschenvergangenheit und viele Tausende von Jahren Bäume um uns rum. Da kann was dran sein. Verschwinden nicht auch am Meer für einen Augenblick alle Sorgen – aufgesogen vom Plätschern der Wellen?

GLÜCKLICHSEIN DURCH LAGOM

Die Skandinavier haben eine bewundernswerte Lebenseinstellung: Sie gehen arbeiten, um Freizeit zu haben, und definieren sich nicht über den Beruf. Familie und friluftsliv sind wichtige Werte, die von allen respektiert werden.

Klopfe deinen Berufsalltag auf Überflüssiges ab. Könntest du vielleicht ein paar Stunden pro Woche weniger arbeiten? Sprich mit deinem Chef darüber und sage mal Nein zu Dingen, die sowieso nicht in dein Arbeitsgebiet fallen. Wir Deutsche sind halt keine Schweden und nur zu oft wird vorausgesetzt, dass wir bereit sind, Überstunden zu machen. Doch vielleicht sollten wir gerade hier anfangen, uns selbst wichtig zu nehmen und Freiräume zu schaffen. Für Zeit in der Natur. Für Sport. Für Dinge, die uns guttun. Genau richtig wollen wir uns fühlen. Und dabei geht es nicht darum, etwas zu kaufen oder zu konsumieren – es geht um Zeit! Darum, dich selbst wertzuschätzen. Du bist genau richtig. Ebenso wie dein Bedürfnis, Zeit für dich zu haben.

Abschließen will ich dieses Kapitel mit einer norwegischen Weisheit:

> »Et kommer sommer og det kommer
> vinter, hva er hastverk godt for?«

Frei übersetzt:
> »Der Sommer kommt und der Winter kommt,
> wofür ist es dann gut, zu hasten?«

Ich habe mir Gedanken zum Thema Lagom gemacht und Anja führt es weiter. Also das Denken, das bei zu hohem Gebrauch zum Hirnzermartern wird. Sind Dauergrübler unter uns? Die werden gleich ihre Freude haben, denn gerade für sie ist es schwer, mal fünfe gerade sein zu lassen. Lagom ist für sie eher ein italienischer See als der Zustand, mit etwas zufrieden zu sein. Aber lest selbst!

7.

ANJA: VOM DAUERGRÜBELN UND WIE ES VERHINDERT, DASS DU DAUERGLÜCKLICH WIRST

Irgendwas ist bei Frauen immer.

Von den Wikingerbräuten können wir uns also einiges abgucken. Das zum Beispiel auch: Das Leben meint es nicht gut mit dir? Von wegen aufgeben. Setz dir die Krone oder den Hörnerhelm wieder auf, Kinn nach vorne und geh weiter. Wenn das Schicksal dir in den Po kneift, dann lach ihm eins. Aber nicht immer ist das so einfach, oder? Dann grübeln wir. Und grübeln und grübeln.

»Immer ist bei dir irgendwas«, beschwert sich der Mann meiner Freundin Annika häufig. Womit er ja nicht unrecht hat. Denn es gibt ja auch immer etwas, worüber Frau nachdenkt.

»Hab ich letztes Mal zu meinem Chef etwas Komisches gesagt oder wieso hat er mir heute nur in den Ausschnitt geguckt statt ins Gesicht?« »Wird mein Kind gemobbt oder hat es nur Bauchweh, weil es meine Nachtcreme im Kühlschrank mit Mayonnaise verwechselt hat?« »Hab ich alles erledigt? Einkaufen, was koche ich nachher, brauchen die Kinder neue Schuhe und wann wollte ich meine Freundin anrufen?«

Männer – die meisten zumindest – grübeln eindeutig weniger. Auf jeden Fall sagen sie das selbst, wenn man ihnen die sehr beliebte Frage stellt: »Was denkst du gerade, Schatz?«

Die Antwort ist in 99 % der Fälle: »Nichts.«

Hab ich recht? Das heißt, entweder der Mann lügt dir in dem Moment dreist ins Gesicht, oder es spielt sich tatsächlich nicht das Chaos im männlichen Gehirn ab, das wir Frauen tagtäglich, minütlich durchleben müssen. Gedankenachterbahn, wilde Tagträume, aufregende Fantasiereisen, gerne auch Sexfantasien mit dem Hermeslieferanten oder dem Nachbarn von gegenüber. Am liebsten Selbstzweifel. Leider.

Wieso tun wir das? Wieso plagen wir uns mit Selbstzweifeln herum, obwohl wir starke, tolle Frauen sind? Denn das ist jede von uns – auf jeden Fall in ihrem Kern. Und wenn du deine starke Seite gerade nicht in dir findest, dann such sie und hol sie hervor. Auf was warten? Von allein verschwinden Zweifel nicht und um glücklicher zu werden, und das willst du ja, solltest du dein Grübeln reduzieren.

Ich spreche nicht von ganz aufhören, das geht vermutlich nicht. Aber vermindern, das ist doch ein Anfang auf der Suche nach dem Glück. Ob man weniger grübeln kann?

Ja, kann man.

Mir gelingt es manchmal. Tschakka. Wie? Indem ich mir klarmache, dass ich zu viel grüble. Man kann seine Gedanken lenken, du bist selbst Herrin deiner Gedanken. Zumindest manchmal klappt das. Nicht immer.

Man muss das Ganze sowieso immer positiv sehen. Wir Frauen sind in der Lage, aus dieser Welt auszusteigen und ein spannenderes, aufregenderes Leben zu führen. Und das Beste: Dafür brauchen wir keinen Superwoman-Umhang, sondern können auf unserer gemütlichen Couch sitzen bleiben. Mit Chips, Keksen, Tee und warmen Socken. Ist doch toll, oder?

Die einen schaffen das mit einem guten Buch in der Hand, in das sie abtauchen, vielleicht als verwegene Heldin in einer heißen Liebesgeschichte, die anderen schaffen es auch ohne Buch, allein durch die Kraft der Gedanken. Von wegen Chaos in der Oberstube – das sind kreative Energien.

Ich habe mich natürlich auch gefragt »Bin ich glücklich?«, als wir das Projekt angefangen haben. Meistens schon, finde ich. Und ich hoffe, das bleibt so.

Ich habe die 40-er-Panik schon überlebt, ohne plötzlich in altbackener Kleidung herumzulaufen, oder mich über neue Fältchen aufzuregen, bin gesund, verheiratet, habe zwei Kinder und seit Neuestem einen Hund (auf den ich noch komme). Außerdem liebe ich meinen Beruf als Schriftstellerin und Drehbuchautorin (zumindest meistens), wohne in Berlin, sogar mit Garten. Klingt toll, ist es auch. Und trotzdem bin ich eine Frau, kann mich oft nicht zwischen Salat mit Schafskäse und Pommes mit Schnitzel, die die Waage hochschnellen lassen, entscheiden. Ich grübele hin und wieder. Positiv gesehen: Ich denke viel nach, manchmal vielleicht zu viel. Denn es kommt vor, dass ich einiges in etwas hineininterpretiere, was gar nicht da ist. Mist. Grübelmist. Aber ich bin nun mal sensibel, wie du vielleicht auch. Sensibel sein ist gut. Auf jeden Fall. Vor allem als Autorin, die sich in die verschiedensten Charaktere einfühlen muss, und als Freundin, Ehefrau und Mutter. Es ist toll. Aber nicht optimal für mein dauerhaftes Glücksempfinden, das ich doch bitte gerne jeden Tag von morgens bis abends hätte. Wieso auch nicht? Aber ist das überhaupt realistisch? Kann die stärkste Frau immer fröhlich und singend durchs Leben gehen? Auch wenn das Leben ihr Knüppel zwischen die Beine wirft? Denn die hat ganz sicher jede von uns schon an ihren Waden gespürt. Auch ich. Einige sogar. Und danach noch viel mehr nachgedacht. Manchmal zu viel. Und dann habe ich es wieder sein lassen, als mir das bewusst wurde. Sich etwas bewusst machen kann schon sehr hilfreich sein. Das ist ein erster Schritt, um weniger nachzudenken.

Im Laufe meines Lebens habe ich natürlich viele Frauen kennengelernt. Und sobald sie mir ihr Herz geöffnet haben, kam heraus, dass auch sie viel grübeln. Von all diesen Frauen habe ich mir jeweils die Geschichte herausgepickt, die dich weiterbringt, die dir vor Augen führt, dass auch du es schaffen kannst, weniger zu grübeln.

Meine Freundin Annika hat alles, so von außen betrachtet: Mann, Haus, Kinder, erfolgreich im Job als Redakteurin. Aber sie plagt sich mit Selbstzweifeln über ihre Schreibe im Job oder ihre Figur – fährt in ihrem Gedankenkarussell rasant herum. Ziemlich oft sogar. Anfangs sagt ihr Mann noch liebevoll »Grübelfrau« zu ihr. Nach einigen Stunden wird dann ein »Ich kann es nicht mehr hören« daraus.

»Immer die gleiche Leier, immer ist irgendwas«, kommt dann irgendwann. Kurz bevor er sich seine Kopfhörer aufzieht und am Tablet Netflix schaut. Zugegeben, ihr Mann ist nicht der Romantischste seiner Gattung. Aber so hat sie ihn kennengelernt. Beim Brokkoliabwiegen im Supermarkt, als er sie angesprochen hat und ihr Herz bei seinem Anblick, denn er ist genau ihr Typ, höherschlug. Doch er meinte dann: »Sie sehen so aus wie …« Er überlegte und Annika machte sich auf ein schönes Kompliment gefasst. Doch dann fuhr er fort: »So, als wissen Sie, wo die Eier stehen.«

Wieso grübeln Frauen so viel? Denn es hindert uns doch tatsächlich daran, glücklich zu sein.

Wieso sehen wir oft eher das Negative und nicht das Positive? Besser wäre doch: Hey, mein Körper sieht nach dem Kinderkriegen fast aus wie vorher. Ein echtes Wunder der Natur, so kugelrund und kurz vorm Platzen, wie mein Bauch damals aussah. Außerdem habe ich tolle Beine oder hübsche Brüste oder ein schönes Gesicht. Irgendetwas Schönes hat jede Frau. Eine glückliche Frau strahlt innerlich, steckt ihre Umgebung mit dieser guten Laune an. Eine unglückliche dagegen verbreitet schlechte Stimmung. Will die irgendjemand haben? Nein. *Unglückliche Frau im Kinderparadies abzugeben.*

Noch ein Grund mehr, herauszufinden, was Frauen glücklich macht. Eine glückliche Frau zieht oft auch einen glücklichen Partner nach sich. Und genau deshalb ist dieses Buch auch für Männer was.

Aber vor allem für dich selbst. Mach es dir bewusst: Hör auf, zu viel zu grübeln! Bringt nichts, lähmt und hält uns davon ab, andere schöne Dinge zu tun. Ich weiß, sagt sich so einfach. Aber es ist tatsächlich erwiesen, dass du deine Gedanken selbst bestimmen und in den Griff kriegen kannst. Lenke dich ab. Schreib deine Gedanken auf, dadurch entsteht oft Klarheit. Sieh dich als Beobachterin, so fühlst du dich nicht mehr so ausgeliefert. Setz dir ein zeitliches Grübellimit. In der Zeit kannst du zum Beispiel deine Gedanken aufschreiben. Nimm deine negativen Gedanken nicht zu ernst. Und sehr effektiv sind Achtsamkeitsübungen.[24] Wir zeigen dir in diesem Buch mehrere Wege, die Spaß machen. Wichtig ist, dass du anfängst, deinen Mut wiederfindest und die Ängste verscheuchst.

Grübeln und Nachdenken sind super, aber zu viel Grübeln ist Grübelmist. Du kannst es abstellen oder zumindest verringern, und das macht dich glücklicher.

Allein wenn du es wirklich willst, kannst du schon weniger grübeln. Du bist die Herrin deiner Gedanken, kannst sie lenken – am besten auf positive Dinge.

Wie noch?

1. Schreibe deine Gedanken auf.

2. Nimm die Beobachterrolle ein.

3. Setze dir ein Grübel-Zeitlimit.

4. Mache Achtsamkeitsübungen (die findest du in unserem »Achtsamkeit«-Kapitel 10).

5. Tausche dich mit dir nahe stehenden Menschen aus, mache nicht alles allein mit dir aus.

8.

CHARLY: *DIE MUT-CHALLENGE*

Deine Ängste hindern dich am Glücklichsein?
Zeige den kleinen schwarzen Teufeln in dir
eine lange Nase!

Eine Mut-Challenge, das ist eine Herausforderung. Meistens fühle ich mich recht mutig, meistens. Manchmal auch ängstlich und oft irgendwo dazwischen.

Ängste hat doch jeder und jede, oder? Zumindest eine klitzekleine Angst, die nur hin und wieder auftaucht. Ob es die weitverbreitete Angst vor Spinnen ist, die Arachnophobie genannt wird, oder Zemmiphobie, also diejenige vor Nacktmullen, oder beispielsweise Xanthophobie, die Angst vor der Farbe Gelb – den Objekten, vor denen man Angst haben kann, sind keine Grenzen gesetzt. Es gibt Phobien zu jedem Buchstaben des Alphabets, und ich war – ganz ehrlich – echt überrascht darüber, als ich das entdeckt habe. So viele! Das hätte ich nun wirklich nicht erwartet. Es gibt 650 wissenschaftlich anerkannte Phobien, die auf der Welt die Menschen anfallen und sie in den Schwitzkasten nehmen. Zumindest in gewissen Situationen. Dabei wissen die Betroffenen durchaus, dass ihre Angstreaktionen in keinem Verhältnis zum Auslöser stehen. Aber das ist alles nicht logisch fassbar. Es gibt körperliche und psychische Reaktionen, die so stark ausgeprägt sein können, dass ein normales Leben nicht möglich ist. In Europa sind es 60 Millionen Menschen, darunter 12 Millionen Deutsche, wobei Frauen häufiger betroffen sind als Männer. Das sind ungefähr 15 % der Landesbevölkerung. Dabei bekommen fast 90 % der Betroffenen ihre Symptome wieder in den Griff, meist dank professioneller Hilfe[25]. Und klar schränken Ängste die Glücksfähigkeit ein – somit ist es wichtig, den inneren kleinen Teufeln die Stirn zu bieten. Ihnen den Stinkefinger zu zeigen. Nur wie?

Warum gibt es überhaupt so etwas wie Angst? Früher hatten die Ängstlichen bessere Chancen, sich fortzupflanzen, da sie seltener von Tigern gefressen wurden, nicht so oft von Klippen stürzten oder die vermeintlich harmlose Spinne nicht streicheln wollten. Also eine biologisch sinnvolle Strategie. Die Therapeuten und Psychologen unterscheiden zwischen Ängsten, die uns einfach so überfallen, also ohne im Zusammenhang mit einem Ereignis zu stehen, und Ängsten, die an spezielle Situationen, Tiere oder Dinge geknüpft sind. Diese nennt man dann Phobien, wie die Phobie vor Spinnen, hatten wir ja schon. Besonders verbreitet sind soziale Phobien, wie zum Beispiel die Angst davor, eine Rede vor anderen Menschen halten zu müssen, oder ein Jobwechsel steht an und man fürchtet sich vor dem Treffen mit neuen Kollegen. Ungefähr 2 bis 3 % der Menschen haben diese Phobie. Beide Angst-Arten können mit Panikattacken verbunden sein, die von Herzklopfen oder Schwitzen bis hin zur Angst vor dem Sterben reichen. Eine breite Palette von Gruselfaktoren.[26] Die Fachleute sind sich allerdings nicht immer klar darüber, was die jeweiligen Ursachen sein könnten: Fehlfunktionen im Körper, traumatische Erlebnisse, Nebenwirkungen von Medikamenten oder andere Gründe. Doch über solche Ängste, die ärztliche und therapeutische Hilfe erfordern, will ich gar nicht reden. Kann ich auch gar nicht, weil ich mich damit zu wenig auskenne.

Ich rede von »normalen« Ängsten, bei denen sich einem nicht sofort der komplette Magen umstülpt oder das Herz auf gefährliche Weise Überschläge macht, sondern die jeder empfindet. Manche stärker ausgeprägt, andere nur leicht. So was wie Prüfungsangst, die schweißnasse Hände verursacht, oder Höhenangst, die einem trotzdem erlaubt, auf einen Hochsitz zu steigen, oder das ängstliche Kribbeln, wenn man vor einer Menschenmenge reden muss. Die Schauspielerin, Autorin und Coachin Maria Bachmann sagt, dass man eigentlich die ganze Zeit vor irgendwas Angst hat, ob es vor dem Versagen ist, vor Fehlern, Misserfolgen oder der Mittelmäßigkeit. Sie sagt, dass Leben für sie bedeute, sich weiterzuentwickeln, vor allem auch, um Ängste zu verlieren.[27]

Es gibt durchaus Wege, mit diesen Ängsten leben zu können, sie vielleicht sogar ganz zum Verschwinden zu bringen. Von Therapeuten empfohlen und von Johann Wolfgang von Goethe getestet ist die Konfrontation[28]. Jawohl! Höhenangst hieß eins seiner Probleme und er wählte eine sehr drastische Art der Konfrontation. Er bestieg ganz allein den höchsten Turm des Straßburger Münsters und das so oft, bis er dort oben keine Angst mehr verspürte. Das können wir auch! Stelle dich der Angst. Dabei kannst du es auch ruhiger angehen lassen. Es muss nicht gleich das Münster sein. Es darf auch der Balkon im ersten Stock sein. Später eine Dachterrasse und wenn die Zeit reif ist, dann suche dir deinen Kirchturm. Aber bitte mit stabilem Geländer und einer guten Freundin als Begleitung.

Was sagen denn meine Freundinnen dazu?

Tatsächlich hat jede von ihnen eine oder mehrere Leichen im Keller. Am interessantesten fand ich diejenigen von Adilette und Smokie, die sehr offen über ihre Ängste redeten. Adilette ist ja schon seit über zwölf Jahren eine verheiratete Mutter, tough, mit dem Herzen auf der Zunge, und ausgerechnet sie erzählte davon, Panikattacken gehabt zu haben. Aus Angst davor, allein zu sein. Als Scheidungskind war sie schon früh in elterliche Machtspielchen eingebunden gewesen und die Erfahrung, vom Vater verlassen zu werden, hatte sich tief eingebrannt. Ihr Fazit lautete: »Ich will jetzt nicht sagen, dass alle Eltern trotz Problemen zusammenbleiben sollten, im Gegenteil. Manchmal ist die Trennung sogar das Beste, wenn die täglichen Grabenkämpfe nur noch Verletzte nach sich ziehen. Ich frage mich allerdings, warum wir Menschen so wenig dazu geeignet scheinen, miteinander zu reden. Vielleicht hätten wir einfach bei Grunztönen bleiben sollen, wie unsere Vorfahren. Dann kann man sich auch nicht so oft missverstehen!«

Smokie verneint zwar, dass sie Bindungsängste habe, aber beim letzten Treffen hatte sie eine gute Idee: »Ich denke, dass es ein Anfang wäre, mal wieder sich selbst zu spüren. Was meinst du, warum ich so gern trainieren gehe? Nicht nur, weil man da astrein ins Gespräch mit nett ausschauenden Männern kommen kann, sondern weil ich an meine Grenzen gehe. Also körperlich. Nein, nicht was ihr wieder denkt, nicht beim Sex. Fitnesstechnisch, meine ich.«

An seine Grenzen gehen, eine gute Idee. Raus aus der Komfortzone mit der Person, die mit steigendem Alter doch oft schon am frühen Abend auf der Couch endet, mit Wein in der Hand. Die lieber in die warme Badewanne will, als noch mal ihren Po hochzubekommen. Als Kind geht man fast tagtäglich an seine Grenzen. Auf Bäume klettern, rennen bis zum Umfallen, sich Neues zutrauen wie Fahrrad fahren,

Rollschuhlaufen, Schwimmen lernen, zum ersten Mal allein ins Feriencamp fahren und, und, und. Mut ist etwas, das in uns steckt. Auch wenn du dich gerade gar nicht so fühlst. Um auf der Couch sitzen zu können, hast du als Kind so einiges an Mut aufgebracht: allein das Laufen lernen trotz ständigen Hinfliegens oder das Loslassen von Mamas Schürzenzipfel. Ich bin mir sicher, wenn du dir etwas Zeit nimmst und darüber nachdenkst, dann findest du etliches, bei dem du in deinem Leben schon mutig gehandelt hast. Dabei bedeutet Mut nicht die Abwesenheit von Angst, sondern es bedeutet, etwas schlicht und ergreifend trotzdem zu tun. Auch wenn man anfangs Schiss in der Buxe hat. Aus dem Windelalter kamen wir ja auch alle mal raus. Ajahn Brahm definiert in seinem Buch »Die Kuh, die weinte« Angst folgendermaßen: »Angst heißt, etwas an der Zukunft auszusetzen zu haben. Wenn wir uns nur vor Augen hielten, wie ungewiss unsere Zukunft ist, würden wir nie versuchen vorherzusagen, was alles schief gehen könnte. Und damit hört die Angst auf.«[29] Mit anderen Worten: Alles kann passieren. Du kannst hinfallen, musst aber nicht, und wenn du es nicht probierst, wirst du es nie wissen. Und umkippen könntest du auch im Sitzen. Oder von einem Ufo getroffen werden.

Also: Was sind deine Mut-Erlebnisse der letzten Jahre? Nimm dir Tee und Zeit und denk mal darüber nach! Und wo liegt deine Grenze, deine Komfortzone? Übrigens ist es wichtig, seine Grenzen zu kennen, auch um sich selbst zu spüren und zu schützen. Ein ständiges Überschreiten kann durchaus zum Burn-out führen. Ein Grund mehr, mal die grauen Gehirnzellen tanzen zu lassen und darüber nachzudenken.

Na? Etwas Zeit dafür gefunden? Nein?

Dann erst mal wirklich ein paar Minuten Zeit nehmen, tut auch nicht weh. Ich schwör's!

Mir sind vor allem Mutbeispiele eingefallen, die etwas mit meinem Job zu tun haben. Vor Lesungen habe ich immer einen leichten Bammel oder vor großen Gruppen aufzustehen und etwas zu sagen. »Was ist, wenn du dich blamierst?«, spucken die Teufelchen in meinem Kopf und ich versuche, zurückzuspucken und zu sagen: »Ist mir doch egal.« Dann lache ich den Moment einfach weg. Trotzdem darf ich darauf stolz sein, dass ich mich traue, und irgendwann wird auch das Lampenfieber nachlassen – und wenn nicht, dann nicht.

Was könnte mich aus meiner Komfortzone bringen? Mir zeigen, dass Mut ein Bestandteil meiner Persönlichkeit ist und in mir schlummert? Etwas, das mich schon seit meiner frühesten Jugend gereizt hat, ist Skateboardfahren. Ich fand die Kids immer total cool, die selbstsicher auf den Boards durch die Straßen düsten und locker an der Rampe abhingen.

Es ist zu spät dafür, flüsterten die kleinen schwarzen Teufelchen. *Du bist viel zu alt dafür.*

Mhm, sagte ich.

Du kannst dir alles Mögliche brechen, vor allem du mit deiner angeborenen Tollpatschigkeit. Und ganz zu schweigen von der Blamage.

Echt?, fragte ich.

Wer kümmert sich um deine drei Kids, wenn du mit Knochenbruch im Bett liegst?

Ruhe auf den billigen Plätzen, antwortete ich und suchte im Internet nach einer Skateboardhalle. Sollte ich mich wirklich trauen? War das die Mut-Challenge, nach der ich gesucht habe?

Ich meldete zuerst mein ältestes Kind zum Skateboardfahren an. Ich bin eher ein Freund von langsamen Starts. Bis ich in einem gemäßigt warmen See plansche, können durchaus 30 Minuten vergehen zwischen Zehen abkühlen, Arme nass machen und Schritt für Schritt ins feuchte Nass. Und manchmal gehe ich auch einfach wieder zurück zu meinem Handtuch und Buch. Man sollte so etwas in erster Linie ja für sich und nicht für andere machen, oder?

Die Halle und die ganze Atmo (coole Abkürzung für Atmosphäre) waren super gechillt und freundlich und ich erfuhr, dass Erwachsene in besondere Kurse gehen konnten!

Yeah, dachte ich und *Oh no*, seufzten die kleinen schwarzen Kumpanen.

Ich tat es! Ich raffte meinen ganzen Mut zusammen und meldete mich an. Das Rollschuhfahren lag ja auch erst so knapp 20 Jahre hinter mir (oder auch 25).

Ausgestattet mit Skateboardhelm, Ellenbogen- und Knieschützern konnte die erste Stunde starten. Ich schaute mir noch einmal die riesige Halle an, in der Treppen, Geländer, Rampen und Schrägen Skateboardfahrern den Mund wässrig machten, bewunderte die alten Industriebautenfenster, durch die massig Licht hereinströmte, stellte mich auf das Board und fiel nach vielleicht 10 Sekunden runter. Ganz schön wackelig, so ein Brett mit Rollen. Gut, dass ich bestens geschützt war. Da litt zunächst nur mein Ego. Nachdem unsere Erwachsenengruppe durch die Halle gescheucht wurde, das nannte sich Aufwärmübung, auf dem Brett Balancierübungen vollbrachte und dabei versuchte, nicht ständig hinzustürzen, erklommen wir die größte Halfpipe Europas (die es mittlerweile leider nicht mehr gibt, was aber nichts mit mir zu tun hat). Mindestens drei Meter hoch! Ohne Witz. Da saß ich nun auf der Kante und ließ meine Beine über den Rand baumeln. Der Trainer zwinkerte uns zu, stützte sich auf die Arme, hob seinen Popo über den Rand und ließ sich in die leicht geschwungene Rampe runterfallen. Er landete auf den Knien und glitt auf den Knieschonern hinunter, so geschmeidig, wie eine Ölsardine in ihrer Dose herumflutscht.

Boah. Ich mit meiner leichten Höhenangst. Abstützen und dann runterfallen lassen? Neben mir glitten die ersten Mitanfänger runter. Und ich lernte etwas, das ich wohl nie vergessen werde: Einatmen, Denken ausschalten, bis drei zählen und machen. Ich glaube, dass wir Frauen einfach zu viel nachdenken. Ich könnte ja ausrutschen, hinfallen, mein Bein verknacksen, auf den Kopf knallen, mein Handgelenk und, und, und. Manchmal muss man das Gehirn einfach ausschalten können. Und in manchen Fällen ist auch Gruppendruck recht praktisch. Etwa wenn man als Letzte oben sitzt und einen alle anstarren.

Ich tat es. Und bekam einen ganzen Tag das Grinsen nicht aus dem Gesicht.

Und ich tat es noch ein zweites Mal. Dann hatte ich aber mein persönliches Limit erreicht.

Nach dieser Reifeprüfung wurde ich in den Schülerstand aufgenommen und durfte den Umgang mit den Kräften lernen. Nicht so ganz Jedi-Ritter-mäßig, da es sich bei den Kräften um die unscheinbaren wie Erdanziehungskraft und Trägheit handelte. Aber auch die konnten ganz schön böse sein. Wirklich!

Und nach vielem Stürzen und Rumhampeln und immer wieder von Neuem den Mut zusammensammeln, schaffte ich es tatsächlich, mit einem Drop-in eine kleine Rampe hinunterzukommen! Dabei hält man sein Skateboard mit einem Fuß fest, sodass es schräg über der Kante schwebt, setzt den anderen Fuß auf und stürzt sich dann damit die Schräge hinunter. Hört sich spektakulär an, ist es für mich auch, sieht aber für Außenstehende aus wie Kindergarten.

Später schaffte ich es sogar von einer hohen Rampe! Grundschule, sag ich nur! Ich bin immer noch stolz darauf. Zwar blieben Erfolge aus, wie Sprünge oder Handstand während des Fahrens, dafür kann ich dabei mit den Ohren wackeln und mich schnell fühlen (solange keine Kids an mir vorbeiziehen).

Das war echt toll. Auch wenn es mich in peinliche Situationen im Kiez brachte, als ich mit meinen Kids zu einer Halfpipe in den Park ging. Köpfe drehten sich zu uns und ich motivierte meine Älteste, schön hin- und herzuschwingen und Ollies zu machen, als ich merkte, dass die anderen Parkbesucher von mir Großes erwarteten. Ich als Erwachsene mit Skateboard konnte ja bestimmt so richtig toll fahren. Ähm. Nein. Und ich muss gestehen, dass ich die ersten Male tatsächlich abwartete, bis die anderen Erwachsenen aus der Nähe verschwunden waren, und mich erst dann in die Pipe traute. Um da gehörig rumzueiern. Aber es machte Spaß und irgendwann war es mir egal, ob Nachbarn herumstanden oder irgendwelche Touris. War ein gutes Gefühl, über meinen Schatten zu springen! Nur wenn besonders nett aussehende Männer vorbeiliefen, mimte ich den Kindertrainer. Klar, oder?

Und was habe ich noch dazugelernt? Ich habe meine Höhenangst wahrgenommen, als ich auf der Rampe saß und mich hinabstürzen sollte. Als Kind bin ich immer Gipfelstürmer gewesen und saß wie ein Äffchen auf den Bäumen. Kletterte auf Dächern umher und kein Turm konnte mich schrecken. Und jetzt? Im dritten Stock vom Balkon spucken war schon so ein Ding. Die nächste Mutprobe stand an, die mir so richtig Schweiß und Zittern abverlangte: ein Kletterpark.

Wir waren bei Freunden zu Besuch und die Kids wollten gerne klettern gehen. Klar, die sollten ja nicht den gleichen Schiss entwickeln wie ich. Und: Ich nutzte die Gelegenheit und kletterte mit. Ich hatte schon lange nicht mehr so weiche Knie gehabt. Selbst das Aufgeregtsein auf der Rampe stank dagegen ab. Hier hing ich, nur mit einer schuhbanddicken Leine gesichert, und war überzeugt davon, dass man mein Gewicht falsch geschätzt hatte und ich beim ersten Belasten abschmieren würde. Boah! Ich bekam richtig Bauchschmerzen und mir wurde ganz heiß und kalt.

Ich musste mir selbst Mut zusprechen und mich Schritt für Schritt mit den Füßen vortasten. Es ging immer höher und der Weg bestand teilweise aus einem dünnen Seil für die Füße und zwei Halteseilen für die Hände. Über mir der Himmel und unter mir der weit aufklaffende Abgrund. Gut, dass ich mittlerweile etwas über Ängste gelesen hatte.

Es gibt eine Urangst vor Tod und Schmerzen, die uns dazu veranlasst, mit dem notwendigen Respekt durchs Leben zu gehen. Also eine Angst, die uns nicht isoliert oder lahmlegt, sondern dafür sorgt, dass wir uns bei einer steilen Treppe am Geländer festhalten und nicht auf einem Bein hinunterhüpfen oder dass wir bei einem heranstürmenden Stier mit Flucht reagieren anstatt stehen zu bleiben und ihn zwischen den Augen kraulen zu wollen. Daneben gibt es eine Unzahl von fiktiven Ängsten, wie die oben genannten Phobien, wie zum Beispiel die Angst vor Giftspinnen, die in deutschen Gefilden aber keinen Sinn hat, da selbst die Gartenkreuzspinne harmlos ist. Diese könnte man getrost zwischen ihren Facettenaugen kraulen, anstatt schreiend davonzurennen. Vielleicht sollte man mal überlegen, Spinne und Stier zu kreuzen, dann hätte man wenigstens gute Gründe, vor dem mächtigen *Spier* wegzurennen, der nicht nur auf acht Beinen so schnell wie ein Düsenjet wäre, sondern über seinen wirr blickenden Riesenfacettenaugen auch klebrige, behaarte Hörner hätte.

So – gehen wir anhand meiner Angst vor großer Höhe mal die Schritte durch. Ich fragte mich: »Wie berechtigt ist die Angst? Ich stehe zwar auf einem dünnen Seil, bin aber mit einer Leine gesichert und vor und hinter mir sind zig andere Menschen (vor allem sehr kleine Menschen, die mit einem Lachen im Gesicht locker-flockig durch die Gegend klettern), die vergnügt das gleiche Risiko eingehen.« Ich kann mich nicht daran erinnern, darüber gelesen zu haben, dass in einem Hochseilgarten schon mal jemand umgekommen ist, und außerdem gab es hier Profis, die aufpassten und alles regelmäßig kontrollierten. Somit war die reale Gefahr sehr gering und ich habe wirklich all meinen Mut zusammengenommen, meine zitternden Knie ignoriert und es durchgezogen. Mir hilft es auch immer, wenn ich mir in meinem Kopf sage: Du kannst es. Du kannst es. Du kannst es. Irgendwann glaube ich es dann auch!

Wenn es um solche Ängste geht, wie vor einer Gruppe zu sprechen oder Fehler zu machen, wird man sehen, dass das Schlimmste, was einem passieren kann, sehr harmlos ist. Selbst wenn man sich blamiert – *who cares*? Daraus lernt man, wird besser und außerdem müsste man schon viel verbocken, um sich so richtig zu blamieren, oder? Denk mal zurück, wie oft hast du bereits vor Menschen gesprochen und es hat geklappt? Halte an deinen Erfolgen fest – es wird zwar immer noch schwer sein, aber du merkst, dass du es kannst, und irgendwann fällt es dir auch leichter, dich zu überwinden. Und nur wer sich erlaubt, Fehler zu machen, kann besser werden. Von Couch-Potatoes, die sich im Warmen die Eier schaukeln, ist noch wenig losgetreten worden. Raus ins Neue, Kalte, Ungewisse – nur so kann dir die Welt gehören! Trau dich. Schlimmer als die Realität sind die Ängste, die du dir in deinem Kopf ausmalst.

Das ist der zweite Schritt: Versuche die Bilder zu fassen, die sich gerade in deinem Kopf ausbreiten wollen, und verändere sie. Ja, du kannst das! Bei Angstbildern, wie bei Flugangst das abstürzende Flugzeug, checkst du erst mal, dass es wahrscheinlicher ist, von einem umstürzenden Baum getroffen zu werden, als mit dem Flugzeug abzustürzen. Wenn du im Kopfkino immer wieder die Bilder siehst, wie ein Flugzeug abstürzt, versuche sie zu löschen, sie mit etwas anderem, das dir Freude bereitet, zu übermalen. Fliegst du zu Freunden? Dann stell dir vor, wie sie dich strahlend begrüßen. Oder ersetze das Flugzeug durch einen Vogel, der nach dem Sturzflug wieder nach oben zieht, setze Vogelschwingen an den Seiten des Flugzeuges an oder was ich mache, wenn mich Gedanken verfolgen: Forme die Angstbilder zu einem Ball und schmeiße sie weit weg. Sie rauben nur deine Energie. Konzentriere dich auf das Positive!

Hört sich leichter an als getan. Ich weiß. Vor allem, wenn man Kinder hat, verfolgen einen viele Ängste – vor der Zukunft, die Gesundheit betreffend oder das liebe Geld. Aber was bringt es, sich in Ängste reinzusteigern? Setze dich mit den einzelnen Punkten auseinander und entwickle konkrete Pläne, wie eine Versicherung, ein Sparpaket oder zu akzeptieren, wie es ist. Wie sagt man so schön: Man soll die störenden Dinge, die man ändern kann, verändern, und wenn das nicht möglich ist, dann eben akzeptieren und vielleicht zu einem anderen Zeitpunkt angehen. Du kannst jetzt gerade nicht alle Probleme der Welt lösen, aber vielleicht ein paar Punkte, die dich betreffen? Schiebst du gerne die Post von einem Stoß auf den anderen und entwickelst eine Angst davor, überhaupt nur das oberste Kuvert anzuheben? Dann ziehe der Angst den Stöpsel und lasse ihr die Luft raus. Mach es einfach! Erst ein Brief an einem Tag, den nächsten die Woche drauf, bis alles abgearbeitet ist. Ich glaub, ich fang heute gleich nach dem Schreiben mit der Steuererklärung an. Seufz.

Ein weiterer Tipp ist, sich Zeit für sich und seine Gedanken zu nehmen. Hast du schon mal meditiert? Anja beschreibt im Kapitel 10 »Achtsamkeit«, wie man das mit bloß fünf Minuten am Tag ins Rollen bringen kann. Es lohnt sich, denn in einem entspannten bewussten Geist kann die Angst nicht haltlos hin- und herrollen, sondern kann viel einfacher bezwungen werden.

Also – Punkt 1 ist Realitätscheck, Punkt 2 Distanz zu deinen Gefühlen aufbauen (gern auch durch Entspannungs- oder Achtsamkeitsübungen) und Punkt 3 lautet: Gehe aktiv die Ängste an, konfrontiere dich damit und setze die negative Energie in positive um.

Eins meiner Lieblingsbücher ist Milan Kunderas »Und Nietzsche weinte«[30]. Ein Psychologe will Nietzsche helfen und stellt ihm diese eine besondere Frage: »Was wäre, wenn du dein Leben immer wieder leben könntest – was würdest du dann ändern?«

Nietzsche fielen durchaus ein paar Dinge ein.

Der Psychologe antwortete: »Tja, und nun sei dir bewusst, dass du nur ein Leben hast. Also: Worauf wartest du noch – ändere es jetzt.«

Das Gleiche will ich gern dir an die Hand geben: Worauf wartest du noch? Du hast auch nur dieses eine Leben auf der irdischen Welt – was würdest du gern ändern, welchen Ängsten begegnen und wo mehr Mut zeigen?

* * *

Nicht alle Menschen sind gleich mutig. Das müssen sie auch nicht sein. Aber vielleicht hilft dir dieser Beitrag, zu erkennen, dass jeder Mensch mit einem Sack voller Ängste durch die Gegend läuft. Vielleicht triffst du andere Menschen, mit denen zusammen es dir leichter fällt, dagegen anzugehen. Gemeinsam einen Zoo besuchen, der ein ansehnliches Terrarium mit Spinnen bietet; eine vertraute Person mitnehmen, die inmitten der Menge sitzt, der du einen Vortrag hältst. Jemand, der mit dir zusammen deine Finanzen durchrechnet und verschiedene Angebote, Banken, Finanzierungsmöglichkeiten, Hilfen durch-checkt. Du bist nicht allein! Und du bist ein toller Mensch! Die Ängste gehören nun einmal dazu, sie zu haben, wertet dich nicht ab, sie sind ein Teil von dir. Aber manchmal kann man dafür sorgen, leichter mit ihnen zu leben. Versuche es!

Übrigens haben Studien[31] gezeigt, dass Gedanken einen starken Einfluss auf die körpereigenen Heilungskräfte haben. Das Immunsystem tauscht sich ständig mit dem Gehirn aus à la: »Na, wie is die Lage, Alter?« – »Alles im Grünen, aber wird Zeit für 'ne Runde Bewegung, du Couch-Potato.«

Gar nicht so falsch mit der Bewegung, es gibt weitere Studien, die belegen, dass gerade Bewegung, ob Sex oder Joggen, einen wichtigen Einfluss auf den Geist hat und uns mit Endorphinen überschüttet, dazu auch mehr im Kapitel 20 über Hormone.

Jetzt hast du genug Mut getankt, um das nächste Kapitel zu lesen. Von Anja erfährst du, was eine Harke ist – sie zeigt den Kollegen und dem Chef die Rote Karte. Hol Popcorn, jetzt wird's spannend!

ERSTE HILFE BEI ÄNGSTEN

1. Der Realitätscheck: Kann mich diese kleine Spinne wirklich umbringen? Dein Körper denkt, dass du in einer lebensgefährlichen Situation steckst, und reagiert deshalb so, aber wie ist die Situation wirklich?

2. Der Entspannungstrick: Atme bewusst ein – am besten auf 4-6-8, das bedeutet: 4 Sekunden lang einatmen, 6 Sekunden lang die Luft anhalten und 8 Sekunden lang ausatmen. (Bei Angst reagiert der Körper automatisch mit einer Schockstarre, Flucht- oder Angriffsreaktion, während das bewusste Atmen das Gegenteil bewirkt und dir helfen kann, aus der Situation zu finden.

Für wissenschaftliche Fachbegriffsliebhaber: Hier geht es um Sympathikus und Parasympathikus.[32] Oder spanne die Muskeln deines Körpers für 10 Sekunden an und entspanne sie dann wieder, das mehrere Male hintereinander. Trinke ein Glas Wasser!

3. Position ändern! Raus aus der aktuellen Stellung – wenn du sitzt, dann hoch mit dir, raus aus den Schuhen, den Boden unter deinen Füßen spüren und den Kopf beschäftigen. Viele zählen einfach irgendetwas, wie die Bilder an der Wand, die Lampen an der Decke, die Stifte auf dem Tisch. Das lenkt das Gehirn ratzfatz ab. Eine weitere Möglichkeit ist, ein Lied zu singen oder leise zu summen. Noch ein Tipp: Rieche an etwas, mit dem du positive Erfahrungen verknüpfst, wie ein Stofftaschentuch, auf das du dein »Abendparfüm« gesprüht hast, das dich an durchtanzte Nächte und lustige Abende erinnert. Laut einer Studie der Universität Utrecht verknüpft man nämlich mit Gerüchen nicht nur Erinnerungen, sondern auch Gefühle.[33]

4. Trage einen Notfallzettel bei dir: Schreibe die obigen Punkte darauf, wie »Atmen«, »Zählen«. Bei aufsteigender Angst kannst du den Zettel aus dem Geldbeutel oder der Tasche ziehen und einfach die Punkte abarbeiten!

5. Rede mit jemandem, zum Beispiel einem Kollegen, oder rufe eine Freundin an.

6. Versuche, deine Angst zu akzeptieren. Du spürst, dass sie gerade kommt, aber du weißt auch, dass sie wieder gehen wird. Sprich dir selbst Mut zu: »Du schaffst das! Du bist stark. Die Angst ist nur eine Stressreaktion, die vorbeigeht.« (Wenn du dagegen ankämpfst, wird sie nur noch stärker).[34]

Auf lange Sicht kann ich dir die Konfrontationsmethode empfehlen, die weiter oben beschrieben ist. Hat dich eine Angst voll im Griff, dann gehe bitte zu einem Arzt, der dich dann an einen Fachmann überweisen kann! Bitte nimm das ernst – du bekommst das hin!

Anja: Räume im Job auf!

Mache deinem Chef oder Kollegen klar, dass du kein Fußabtreter bist, auch wenn deine Haare heute so aussehen.

Popcorn bereit? Dein Chef oder deine Kollegen können sich jetzt warm anziehen. Kremple die Ärmel hoch. Und sei ehrlich zu dir: Bist du so richtig glücklich im Job? Mmh, denkst du jetzt vielleicht, wenn diese anstrengende Kollegin nicht wäre oder der Choleriker-Nerd, der meint, du arbeitest für ihn, nur weil du dich gerade an der Kaffeemaschine zu schaffen machst. Okay, du hast heute einen Bad-Hair-Day, aber das ist noch lange kein Grund, dass dein Chef dich mies behandelt. Dein Büro könnte auch mehr hermachen, nicht nur dieser hässliche, langweilige Schreibtisch aus den Siebzigern und der inzwischen halb vertrocknete Kaktus, den dir deine Kollegin einmal geschenkt hat. (Was sie dir wohl damit sagen wollte?) Und verdient hast du sowieso viel mehr als dieses lächerliche

Gehalt. Karriere? »Sackgasse« wäre der treffendere Begriff. Oder Mütterfalle. Oder Aus-der-Traum.

»Was ist mir wichtig?«, solltest du dich zunächst fragen, und: »Was genau würde mich im Job so richtig glücklich machen?« Ist es wirklich ein hübscheres Büro? Dann dekoriere es doch nach deinem Geschmack. Ein Job, in dem du dich öfter schick machen musst? Oder läufst du lieber ungestylt herum? Fehlen dir nettere Kollegen? Eine Spitzenkarriere oder ein tolles, angemessenes Gehalt? Da sind die Geschmäcker wie immer sehr unterschiedlich.

Eines ist auf jeden Fall sicher: Wir verbringen die meiste Lebenszeit im Büro/der Firma, als Selbstständige im Homeoffice, im einsamen Kämmerchen oder als Hausfrau und Mutter im eigenen Heim (und ja, das gilt auch als Job!). Und diese tägliche mehrstündige Lebenszeit mit Arbeit jedweder Art sollte auf jeden Fall eine möglichst glückliche sein, so gut es eben geht. Hab ich recht?

Also selbst wenn du ziemlich happy mit deiner aktuellen Arbeit bist, so wie ich, dann wäre es doch trotzdem schön, noch ein paar Glücksrezepte mehr zu erfahren, wie du auch die grauen, regnerischen Tage überstehst. An denen du denkst: Wieso habe ich nicht etwas anderes gelernt? Wieso hab ich nicht überhaupt mehr gelernt damals? Das Leben bietet doch so viele Chancen. Und ich sitze hier und muss Ablage machen, dabei könnte ich … als Musical-Darstellerin über die Bühnen der Welt tanzen. Oder so.

Grundsätzlich spielt die Sicherheit eines Arbeitsplatzes eine große Rolle für das persönliche Zufriedenheitsgefühl. Boomt meine Branche oder arbeite ich bei der Sparkasse und werde bald durch einen Automaten ersetzt? Zumindest bei Menschen, die ein großes Sicherheitsbedürfnis haben, ist das enorm wichtig. Autoren scheinen dieses Sicherheitsgen nicht zu besitzen, anders kann ich mir nicht erklären, warum wir uns freiwillig einen der unsichersten Jobs überhaupt ausgesucht haben. Wir haben wohl eher das Harakiri-ich-kann-auch-Pizza-ausfahren-wenn's-sein-muss-Gen oder, romantischer gesagt, das Abenteuer-Gen. Das Mir-fällt-sonst-schon-was-ein-ich-bin-spontan-und-liebe-Herausforderungen-Gen. Hauptsache, mein Leben ist nicht langweilig und ich liebe Veränderungen.

Ich habe mich mal neugierig in die Recherche gestürzt. Wie kann ich mir den Job-Alltag verschönern?

Einen tollen Tipp hat ein Verhaltensforscher der London School of Economics, Paul Dolan, herausgefunden: Wenn es geht, höre Musik, denn Musik beeinflusst die Seele. Welche Musik ist dabei egal, für den einen ist es Pop, Jazz, Klassik, für den anderen Hardrock. Wenn dir dein Chef das verbietet, weil du mit Headbanging anfängst, oder einfach nur so, dann geht es leider nicht. Aber Paul Dolan hat dann noch einen zweiten Bürotipp für dich. Stecke einen Stift zwischen die Zähne und grinse. Soll glücklich machen, hat er erforscht.[35] Geht natürlich auch ohne Stift. Soll jedenfalls die innere Haltung ändern. Ich probiere das gleich mal aus, aber außer meinem Hund sieht mich beim Arbeiten keiner, und als ich ihn angrinse mit diesem Stab im Mund, wedelt er mit dem Schwanz und denkt, es gibt was zu fressen oder ich will spielen. Aber ich muss lachen, immerhin. Den Kollegen anlächeln bringt vielleicht ein bisschen mehr oder den Kellner in meinem Lieblingscafé (Mist, jetzt denkt er, dass ich auf ihn stehe).

Ich forsche weiter. Ein italienischer Wissenschaftler an der Universität Catania, Alessandro Pluchino, hat in einer Studie mit seinen Kollegen herausgefunden, dass beruflicher Erfolg nicht nur vom Können abhängt. Puh, denke ich erleichtert. Dann kann es ja doch noch was mit der Finca auf Mallorca werden. Oft ist auch Glück dazu erforderlich, sagt Signore Pluchino. Viele Menschen meinen wohl, dass es nur an ihnen, an ihrem Talent oder Fleiß liegt, wenn sie nicht weiterkommen im Job. Dabei hat diese Studie herausgefunden, dass die Erfolgreichsten fast nie die Talentiertesten sind. Offenbar, so das Ergebnis, kommen die erfolgreichsten Personen sogar häufig aus der Gruppe der eher durchschnittlich talentierten Menschen.[36]

Ich ahne schon, was er meint, und tatsächlich – die Studie beweist es: Ganz oft schaffen talentierte Frauen keine große Karriere, dafür unfähige Männer. Die schaffen es in Führungspositionen. Glück und Zufall sind wohl einfach nicht zu unterschätzen. Und große Klappe, Selbstüberschätzung und Ellenbogen.

Das kann ja wohl nicht wahr sein. Wir Frauen sollten unser Licht einfach nicht so oft unter den Scheffel stellen. Also, wenn wir uns nicht nur auf unser Glück verlassen wollen, dann sollten wir strategischer vorgehen bei der Karriereplanung, sofern wir eine vorhaben. Weil ohne Karriere kann man auch sehr glücklich werden.

Und tatsächlich ist das noch ein sehr guter Tipp: Erwartungen konkret formulieren. Wie das geht, hat Marcus Börner, ein sehr erfolgreicher Manager, in seinem Buch »Managing Happiness« geschrieben.[37] Er empfiehlt ein dreistufiges Vorgehen. Erst kommen die Zieldefinition und die Analyse des Istzustandes, dann die Auswahl der Strategie und schließlich, in einem dritten Schritt, die Umsetzung der Strategie. Glück im Job ist also doch ein wenig planbar. Hier ein paar wichtige Punkte für eure Planung:

1. Zum Beispiel ist es ein guter Plan und sehr wichtig für die Karriere, ein tolles Netzwerk aufzubauen und zu pflegen. Suboptimal ist es aber, zu einer Vortragsveranstaltung im beruflichen Umfeld zu gehen und anschließend mit einer Bekannten an der Bar oder am Buffet zu stehen, sich Gürkchen in den Mund zu schieben und über andere Anwesende zu läst... äh reden.

Mach dir besser klar: Hier sind so viele spannende Leute für dein Business, ich sollte jetzt mit mindestens zwanzigmal kurz plaudern. Oder mit zehn oder, okay, mit wenigstens fünf. Es gibt viele gute Frauennetzwerke, du kannst dich ihnen ja zuerst einmal über die sozialen Medien annähern. Aber dann geh auch zu Treffen hin, persönliche Kontakte sind immer besser. Es kostet etwas Überwindung, aber danach bist du stolz auf dich und zufrieden mit dir. Auch wenn beruflich nichts weiter dabei herauskommt, bist du schon wieder etwas happier. Und wer weiß, vielleicht ergibt sich ja zu einem späteren Zeitpunkt etwas.

2. Glück im Job ist toll, aber oft nur ein Türöffner. Genauso wie Vitamin B (wie Beziehung). Du bekommst einen Kontakt oder ein Vorstellungsgespräch, aber was du daraus machst, darauf kommt es an. Halte dich im Job nicht mit Leuten auf, die dir nicht guttun (das gilt nicht nur für den Job). Hake Projekte ab, die schiefgegangen sind. Jeder scheitert mal, das gehört dazu. Mach weiter, lass dich nicht unterkriegen. Und wenn du in der fiesesten Branche/Firma ever arbeitest, wechsele die Branche oder Firma. Keiner ist dazu verdammt, einen Job für den Rest seines Lebens zu machen, wenn er einen nicht zufrieden macht. Ein Sprung ins kalte Wasser ist oft sehr erfrischend, manchmal kommt eine Durststrecke (für die du dir ein kleines Polster anschaffen solltest), aber etwas Neues motiviert eigentlich immer.

Was auch sehr zur Zufriedenheit im Job beiträgt, ist das richtige Verhältnis von Arbeit und Freizeit. Work-Life-Balance. Mütter macht es zum Beispiel richtig unglücklich im Job, wenn sie es immer nur auf den letzten Drücker in den Kindergarten schaffen, um ihre Kleinen abzuholen. Eine Nachbarin von mir kam immer als letzte Mami und genau so hat sie sich gefühlt. »Ich bin die schlechteste Mama auf der Welt«, hat sie mir kürzlich gesagt. »Gestern kam ich mit strähnigen Haaren, nass vom Regen wie ein Pudel, in der Kita an und Lilly war die Allerletzte. Und mein Chef ist auch unzufrieden mit mir, weil er meint, ich gehe immer so früh und meine Klamotten haben Breiflecke. Mein Kind denkt, ich liebe es nicht genug, und mein Mann wirft mir vor, dass ich den Haushalt nicht auf die Reihe kriege, weil sich die Bügelwäsche und die vollen Mülltüten stapeln.« Kommt dir das irgendwie bekannt vor? Dann solltest du deine Work-Life-Balance unter die Lupe nehmen. Mach deinem Chef klar, dass Mütter die besseren Mitarbeiter sind, weil sie effektiver und schneller arbeiten, um Job, Kind, Haushalt unter einen Hut zu bekommen.[38] Und falls du keine Mutter bist, liste ihm deine Vorteile als Nichtmutter auf. Egal wie, sag ihm, dass du ab jetzt ganz pünktlich gehst, er sich einen anderen Deppen oder Fußabtreter suchen kann (okay, das solltest du charmanter ausdrücken) und deinem Mann schlägst du vor, den Müll selbst rauszubringen und mal wieder etwas mit dir zu unternehmen. Am besten wäre ein gemeinsames Hobby, dann schlägst du gleich clever zwei Fliegen mit einer Klappe. Beziehungsarbeit und Zeit für dein Hobby.

Was nach der London School of Economics auch noch im Job zufriedener machen soll: berufliche Perspektiven.

Weiterbildungen oder Aufstiegschancen motivieren ungemein. Überlege dir also, in welchem Bereich du dich weiterbilden könntest. Systemischer Coach, Kinderyogalehrerin oder Hundetrainerin sind sehr beliebt. In meinem engeren Bekanntenkreis gibt es mindestens neun Frauen, die sich als Coach weitergebildet haben, dann noch fünf als Yogalehrerinnen, davon lehren zwei Kinderyoga, und drei sind Hundetrainer. Vielleicht solltest du doch eher nach einer Marktlücke suchen. Nur so als kleiner Glückstipp. Steuerlich absetzbar sind Weiterbildungen ja oft auch noch. Da lohnt es sich also, zu überlegen. Achte also auf dich, auch im Job! Wie du das am besten hinkriegst, verrät dir Charly im nächsten Kapitel.

Mach eine Liste, was dir persönlich im Job wirklich wichtig ist und was du dir wünschst. Und dann schreibe zu diesem Sollzustand den Istzustand. Ernüchternd? Dann überlege, was du ändern kannst. Und dann tu es. Denn es ist deine Lebenszeit und wenn du abends immer genervt vom Job bist, wirst du auch im Privatleben immer unzufriedener – und dein armer Mann auch.

Was im Job noch zufriedener macht: Höre Musik, wenn es geht, lächele, wenn du die Gelegenheit dazu hast. Zu einer Karriere gehört auch Glück, nicht unbedingt Talent. Und denk dran: Glück im Job ist auch ein bisschen planbar. Und wie? Netzwerke zum Beispiel fleißig, achte auf deine Work-Life-Balance, sag, was dich stört, bilde dich immer mal wieder weiter.

CHARLY: ACHTSAMKEIT. ACHTE AUF DICH, DANN TUT ES WENIGSTENS EINER.

Wie du lernst, dich zu lieben. Oh ja, das geht.

So, steck den Putzwedel wieder weg, genug gewischt und geputzt und mit der Faust für Ordnung gesorgt. Es geht weiter zum nächsten Thema, das da Achtsamkeit lautet.

Ganz ehrlich: Geh mir weg mit Achtsamkeit!

Achtsamkeit hier und Achtsamkeit dort, fehlt nur noch, dass ein neuer Soja-Joghurt auf den Markt kommt, der »8-sämig-keit« heißt oder ein neuer Cocktail mit Wodka plus Petersilie und einem Tropfen Blut, der auf »Obacht« getauft wird. Keine Woche, in dem nicht irgendwo ein Artikel mit Achtsamkeit aufpoppt, irgendwelche Leute davon ganz angetan erzählen oder im Internet ein Mensch dadurch zu seinem ganz neuen Wesen gefunden hat. Du hast Kopfschmerzen? Sei achtsam mit dir selbst. Deine Beziehung kriselt gerade? Sei achtsam mit dir selbst. Deine Katze hat Mundgeruch? Sei …

Wie nervig ist das denn, bitte? Ja, ich bin achtsam. Ich atme ein und aus und versuche, dabei kein Insekt einzusaugen. Kennt ihr den Witz: Woran erkennt man einen freundlichen Motorradfahrer? An den Fliegen zwischen den Zähnen.

Sorry, aber das brauchte ich jetzt. Ich muss nämlich achtsam mit meinen Nerven sein, und die wollen ab und an rausgehen, zum Spielen. Dieses Kapitel habe ich mir nicht freiwillig ausgesucht, aber ich werde mich hier durchbeißen. Vielleicht bin ich am Ende entspannter als zuvor. Und wehe, wenn nicht!

Unter »achtsam mit sich selbst sein« verstehe ich hauptsächlich, sich Zeit für sich selbst zu nehmen. Ob für Sport, um ein Buch zu lesen oder einfach spazieren zu gehen. Aber darum wird doch bestimmt nicht dieser Hokuspokus veranstaltet, oder? Wen könnte man da besser fragen als Smokie, die mehr Zeit in den Fitnesstempeln dieser Welt verbringt als vor ihrem Handy. Wer kann das heute schon von sich behaupten?

»Was willst du von mir, Charly? Ob ich beim Training auf mich achte? Auf wen denn sonst? Na ja, kommt ein bisschen drauf an, ob der süße Typ, der sonst immer bei den Hanteln rumhängt, mit im Raum ist, aber … du meinst Achtsamkeit? Nee du, bleib mir weg mit solchen geschwurbelten hippen Dingen. Frag da mal lieber Klebeglitzernagel, die wollte mir vor Kurzem ein Gespräch über so was aufs Auge drücken.«

Okay, so kann man sich täuschen. Und was bedeutet überhaupt »geschwurbelt«? Ein Blick ins Wörterbuch: 1) sich wirbelnd bewegen, 2) Unsinn reden. Ein neues Lieblingswort wurde gerade entdeckt.

Klebeglitzernagel lachte am anderen Ende der Leitung hell auf. »Ob ich was? Schwurbele? Ist das eine neue Methode, um Kässpätzle zuzubereiten? Nein? Okay, ach, es geht dir um

Achtsamkeit – was ich dazu sagen kann? Nichts. Wie, das ist zu wenig? Na ja. Ich wollte damit sagen, dass man dazu so viel erzählen könnte, wie in Hunderte von Büchern passt, aber eigentlich muss man es einfach selbst erleben. Und da ist ein ›nichts‹ doch auch treffend. Ich bin kompliziert? Nee, aber überleg doch mal, wie ich vor einem Jahr drauf war, und jetzt, und dann ruf mich noch mal an, okay?«

Es piepte in der Leitung und ich ärgerte mich. Was war das denn für ein Geschwurbel? Aber okay, ich ließ mich auf das Spiel ein: Wie war Klebeglitzernagel vor einem Jahr so drauf gewesen? Gestresst, gerade frisch getrennt, viel am Flennen à la »Mich liebt ja keiner« und »Ich werde niemals den Richtigen finden«. Und heute? Zufrieden, seit ein paar Wochen in einer Beziehung, die gut zu laufen schien. Unterm Strich also definitiv entspannter. Das teilte ich ihr auch gleich am Telefon mit und schmeichelte ihr mit einem Kompliment. »Glitzi, du siehst auf jeden Fall viel jünger aus. Also heute im Vergleich zu letztem Jahr. Und so voller Elan!«

»Charly, danke. Das lass ich einfach so stehen, aber du hast recht. Ich fühle mich auch so. Ich schick dir gleich mal ein paar Artikel und Buchtipps dazu. Viel Spaß beim Lesen!«

Was war das denn? Warum machte sie es denn so spannend, hätte sie mir nicht einfach ein paar Stichwörter zum Googeln nennen können?

In der Mail mit den Artikeln schrieb sie noch, ich solle ihr nicht böse sein, aber das Ganze einfach auf »Ich gebe jetzt mehr auf mich acht« runterzubrechen, käme nicht so ganz hin. Soso, dachte ich und machte mich ans Lesen.

Der erste Artikel drehte sich komplett darum, im Hier und Jetzt zu leben. Sich ganz auf eine Situation einzulassen und das Bedürfnis, allerlei Dinge nebenbei zu erledigen, das sogenannte Multitasking[39], sein zu lassen. Das kenne ich! Morgens steh ich auf, trinke meinen Tee und bin gedanklich schon längst beim

Kinderwegbringen, bei meinem aktuellen Romanprojekt oder plane das Mittagessen und überlege, wann ich das Einkaufen und den Hausputz reinschieben könnte. Sitze ich abends beim Essen, dreht sich vieles um den nächsten Tag und was die Kinder am heutigen so erlebt haben, aber innehalten und einfach das Essen genießen, das ist tatsächlich seltener der Fall. Eher schlagen die Gedanken in meinem Kopf Salto und überbieten sich gegenseitig an Lautstärke. Wirklich bewusst das *Jetzt* zu spüren ist gar nicht so leicht. Wie soll ich nach dem Aufstehen bewusst den Boden unter meinen nackten Füßen wahrnehmen oder den Luftzug, den ich zur Tür reinlasse, wenn ich mindestens ein hippelndes Kind an mir kletten habe, das entweder Hunger oder Durst hat, aufs Klo muss oder mit drei Büchern zum Vorlesen neben mir einschläft?

Ich tippte auf meinem Laptop und versuchte nun ganz bewusst, jede Taste unter meinen Fingerspitzen zu fühlen. Hart, begrenzt, warm, meine Unterarme bohrten sich in die Kante des Laptops. Neben mir knisterte der Kamin und die Luft schwurbelte mit einem leicht heulenden Geräusch darin umher. Meine Füße lagen nackt auf dem Tisch und die Luft umspülte sie kalt. Meine Augen fühlten sich müde an und eigentlich wünschte ich mir nur eins: schlafen zu gehen.

Im Artikel stand, dass ich einfach *da sein* solle. Mich selbst, meine Gedanken und die Umwelt aufnehmen. Als ich Kind war, wohnte meine Oma in dem Haus gegenüber, lehnte auf ein Kissen gestützt aus dem Fenster und schaute den Nachbarn und den Autos hinterher. Konnte das solch eine Achtsamkeit gewesen sein? Da sein, Dinge an sich vorbeiziehen lassen. Natürlich kommentierte sie einiges, auch gerne und lautstark, aber sie hing jetzt nicht den halben Tag dort und schrie über die Straße. Nur manchmal hörte man noch zwei Straßen weiter: »Charly, räum jetzt endlich deine Rollschuhe weg.« Menschen, die dank Üben ganz leicht »einfach nur da sein können«, haben sich damit angeblich mehr Lebensfreude, Gelassenheit und Dankbarkeit erarbeitet, seien also auf dem besten Weg zum Glück. Na, da bin ich ja gespannt.

Der nächste Artikel[40] drehte sich um die Situation am Arbeitsplatz. Wie kann man innerhalb des täglichen Hamsterrads kurz ausbrechen und einen Moment für sich schaffen? Es gibt verschiedene Übungen, um etwas Achtsamkeit hineinzubringen: Einfach mal alles, was man um sich herum sieht, im Kopf aufzählen, aber ohne weiter darüber nachzudenken: Büroklammer, Stift, Kaffeetasse, Ü-Eier-Figuren, Elefant, Außerirdischer, Laptop, Teebeutel, ausgespuckter Kaugummi. Oder schließe die Augen und taste einige Gegenstände ab.

Ein lustiger Tipp ist, mal aufzustehen und durch das Büro zu schlendern. Wenn man seine Kollegen gut kennt, könnte man noch seine Fortbewegungsart verändern – von steif wie ein Soldat zu tapsend wie ein Bär oder schlendernd wie ein Obercooler, langsam, schnell, hüpfend, schleichend, im Kreis drehend, rückwärts und für ganz Mutige: auf dem Boden kriechend wie eine Schlange! Was mir dazu einfällt: Passen wir uns nicht oft dem Tempo anderer an? Gehe mal in einer belebten Fußgängerzone spazieren und versuche, ein langsames Schlendertempo beizubehalten. Das wird schwer zu machen sein, weil uns das Tempo der anderen automatisch mitzieht. Diese Übungen und das in sich Hineinhören zeigen dir deine eigene Dynamik. Zumindest bringt einen diese Übung ins Gespräch mit Arbeitskollegen, man sollte sich vielleicht vorher Antworten auf die Frage »Probst du für ein Theaterstück oder hast du gestern zu viel getrunken?« überlegen.

Ein dritter Tipp ist, sich auf das »Dazwischen« zu konzentrieren, auf Lücken in der Umgebung. Was befindet sich zwischen zwei Tischen, zwischen zwei Mülleimern, zwischen zwei Tassen, zwischen zwei Fenstern, zwischen zwei Bäumen? Schade, dass man nicht in die Köpfe der Menschen schauen kann, da würden wohl manchmal einige Lücken offenbart werden. Aber im Ernst, schau dir mal einen Moment lang an, was dich umgibt und wie die Zwischenräume aussehen.

Oder du hältst dir für einen Moment die Ohren zu und lauschst einfach nur auf die Töne und Stimmen, die in dir selbst sind. Danach machst du das Gleiche ohne Ohren zuhalten, indem du deiner Umgebung lauschst und die Geräusche kommen und gehen lässt.

Es geht darum, etwas wahrzunehmen und dann ziehen zu lassen, wie unliebsame Bekannte. Vor allem, wenn man irgendwo sitzt, seinen Blick schweifen lässt und sich Gedanken im Kopf breitmachen wollen. Nicht bewerten oder festhalten, sondern loslassen. Wie eine düstere Regenwolke, die vom Wind der Zeit weggepupst wird. Einfach ziehen lassen.

Dazu gibt es auch eine nette Atemübung, vor allem, wenn man nach Hause kommt und etliches noch im Kopf herumspukt, was definitiv keine Einladung dazu bekommen hat. Für ein paar Minuten die Gedanken im Kopf Gestalt annehmen lassen und dann für die nächste Minute diesen Fluss mit der Atmung steuern. Beim Einatmen die Gedanken kommen lassen und beim Ausatmen wirklich nur auf das Ausatmen achten. Irgendwann sollten sie dann auch verschwunden sein. Ich hab das versucht und einfach angefangen, beim Ausatmen zu zählen oder das Wort »Ausatmen« im Kopf zu formen. Das hat geholfen.

Das wurde auch im dritten Artikel[41] so beschrieben, den ich zähnefletschend weiterlas. Mir war mittlerweile aufgefallen, was mich bei dieser *Achtsamkeit* definitiv nervte. Es war schon allein dieser Ausdruck: Achtsamkeit. Das hörte sich so abgegriffen an. Der Begriff kam mit erhobenem Zeigefinger daher und hatte nicht nur ein knöchernes Korsett, sondern auch Staub altägyptischer Mumien auf seinem Haupt. Können wir bitte mit einem anderen Ausdruck arbeiten? Doch auch die Synonyme für Achtsamkeit hören sich nicht so prickelnd an: Fürsorge, Konzentration, Augenmerk, Obacht. Irgendwie ist es all das zusammen, gepaart mit dem Versuch, den Moment zu greifen – eigentlich ist das doch ein astreiner Carpe-diem-Fall oder? Wobei *carpe diem* ja »Nutze den Tag« heißt, womit allerdings weniger gemeint ist, sich den ganzen Tag lang nützlich zu machen. Im Gegenteil. Schon Horaz benutzte diese Worte 23 v. Chr., um zu beschreiben, dass man sich selbst im Heute glücklich machen kann, egal wie die Umstände sind. Denn der heutige Tag, das Jetzt, der Augenblick, ist das Einzige, was uns Menschen sicher ist – und deshalb wusste schon der berühmte römische Dichter, dass die Konzentration darauf uns zu Glück verhilft. Bei dem Achtsamkeitsersatz würde ich wohl eher ein *Carpe mentem* wählen, was so viel wie »nutze deinen Geist/ dein Bewusstsein« bedeutet und darauf anspielt, dass durch Geistesübung ein Loslassen möglich ist. Ein Eintauchen in sich selbst und den Moment. Falls jemand einen besseren Vorschlag hat: Immer her damit!

Was ist mit der Achtsamkeit im zwischenmenschlichen Bereich? Ich recherchierte selbst weiter und stieß auf eine Anregung, die ich mal echt gut fand. Wir haben doch alle manchmal das Gefühl, dass man sich mit Freundinnen unterhält und danach eher ausgesaugt statt erfüllt ist, oder? Vielleicht sollte man sich mehr Zeit lassen mit dem Zuhören und dem Wahrnehmen der Beziehung! Eine Anleitung: Achte beim Treffen zunächst darauf, wie der andere so drauf ist. Hibbelig, entspannt, zornig, müde? Wie fühlst du dich selbst? Über was redet dein Gegenüber und was will sie oder er dir mitteilen? Höre zu, lass ruhig eine Gesprächspause entstehen und frage nach. Oft hat man schon eine Antwort gebildet, ohne genau zu wissen, was der andere eigentlich sagen wollte. Und wende das Gleiche bei dir an: Was willst du mitteilen und warum?

Was erwartest du vom anderen? Auf diese Weise wirst du die Beziehungen, die du hast, möglicherweise in einem anderen Licht sehen. Du wirst Seiten am anderen (und an dir selbst) entdecken, die dir bisher gar nicht aufgefallen sind, weil du dir zu wenig Zeit genommen hast oder dein Kopf zu voll mit Themen oder Problemen war. Je nach den Vorzeichen deiner Entdeckungen wird die Beziehung intensiver und ein Gewinn für euch beide oder du ziehst dich daraus zurück, beispielsweise weil du erkannt hast, dass du einen Egozentriker vor dir hast.[42]

Ich fand meine Lieblingsachtsamkeitsübung, die ich lustigerweise schon seit vielen Jahren anwendete. Es geht darum, draußen in der Natur innezuhalten und die Umgebung quasi in sich einzusaugen: Stell dich irgendwo draußen im Freien hin, schließe die Augen und spüre die Luft auf deiner Haut, rieche und höre deine Umgebung, nach einigen Sekunden drehe dich ein Stückchen weiter und mach noch mal das Gleiche. Bis du ungefähr eine Runde geschafft hast. Dann wiederhole das Ganze mit offenen Augen.[43]

Ich persönlich bevorzuge es, durch den Wald zu joggen. Und zwar über Stock und Stein, was hier in Schweden leicht möglich ist, führen quer durch den Wald ja ausreichend Trampelpfade. Ich genieße es, die ersten Meter gehend zurückzulegen, stehen zu bleiben und zu spüren, wie die Umgebung beruhigend auf mich wirkt. Dann sauge ich fast jede einzelne Blume und jedes Farngewächs in mich auf und begrüße das Moos auf den alten Baumriesen wie gute Bekannte. Ich habe gelesen, dass Menschen, die Achtsamkeitsübungen machen, Vertrauen in das Leben fassen und sich glücklich fühlen. Ich glaube, ich praktiziere das bereits seit vielen Jahren – ich habe da so ein ganz persönliches Denken, das mir sagt, dass das Leben es gut mit uns meint und uns liebt. Auch ganz ohne Religion. Einfach vertrauen. Und öfters in den Wald gehen! Denn in der

Natur fällt uns Achtsamkeit tatsächlich leichter – sie lädt geradezu ein, einfach nur mit allen Sinnen wahrzunehmen und einfach da zu sein. Ob Bäume, die sich im Wind wiegen, bunte Krabbelkäfer, plätschernde Bachläufe oder Vögel, die ein Konzert veranstalten. Hier fällt es leicht, das Äußere zu spüren und sich einfach nur wohlzufühlen.[44]

Abschließend will ich noch auf eine Sache eingehen: Es gibt Situationen, in denen Achtsamkeitsübungen nicht angebracht sind: Wenn Entscheidungen gefällt werden sollen – da ist dann nix mit Beobachten und Aufnehmen, sondern dann muss kräftig angepackt werden und Frau voller Selbstbewusstsein die Faust auf den Tisch knallen. Aber mit den Achtsamkeitsübungen sollte es dir leichterfallen, zu erkennen, was du wirklich willst und für dich tust oder was andere von dir erwarten und verlangen. Dann kannst du immer noch entscheiden, ob du das machen willst oder nicht. Und im Zweifelsfall: Höre einfach auf deinen Bauch!

Übrigens existiert der achtsame Ansatz schon längst in der Psychotherapie, bereits in den 1920er-Jahren hielt er in die Psychiatrie Einzug und wird heute noch als Achtsamkeitsbasierte Therapie (ABT) eingesetzt. Diese beschäftigt sich mit Denkmustern und Gefühlen und hilft, neue Sichtweisen zu gewinnen, die ein achtsameres und leichteres Leben ermöglichen.[45]

Es gibt viele Strömungen, die zum aktuellen Achtsamkeitsboom geführt haben. Ein bekannter Wegbereiter ist der Molekularbiologe Jon Kabat-Zinn, der in den USA die Stress Reduction Clinic und das Center for Mindfulness in Medicine, Health Care and Society (Zentrum für Achtsamkeit in Medizin, Gesundheitswesen und Gesellschaft) an der University of Massachusetts Medical School[46] gründete. Um ihn kommt man einfach nicht herum, wenn man sich mit diesem Thema beschäftigt. Er entwickelte ein achtwöchiges *Mindfulness-Based-Stress-Reduction*-Programm (MBSR[47]) und stellte in den Mittelpunkt die Achtsame Meditation[48], den Bodyscan (den Körper in entspannter Weise wahrnehmen) und Achtsames Yoga. Besonders geeignet für Menschen, die an Stress und chronischen Krankheiten leiden. Es geht dabei darum, in seinem Inneren zu forschen, warum das eigene Leben so verläuft, wie es nun mal verläuft. Ergänzend gibt es eine Schublade voller Studien, unter anderem wurden die Gehirnwellen von meditierenden Mönchen mithilfe der Kernspintomografie aufgezeichnet. Offenbar kann man durch Meditation die Selbstheilungskräfte aktivieren und es ist sogar ein Einfluss auf Chromosomen nachweisbar.[49]

Es gibt noch mehr positive Auswirkungen von Achtsamkeit: Sie fördert das Immunsystem, wirkt sich positiv auf Herz, Blutdruck[50] und das Körpergewicht aus und senkt den Stress- und Angstlevel, was auch gut gegen Depressionen ist[51].

Jon Kabat-Zinn versteht sich selbst als keiner Religion angehörend, aber als glühenden Studenten der buddhistischen Meditation, insofern Achtsamkeit oft als das »Herz«[52] der buddhistischen Tradition bezeichnet werde und dort den Ursprung habe (weitere Infos dazu in der Anmerkung).

Mittlerweile gibt es in Deutschland über 1000 Achtsamkeitslehrer und acht Ausbildungsinstitute. Tendenz steigend[53]. Kein Wunder, dass dieses Thema im Alltag so präsent ist. Matthias Dhammavaro Jordan, Achtsamkeitstrainer und ehemaliger buddhistischer Mönch, sagt auf die Frage, warum viele Menschen das Glück nicht finden: Die meisten Menschen warten auf ein Glück, das groß, unnahbar und sehr selten sein soll, und wenn es einen findet, sollte es für den Rest des Lebens bei einem bleiben. Und während die Menschen also in die Zukunft blicken, verpassen sie die »kleinen«, schönen und angenehmen Dinge des Alltags, die eigentlich glücklich machen. Macht man sich bewusst, dass man das Leben nicht planen kann, da es unbeständig ist, erkennt man die Sinnlosigkeit, in seinem Leben ein Glück zu suchen, das für immer bei einem bleiben soll. Akzeptiert man jedoch die Unbeständigkeit als Tatsache des Lebens, kann man sich an den kleinen Dingen wieder freuen, glücklich sein und es auch für okay erachten, wenn sie weiterziehen.[54]

Und verliere deinen Humor nicht. Mit etwas Abstand und einem Augenzwinkern kann man manchen Ereignissen durchaus den Schrecken nehmen, so Brigitte Röthlein in ihrem Buch »Anleitung zur Langsamkeit«[55].

Übrigens ist es interessant, dass wir nun schon wieder bei dem Punkt Meditation gelandet sind! Vielleicht ist sie ein wesentlicher Baustein zu deinem Glück und kann auf verschiedene Weise in dein Leben integriert werden. Und da hab ich doch gleich mal eine Idee. Ich stelle Anja die Meditations-Challenge. Mit dem Ohr einmal der Unendlichkeit lauschen ... oder so. Ich bin gespannt, was Meditieren mit ihr macht.

Achtsamkeit ist das bewusste Wahrnehmen der Umgebung, ohne etwas daran ändern oder etwas erreichen zu wollen. Einfach nur schauen, was gerade passiert, und der Umgebung oder dem Gegenüber zuhören. Dabei kann in dir selbst ein Gefühl von Gelassenheit entstehen, inklusive Lebensfreude, Glücksgefühlen, Dankbarkeit, Vertrauen und Ruhe. Menschen, die achtsamkeitsgeübt sind, verrennen sich nicht mehr so leicht in Probleme und nehmen besser ihre eigenen Grenzen wahr.

Üben kannst du die Achtsamkeit eigentlich immer und überall, vorausgesetzt, du knackst gerade nicht an einem aktuellen Problem herum. Beispiele für Übungen findest du ausreichend im obigen Text sowie über die Links in den Anmerkungen.[56] Du lernst, deine Aufmerksamkeit noch intensiver auf das zu lenken, was du gerade machst: Einfach nur da sein und Gedanken kommen lassen und, ohne sie zu bewerten oder damit zu arbeiten, wieder gehen lassen. Dinge bewusst wahrnehmen, die einen umgeben; Menschen zuhören und nachfragen, ohne bereits Antworten parat zu haben; und eine meiner Lieblingsübungen[57]: In der Natur sein und durch Sehen, Fühlen und Hören im Augenblick ankommen.

Den besten Tipp, den ich bekommen habe, gebe ich gern weiter: Achte auf Details! Bist du ein Morgenduscher, dann achte schon dabei auf Kleinigkeiten – wie fühlt sich das Wasser auf der Haut an, wie hört sich das Rauschen an, wie riecht es im Bad, wie fühlen sich die Fliesen unter deinen Füßen an? Das kannst du natürlich auf alles übertragen – ob du beim Essen auf dein eigenes Schmatzen achtest oder versuchst, die einzelnen Geschmacksmoleküle herauszufinden. Welches Muster hat der Teller, was steht eigentlich noch auf dem Tisch und: Hallo, wer ist denn da der Mitfrühstücker?

Ich will dieses Kapitel gern mit einem Zitat von Meister Eckhart schließen, einem bekannten Theologen und Philosophen aus dem 13. Jahrhundert, dessen Werke noch heute gelesen werden:

> »Die wichtigste Stunde ist immer die Gegenwart. Der bedeutendste Mensch ist immer der, der dir gerade gegenübersteht. Das notwendigste Werk ist stets die Liebe.«[58]

II

Anja: *Die Meditations-Challenge*

Meditiere, auch wenn du es albern findest.
Nur ein paar Minuten jeden Tag – nimm dir
Zeit für dich.

Oh Gott, dachte ich erst, als Charly mir die Meditations-Challenge gestellt hat. Esoterik ist nicht so wirklich meins. Und einfach nur dasitzen und nix denken? Nur dasitzen kann ich. Super sogar. Am besten mit Kaffee in der Hand. Aber nix denken? Unmöglich. Aber achtsamer will ich ja auch werden und Meditieren ist ein Weg da hin. Meine Freundin Maria, die Maria, die mir immer stundenlang von ihren noch viel abstruseren Gedankenketten erzählt hat, die nicht mehr schlafen konnte, weil sie so viel nachdenken und grübeln musste, hat auch irgendwann meditiert. Kann Meditieren wirklich ein weiterer möglicher Weg zu mehr Glück sein? Erst mal rauskriegen, ob es bei Maria geholfen hat, dachte ich. Sie grübelt ja auch viel mehr als ich. Maria hatte eine Wochenendbeziehung mit einem Typen aus Hamburg und sich ständig im Kreis gedreht, ob sie nach Hamburg ziehen sollte oder nicht. Ihre Kollegin, die die Nase voll von dem immer gleichen Thema hatte, hat Maria in ein Yogastudio mitgeschleppt, in einen Meditationskurs. Sollte ich das auch machen, um so richtig gut zu starten und die Challenge hinzubekommen? Nein, es muss auch so gehen, viel beschäftigte Frauen haben keine Zeit für so was. Da stimmst du mir sicher zu. Meditieren geht auch gemütlich zu Hause, zumindest hoffe ich das.

Ich rufe Maria an. Sie erzählt mir, dass sie Meditieren bis dahin total albern und schräg fand, aber bei ihr hat es funktioniert, auch wenn sie anfangs nicht daran geglaubt hat. Aber es half wirklich, versicherte sie mir. Und wenn Meditation einen unruhigen Geist zur Ruhe bringt, was gibt es Besseres?

Beseelt und mit strahlendem Gesicht steht Maria eine Stunde später mit zwei großen Stücken selbst gebackenem Apfelkuchen vor der Tür. Ich wollte gerade anfangen, zu meditieren, lasse mich aber von dem Duft der Streusel gerne ablenken.

»Komm doch rein. Ich mach uns 'nen leckeren Cappuccino dazu.«

»Perfekt. Den Apfelstreuselkuchen hab ich für Carsten gebacken. Ich hab heute ein bisschen Zeit und dachte, ich erzähl dir das mit dem Meditieren noch genauer.« Am Telefon hat sie mir zwar schon berichtet, aber mit Kaffee und Kuchen finde ich das natürlich noch besser.

Als der Cappuccino fertig ist, setze ich mich zu ihr und sofort sprudelt sie los. »Meditieren hat wirklich mein Leben verbessert.« Wow, denke ich.

»Seitdem ich mich die paar Minuten jeden Morgen auf mein Sofa setze und einfach mal kurz nichts denke, geht es mir so viel besser.«

»Wirklich? Das ist ja toll. Mmhm. Der schmeckt köstlich.« Ich lasse das Kuchenstück in meinem Mund zergehen, schmecke Apfel, Zimt, Butter.

»Ja, wirklich, seitdem hab ich viel mehr Zeit, andere Sachen zu machen. Zum Beispiel backen. Vor lauter Nachdenken hab ich gar nicht mehr gebacken. Und dabei liebt Carsten Kuchen so sehr.«

Carsten heißt der Kerl aus Hamburg, um den sich ihr Gedankenkarussell die ganze Zeit drehte. *Liebe ich ihn genug, um mein Leben in Berlin über Bord zu werfen? Soll ich meinen Job für einen Mann aufgeben? Was, wenn er mich nach einem Monat sitzen lässt? Meine günstige Berliner Wohnung darf ich nicht untervermieten. In Hamburg sind die Mieten auch verdammt teuer.* All diese Gedanken spukten ihr ständig durch den Kopf. Ich bin Zeugin, denn wir haben viel darüber telefoniert. Deshalb hat sie im wahrsten Sinne wirklich nichts mehr gebacken bekommen.

»Es scheint, dass Liebe wirklich durch den Magen geht. Stell dir vor, Carsten hat jetzt gesagt, dass er doch zu mir zieht, nach Berlin. Aber nur, wenn er weiter meine leckeren Kuchen kriegt.«

Wir lachen und jetzt weiß ich, weshalb sie wirklich gekommen ist. Sie wollte mir diese tolle Neuigkeit persönlich erzählen. Ich nehme sie in den Arm, drücke sie fest und freue mich für sie.

Wir stellen fest, dass oft ganz viel Glück passiert, wenn man ein kleines Steinchen in seinem Leben bewegt. Dass dann einiges einfach so ins Rollen gerät.

Ein paar Stunden später verabschiede ich Maria, will loslegen zu meditieren, aber mein Blick auf die Uhr sagt mir: Der Hund muss raus, die Kinder kommen gleich und eingekauft habe ich auch noch nichts. Meditieren muss also warten. Vielleicht ist der perfekte Zeitpunkt für mich abends, kurz bevor ich ins Bett gehe. Da habe ich meine Ruhe, während mein Mann noch im Wohnzimmer sitzt, und danach schläft man bestimmt auch gut ein.

Am Abend nach dem Zähneputzen setze ich mich also im Pyjama auf das kleine Sofa, das in unserem Schlafzimmer steht, schließe meine Augen und versuche, nichts zu denken. Denn das soll man ja, das hat mir Maria bestätigt. Sofort fällt mir ein, dass der Große morgen zum Kieferorthopäden muss und er seine Chipkarte nicht eingesteckt hat. Mist. Nichts denken, ommm. Nur zwei Minuten Meditieren reicht für den Anfang, meinte Maria. Also gut. Ich stehe schnell auf, hole mir einen Zettel und Stift und kritzele »Chipkarte« drauf. Den werfe ich in die Zimmermitte, um es morgen nicht zu vergessen. Hinsetzen, Augen wieder zu. Nichts denken. Ich denke an den leckeren Apfelkuchen und daran, dass ich Maria doch eigentlich nach dem Rezept fragen wollte. Nicht so wichtig, muss nicht auf meinen Zettel. Hätten wir nur nicht ganz so lang geratscht, denke ich jetzt. Mein Schreibpensum hab ich heut mal wieder nicht geschafft. Und über Meditation haben wir auch nicht die ganze Zeit gequatscht, gilt also noch nicht mal als Recherche-Meeting. Egal. Mannomann, nichts denken soll ich. So geht das noch ein paar Minuten, und dann merke ich, dass ich zu müde bin, um mich darauf zu konzentrieren, nichts zu denken. Ich gehe ins Bett, mache mir klar, dass ich jetzt nicht zu frustriert sein darf, dass es vermutlich allen am Anfang so geht. Oder bin ich meditationsunfähig? Gibt es das überhaupt? Google sagt nichts dazu, also gibt es das nicht. Puh, Glück gehabt. Dafür lese ich, dass Meditation in östlichen Kulturen als bewusstseinserweiternde Übung angesehen wird.[59] Cool, denke ich. Meditieren ersetzt Drogen. Nicht, dass ich Drogen nehmen würde. Es soll gut sein für den Geist, für die

Gesundheit, gegen Stress. Fantastisch. Spätestens jetzt hat mich der Ehrgeiz gepackt und meine Neugierde sowieso. Ich will diese Meditations-Challenge hinkriegen, denn ab und zu ein paar Minuten nichts zu denken, entlastet das weibliche Gehirn bestimmt ungemein. Das wäre auch eine Entlastung für meinen Mann. Für deinen bestimmt auch.

Am nächsten Abend *same same*. Gleiche Uhrzeit gleiches Spiel. Denn ich habe gelesen, dass es gut ist, immer am gleichen Ort zu meditieren. Zur ähnlichen Zeit. In bequemen Klamotten. Rücken aufrecht. Ich sitze also im Pyjama mit Nachtcreme im Gesicht auf dem kleinen Sofa und denke, dass ich die Nachtcreme morgen unbedingt nachkaufen muss, weil sie jetzt alle ist. Mein Gott. Ich hab mir extra schon einen Notizblock danebengelegt. Jetzt mache ich kurz Pause, versuche, mich zu konzentrieren, was morgen noch alles erledigt werden muss, und schreibe es auf. Bestimmt hab ich was vergessen. Aber vielleicht fällt es mir in den kommenden zwei Minuten ja nicht ein. Ich hoffe auf meine Vergesslichkeit. Augen zu. »Wische die Gedanken einfach beiseite. Ärgere dich nicht.« Die Chipkarte nachreichen, fällt es mir siedend heiß ein. Bis morgen. Da ist das Quartal um. Und mein Großer hatte seinen Geldbeutel vergessen, in den er immerhin die Chipkarte gesteckt hatte. Jetzt müssen er oder ich da wieder hingurken, weil wir ja sonst nichts zu tun haben. »Nichts denken!«, ruft eine innere Stimme. Wegwischen, sanft. Okay, okay. Ich bemühe mich. Und ich ärgere mich auch gar nicht. Regelmäßig üben, durchhalten, waren noch so gute Tipps.[60]

Mein Mann sagt ja, dass ich wirklich sehr viel denke, denke ich. Wobei er ja nur einen Bruchteil von dem weiß, was ich wirklich denke. Okay, so hat das keinen Sinn. Ich öffne die Augen wieder. Ich nehme mein Handy, das ich natürlich ausgeschaltet hatte, recherchiere, ob es nicht noch ein paar schlaue Tipps gibt.

Und welch Glück, es gibt sie. Ganz viele natürlich. Viel zu viele. Ich starte einen Rundruf bei meinen Freundinnen, von denen ich vermute, sie könnten auch meditieren. Und tatsächlich. Einige tun es und die, die es nicht tun, haben eine Freundin, die es tut. Ich lasse mir die erprobten Meditationstechniken erzählen und recherchiere sie nach:

Einmal gibt es die Atemmeditation[61], eine Technik, bei der man sich einfach nur auf den Atem konzentrieren soll, ihm nachspüren. Klingt gut. Was gibt es denn noch? Ah, die Visualisierung. Stelle dir einen schönen Ort vor, wo du dich wohlfühlst, wo du Kraft tanken kannst. Was nehme ich denn da? Na klar, ein kleines Café am Meer. Auf Mallorca. Ich schließe die Augen, denn das gefällt mir am besten. Stelle mir ein türkisblau angemaltes kleines Café vor, mit weißen Sonnenschirmen, das Meer … mein Handy piept. Vergessen, es auszuschalten. Aber immerhin, die Visualisierungstechnik scheint für mich zu funktionieren.

Dann gibt es noch Affirmationen. Heißt, du überlegst dir einen kurzen, positiven Satz wie »Ich bin ganz ruhig und dankbar.«

Oder du lenkst die Aufmerksamkeit auf deinen Körper. Fange bei den Zehen an, gleite in der Vorstellung durch deinen Körper, bis hin zum Kopf. Ein bisschen wie die Body-Scan-Übung, die man bei Achtsamkeitsübungen einsetzt, fällt mir auf.

Die nächsten Abende verbringe ich in meinem kleinen Café am Meer, höre das Rauschen der Wellen, das Gurgeln der Kaffeemaschine und das Lachen von Kindern am Strand. Eines Abends schlage ich die Augen auf und es sind sogar mehr als zwei Minuten gewesen, die ich auf Mallorca war. Die nächsten Tage noch ein paar Minuten mehr, bis ich mich dabei ertappe, dort fast 20 Minuten zu verweilen. Ach, wie schön. Meditieren ist toll.

Danach bin ich immer ganz beseelt und beschließe, es weiterzumachen. Demnächst reise ich in Gedanken nach Venedig, in diese wunderschöne Lagunenstadt, dann in die Toskana. Ich sehe Zypressen, Zitronen- und Olivenbäume vor mir, meine, den Duft von Rosmarin und Basilikum zu riechen, und es geht mir gut.

Maria hatte recht. Sie sagte: »Das Ziel vom Meditieren ist ja wirklich genial. Du wirst verstehen, dass du nicht deine Gedanken bist, sondern nur der Raum, der die Gedanken beinhaltet, jemand, der sie beobachtet und der sich von ihnen distanzieren kann.«

Toll, denke ich, Meditieren scheint also wirklich ein super Grübelstopper zu sein. Und ich merke bald, dass ich, seit ich angefangen habe zu meditieren, ausgeglichener und zufriedener bin.

Versuche du es doch auch einfach. Überlege dir, wann deine Zeit dafür ist, setz dich hin und tu einfach mal gar nichts. Klingt doch gut, oder? Mir fällt schlagartig meine Nachbarin ein, die es auch ausprobiert hat. Sie ist dabei eingeschlafen, umgekippt und hat sich den Kopf aufgeschlagen. Beim nächsten Versuch hat sie nicht an nichts, sondern an eine neue Handtasche gedacht, die sie vorher in einem Laden gesehen hatte. Macht nichts, wenn dir das auch so geht. Oder bereits so ähnlich ergangen ist. Denn die gute Nachricht ist: Du kannst jederzeit wieder damit anfangen zu meditieren und deinen inneren Schweinehund, der dir nicht mal die paar Minuten am Tag nur für dich gönnt, niederzustrecken. Hey, Schweinehund, ein paar Minuten ist ja wohl nicht zu viel verlangt. Ich habe es auch hingekriegt, zumindest bisher. Aber ich nehme mir fest vor, weiterzumachen, und bin Charly dankbar, dass sie mir diese Challenge gestellt hat. Schon gut, wenn man Freunde hat, die machen einen auch glücklich. Zumindest ab und zu.

Meditiere. Versuch es einfach, so kommt dein Geist endlich zur Ruhe. Durch Nichtstun glücklicher werden ist doch perfekt. Am Anfang reichen ein paar Minuten. Es gibt viele verschiedene Meditationstechniken, die dir helfen können, nichts zu denken. Hier sind ein paar, die wir hilfreich finden:

1. Konzentriere dich auf deinen Atem.

2. Visualisiere einen schönen Ort und beame dich in deiner Vorstellung dorthin.

3. Überlege dir einen kurzen, positiven Satz, den du immer wiederholst (also ein Mantra).

4. Lenke die Aufmerksamkeit auf deinen Körper. Wandere von den Zehen bis zum Kopf und spüre dich.

Charly: Freunde sind wie Tomatenpflänzchen, die du selbst aus Samen gezogen hast.

Von Setzlingen und schimmligen Exemplaren und was das mit Freunden und Neinsagen zu tun hat

Ich verspreche, das mit dem Meditieren auf jeden Fall mal auszuprobieren! Es hört sich einfach zu vielversprechend an! In glückseliges Schweigen verfalle ich sonst meistens nur beim Essen.

Ich bin ein sogenannter Allesesser, wenn man mal das Fleisch wegstreicht. Genau, ich bin eine von denen, die den Kaninchen die Karotten wegmampft. Das Grünzeug und

Tomaten. Am liebsten ganz frisch aus dem eigenen Garten mit ein paar Tropfen Balsamicoessig. Dazu Sonne im Gesicht, nette Gespräche mit Freunden und ein Glas gekühlten Weißwein. Ich bin dankbar, dass ich einige Freunde habe, denen ich vertraue, und weiß, dass sie im Notfall für mich da sein würden, genauso wie ich auch versuche, für sie da zu sein.

Was es mit den Tomatenpflänzchen und Freundschaften auf sich hat?

Sie wollen beide gehegt und gepflegt werden. Ähnlich einem Tamagotchi-Ei. Glücklicherweise sterben weder die Tomaten noch die Freunde so schnell, wenn man mal das Gießen oder einen Anruf vergisst. Wenn man das mit der Zuwendung allerdings übertreibt, können sie höchstens anfangen zu schimmeln. Also die Tomaten zumindest. Und was macht man mit verschimmelten Exemplaren: wegschmeißen (von den paar Tausend Schimmelarten sind über 250 gesundheitsschädigend). Am besten die ganze Packung – da die Sporen oft das Innere der anderen Tomaten bereits durchzogen haben, was für unser Auge nicht sichtbar ist.[62] Und so unter uns – manchmal sind auch Freundschaften angegammelt, riechen säuerlich oder haben Schluckauf. Dann ab in die Biotonne, aber dazu kommen wir später noch. Ich selbst bin im Kontaktpflegen peinlicherweise nicht gerade eine Weltmeisterin. Es gibt durchaus Strecken, in denen ich mich hauptsächlich um mich selbst und meine kleine Familie drehe. Sitze sogar bis in die Nacht hinein am Rechner, um Buchabgaben hinzubekommen, oder pflege meine drei Kids, die nacheinander krank werden. Das kann schon mal locker fast drei Wochen Zeit kosten und das Telefonieren und Kontakthalten mit meinen Freunden fällt dann leider flach. Da wären bereits mehrere Generationen Tamagotchi-Küken erzürnt gestorben. Gut, dass auch meine Freunde ein turbulentes Leben haben. Somit fällt es leichter, damit umzugehen, und das Verständnis ist auf beiden Seiten da. Hoffe ich doch zumindest!

Dazu kommt das Älterwerden. Nein, ich meine jetzt nicht, dass das Gehirn länger braucht, um Gesagtes zu verarbeiten, und somit ein 5-Minuten-Telefonat den Zweck von einem Einstundentelefonat ersetzt, sondern man wird ja tatsächlich etwas schlauer und erfahrener. Man erwartet von den anderen keine Zauberleistungen, da man weiß, dass man sie selbst nicht erreichen könnte. Hat Respekt für Entscheidungen, auch wenn man sie selbst nicht nachvollziehen kann, das erwarte ich ja auch, oder einfach das Wissen, dass jeder Mensch Fehler macht. Mache ich selbst ja auch immer wieder. Anderen und sich selbst verzeihen ist gerade für das eigene Wohlbefinden wichtig. Aber wenn sich Dinge berghoch angehäuft haben, über die man nicht einmal mehr auf Fußspitzen hinwegschauen kann, dann muss man manchmal auch in die grüne Tomate beißen (nicht machen, ist giftig) und Freundschaften ziehen lassen. Genauso wie ein Tamagotchi-Küken, das nach einigen Wochen mit seinem ewigen Gepiepe nur noch nervt.

Zahnlückeneule hat heute Geburtstag und ich nutze den Anlass für einen längeren Telefonkaffeeklatsch. »Liebste Zahnlückeneule, was machst du denn gleich noch? Triffst du dich mit den Mädels?«

»Ich? Nein, weißt du, zwei von den dreien können heute nicht, da haben wir es aufs Wochenende geschoben.«

»Wie, die haben keine Zeit heute, um mit dir anzustoßen?«

»Ach, Charly, nicht alle Menschen sind solche Magneten wie du. Ich bin ja schon froh, über Klebeglitzernagel in diese Runde gefunden zu haben. Aber manchmal denke ich, dass die anderen mich eher wie eine gute Bekannte dulden und nicht wie eine richtige Freundin mögen.«

»So ein Quatsch«, bleibt mir da nur zu sagen. Zahnlückeneule ist einer der schlauesten Menschen, die ich kenne. »Weißt du eigentlich, dass ich dich sehr oft bewundere für das, was du alles weißt? Und du hast immer Zeit, einem zuzuhören, und fragst nach. Du bist eine richtige Freundin!«

»Das sagst du jetzt einfach nur so.«

»Mensch, Zahnlücki, hör auf mit dem Mist. Also, was machst du denn gleich nach Feierabend?«

»Ein Kollege hat mich gefragt, ob ich Zeit hätte, der weiß aber gar nichts von meinem Geburtstag, und ich weiß nicht …«

»Ist das der mit den Katzenbildern auf seinem Handy? Ja? Ach nett! Zahnlücki, mach das! Für den schwärmst du doch schon seit fast einem Jahr.«

Was sind Freunde? Keine ganz einfache Frage. Manche würden die Menschen, mit denen man täglich Zeit auf der Arbeit und in der Freizeit verbringt, vielleicht eher als Bekannte bezeichnen, ob flüchtig oder richtig gut. Geht mir genauso. Bis es zu einer Freundschaft kommt, muss Vertrauen aufgebaut werden, und das dauert eben seine Zeit. Oft merkt man ja auch erst, ob man sich auf den anderen verlassen kann, wenn es kriselt und man selbst nicht mehr nur der partylaunige Grinsebär ist, sondern eher ein taschentuchschneufzendes Weichei. In Krisenzeiten trennt sich die Spreu vom Weizen, pflegte schon Johannes der Täufer in der Bibel zu sagen, auch wenn er damit bestimmt etwas anderes gemeint hat.

Was passiert eigentlich mit Freundschaften im Laufe der Jahre?

Der Soziologe Gerald Mollenhorst von der holländischen Universität Utrecht hat herausgefunden, dass alle sieben Jahre die Freundesliste um die Hälfte schrumpft. Allerdings kommen auch wieder genauso viele neue Freunde dazu. Für seine Studie hat er 1007 Erwachsene zwischen 18 und 65 Jahren befragt. Nach sieben Jahren ist es ihm geglückt, 600 davon wieder zu kontaktieren. Freundschaft wurde so definiert: Beziehung zwischen Personen, mit denen man über wichtige persönliche Dinge redet, die man unangemeldet besuchen oder bei Notfällen im Haushalt anrufen würde. Im Durchschnitt hatte jeder 2,4 Personen zur Verfügung, die diesen Kriterien entsprachen.

Aber es gibt tatsächlich einen harten Kern von Freundschaften, die länger halten können. Im besten Fall sogar ein ganzes Leben.[63]

Was uns zur nächsten Frage bringt: Wie entstehen Freundschaften?

Sind Freunde uns ähnlich und mögen auch glitzernde Einhörner oder verkörpern sie eher das Gegenteil und laufen Ultramarathons? Psychologen der Universität Leipzig[64] haben entdeckt, dass tatsächlich Kumpan Zufall sich hier in Tutu und Glitzerumhang schmeißt und Schicksalsgöttin spielt. Die Orte, an denen wir unsere späteren Freunde treffen, sind ganz unspektakuläre Plätze. Nämlich dort, wo wir uns sowieso aufhalten. Kindergarten, Schule, Arbeitsplatz, beim Ausüben der Hobbys, im Café oder beim Tanzen. Somit hat man bereits beim Start ein Thema, über das man sich unterhalten kann, meistens einen ähnlichen Bildungsgrad und wird in einem ähnlichen Umfeld ähnliche Werte vermittelt bekommen haben. Wie gesagt: ähnlich.

Manchmal schmeißt die Schicksalsgöttin ihr Konfetti auch besonders hoch und Arm trifft auf Reich und der Geist von Hugh Hefner hat eine neue Blondine an seiner Seite.

Und machen Freunde nun glücklich? Der Philosoph Aristoteles hat zumindest vor 2400 Jahren behauptet, dass es ohne Freunde kein Glück gebe (zum Thema Philosophie gibt's auch mehr im Kapitel 26 *Die Denk-Challenge*«).

Überlegen wir doch mal: ohne beste Freundin ins Café, ohne beste Freundin shoppen gehen oder ins Kino? Und vor allem keine Freundin, um stundenlang zu telefonieren?

Eine schreckliche Vorstellung. Keine, mit der man über sein Sexleben reden kann (oh ja, liebe Männer, so etwas tun wir mit manchen Freundinnen, denkt am besten nicht daran, wenn ihr dieser das nächste Mal begegnet). Keine, die deine Familiengeschichte kennt, die weiß, wie es als Mutter mit quengelnden Kleinkindern oder Pubertieren zu Hause ist, keine, die deine Familie von früher kennt und weiß, wie deine Eltern zu dir als Teenie waren? Keine Vertraute, der man sein Herz ausschütten kann, wenn der Mann, die Kinder, die Nachbarn, Kollegen oder alle zusammen nerven?

Eigentlich braucht man keine Studien, um zu begreifen, wie unglücklich das Frau machen würde – ein Leben ohne Freundinnen. Es müssen nicht viele sein, aber ein paar gute bereichern unser Leben ungemein. Also, Männer, vergrault sie nicht, weil ihr meint, sie seien anstrengend, sonst könnt ihr demnächst mit euren Frauen über die Regelschmerzen palavern oder Schuhe kaufen gehen.

Sind Männerfreundschaften eigentlich so anders?

Im antiken Griechenland wurde der Begriff Freundschaft nur auf das Verhältnis zwischen Männern angewendet. Frauen hatten gesellschaftlich keinen Stand und so wurde ihnen ebenfalls abgesprochen, überhaupt fähig zu sein, Freundschaften einzugehen. Frauenfreundschaften gibt es zwar auch schon immer, sie wurden aber offiziell erst seit dem 18. Jahrhundert so gewertet. Davor seien die Frauen vom Niveau her nicht in der Lage gewesen, eine derartige Geistesgemeinschaft zu bilden, so äußerte sich zumindest Montaigne noch im 16. Jahrhundert.[65] Na, vielen Dank, kann man da nur sagen und eine Rose in die Vergangenheit werfen. Unglaublich, welchen Weg Frauen bis ins Heute zurückgelegt und in vielen Bereichen noch vor sich haben. Wie du siehst, läuft dieses Kapitel früher oder später auf ein fettes Neinsagen hinaus.

Schauen wir uns mal an, wie sich das Wort Freundschaft entwickelt hat: Auf seine gotische Wurzel *frijonds* zurückgeführt sieht man, dass aus der gleichen Wurzel auch der Begriff Liebe entstanden ist. Ist es nicht so, dass man eine langjährige Freundin richtig gernhat und sich mit ihr verbunden fühlt?

Aber zurück zu den Männerfreundschaften:

Eine Studie des Berliner Psychologen Arnold Krosta und seines Gütersloher Kollegen Hans-Joachim Eberhard von 2004 zeigte, dass es keine markanten Unterschiede zwischen Frauen- oder Männerfreundschaften gibt. So unterschiedlich wie die einzelnen Menschen sind, so unterschiedlich gestalten sich auch Freundschaften. Allerdings sollen Männer mehr miteinander unternehmen, während Frauen sich treffen, um vor allem miteinander zu quatschen. Das wiederum ist aber kein Beleg, dass Frauenfreundschaften tiefer gehen. Heutzutage gestehen sich auch Männer Nöte und Gefühle ein, sprechen ebenfalls über ihre Beziehung, vielleicht sogar über Sex, und lassen auch mal den Blick in ihr Herz zu.[66] Allerdings denke ich persönlich, dass solche Männerexemplare noch die Ausnahmen bilden. Sorry, liebe Forscher, aber so schonungslos, wie Frauen über sich selbst herziehen (mit einem lachenden Auge), das habe ich höchst selten bei Männern erlebt. Da zählt es doch noch mehr, sich wenig bis keine Schwächen einzugestehen. Oder was denkst du? Und eigentlich ist das ja auch egal – Hauptsache, jede und jeder ist mit ihrem/seinem Freundeskreis glücklich und zufrieden, oder? Man muss ja nicht auf andere schielen, um dann zu überlegen, was man selbst will.

Zahlreiche Studien belegen übrigens: Gute Freunde machen richtig glücklich, denn der Mensch ist ein soziales Wesen – wie ein Hund. Der ist auch nur im Rudel oder mit seinem Menschen glücklich.

Stabile soziale Beziehungen machen zufriedener und sind folglich auch gut für das Immunsystem, mit Freundschaften bleibt man eher gesund. Sie steigern sogar die Lebenserwartung.[67]

Freunde sind also ein echtes Glücksrezept. Das bestätigen zwei über 75 Jahre andauernde Langzeitstudien[68], die Forscher der Universität Harvard durchgeführt haben.

Dabei kommt es nicht auf die Menge an Freundschaften an, eher auf Qualität statt Quantität.

Ernüchternd ist das Studienergebnis[69] von Forschern der Universität Tel Aviv und des Massachusetts Institute of Technology (MIT). Sie haben herausgefunden, dass wir davon ausgehen, mehr Freunde zu haben, als eigentlich zutrifft. Wie es dazu kommen kann? Freundschaftliche Zuneigung findet durchaus öfters einseitig statt, als man denkt. Angeblich soll man seine Freunde zählen und diese Zahl dann durch 2 teilen, das sei die realistische Zahl an tatsächlichen Freunden. Wie es zu diesem Ergebnis kam? Die Wissenschaftler haben Studenten ihre Freunde nennen und mit Punkten von 0 (kenne diese Person nicht) über 3 (ist ein Freund) bis 5 (bester Freund) bewerten lassen. Anschließend wurden die Ergebnisse verglichen, ob ein »bester Freund« den anderen nur als »Freund« bezeichnet hat. Und tatsächlich stimmte fast die Hälfte dieser Einschätzungen nicht überein. Also wo beide sich gegenseitig als ziemlich gute Freunde bewerten.

Was denkst du: Wie würden dich deine Freunde einschätzen?

FREUNDE-CHECK

1. Lässt dich deine Freundin so sein, wie du bist? Ob im Jogginganzug oder mit kurzem Kleid, geschminkt, ungeschminkt, meckert sie darüber, dass du gerade

nichts essen willst oder keinen Bock aufs Kino hast, anstatt nach Kompromissen zu suchen?

2. Kann deine Freundin zuhören oder knipst sie lieber Selfies, während du ihr dein Herz ausschüttest? Ein Zeichen für gute Zuhörer sind kluge Fragen, die dich zum Nachdenken bringen können.

3. Ihr habt euch lange nicht gesehen, aber bereits nach fünf Minuten ist alles wieder wie immer?

4. Was für gemeinsame Interessen habt ihr? Teilt ihr die Leidenschaft für eine gemeinsame Sache oder habt ihr viele Überschneidungen? Vor allem: Könnt ihr über das Gleiche lachen oder den Kopf schütteln?

5. Echte Freunde freuen sich für dich und feiern deine Errungenschaften und Siege! Und wenn du mal ins Klo greifst, dann nennen sie es beim Namen und schmeicheln dir nicht.

6. Eine echte Freundin erkennt die Heldin in dir! Und sie bringt dich zum Strahlen. Wenn du dich selbst mehr als hässliches Entlein siehst, zieht sie den Schwan aus dir hervor!

Es gibt natürlich auch Freunde, die dich eher aussaugen und lähmen. »Energiefresser« ist ein treffender Ausdruck für sie, und wenn du die Person auf ihr negatives Verhalten ansprichst und es sich nicht ändert, wieder und wieder nicht, dann solltest du wirklich darüber nachdenken, den Kontakt auf Eis zu legen. Klar tut das weh, aber ganz im Ernst, was bringt es dir, wenn du dich nach den Treffen immer schlechter fühlst oder du das

Gefühl hast, dass von der anderen Seite nichts kommt oder du dich nicht auf sie verlassen kannst? Manche Menschen fühlen sich selbst erst gut, wenn sie andere schlechtmachen. Das mag an einem kleinen Selbstbewusstsein liegen, nicht selten fließt Missgunst mit hinein. Genährt aus Neid auf deine Erfolge oder deine Beziehung oder auf deinen Job oder auf zwei Kilogramm weniger oder einfach auf deine gute Laune. Neid ist eine normale Reaktion, machen wir uns nichts vor. Er überfällt jeden einmal. Im gesunden Fall tritt ein »Will-auch-haben«-Effekt ein, der dazu dient, sich selbst etwas mehr anzustrengen, um etwas Ähnliches zu erreichen. In einem solchen Fall mal offen so etwas wie »Da bin ich jetzt echt neidisch drauf« zu sagen, lässt die Luft raus und macht die Birne frei. Klar ist jeder mal neidisch auf jemanden, aber ganz ehrlich, das sollte ganz schnell in Wohlwollen und Freude für den anderen umschlagen. Sonst bleibt der Neider nämlich in diesen Gefühlen hängen und tut sich echt schwer, seine Nase da ohne Neidpickel wieder rauszuziehen. Neid ist ein Zeichen, dass es im Leben dieses Menschen nicht rundläuft und sollte uns selbst nicht von unserer Freude abbringen.

MISSGÜNSTIGE-FREUNDE-CHECK

1. Wenn du etwas erreicht hast, worauf du dich gefreut hast und stolz bist, wie reagiert deine Freundin? Freut sie sich mit, wertet sie es ab mit einem Kommentar wie »Das hätte aber noch besser laufen können« oder hört sie überhaupt nicht richtig zu und erzählt dafür gleich etwas über ihre neueste Errungenschaft?

2. Zeigt dir deine Freundin regelmäßig auf, was du alles nicht kannst oder schlecht machst? Und Hand aufs

Herz, sind das Kleinigkeiten, die dich einfach nur runterziehen sollen und dir die gute Laune stehlen, oder hast du wirklich mal Scheiße gebaut und solltest das wieder richten?

3. Wenn ihr euch unterhaltet, dreht sich meistens alles um sie, und wälzt sie Probleme auf dich ab, die dich dann noch ewig belasten?

4. Ist sie eingeschnappt, wenn du dich mal mit anderen triffst, und will sie immer recht behalten, ohne auch nur ansatzweise auf deine Argumente einzugehen?

5. Neidet sie dir auch noch die Butter auf deinem Pausenbrot? Hast du das Gefühl, dich für alles und jedes rechtfertigen zu müssen? Am besten auch noch dafür, dass du den Sauerstoff im Raum verbrauchst?

Manchmal fällt es echt schwer, Nein zu sagen. Man würde so viel lieber in Harmonie leben, gemeinsam an Gänseblümchen schnuppern und dem Mond zuprosten. Aber so geht es leider nicht. Meistens auf jeden Fall. Florian Illies gibt auf die Frage, wie man ohne schlechtes Gewissen einem Freund Nein sagen kann, die Antwort: mit viel Mut.[70] Ohne herumzudrucksen oder nach Entschuldigungen aus Omis Nähkästchen zu angeln. Brust raus und: Nein. »Wo viel Nähe, da viel Reibung«, sage ich immer. Wenn man viel Zeit miteinander verbringt und dem anderen Einblick in seine Gedanken gewährt, da kommt es automatisch zu Reibereien. Zeige mir eine einzige Freundschaft oder Beziehung, in der es noch nie geknallt hat, und ich zeige dir ein Stück Meer ohne Plastikmüll. Schlechter Scherz, okay. Aber ich denke, so etwas ist unmöglich. Wir nähern uns anderen Personen an, indem wir über Dinge reden, darüber diskutieren. Versuchen, andere Standpunkte zu verstehen, die eigenen zu vertreten. Dabei berührt man automatisch Punkte, die einem wichtig sind, da platzen Emotionen auf wie Wasserbomben. Und zugleich die Krägen. Wie weit die Wasserbomben spritzen, hängt von den Temperamenten ab, die an der Diskussion beteiligt sind, und davon, wie wichtig den Beteiligten das Thema ist. Da ist die Bandbreite ja groß. Ich persönlich kenne alles: vom beleidigten Schweigen und tagelanger Kontaktsperre bis hin zu den wildesten Schreiereien. Wie sagt man so schön: Das echte Leben ist noch viel mehr Drama-Queen als jeder Film (sage ich zumindest).

Ein »Nein« ist dann wichtig, wenn die eigenen Grenzen überschritten werden. Diese muss wiederum jeder für sich selbst ziehen. Ob es Themen sind, mit denen man sich nicht beschäftigen will, ob du dich emotional oder materiell ausgenutzt fühlst, ob Rassismus, Egoismus oder emotionale Erpressung im Spiel sind – wie auch immer, wenn du dich unwohl fühlst, dann passt was nicht. Denk kurz darüber nach, ob du einfach einen schlechten Tag hast und es dich eigentlich mehr nach Ruhe und einem guten Buch verlangt, oder ob es an deinem Gegenüber liegt. Hör in dich rein, wenn du unsicher bist. Dein Bauchgefühl wird dich schon leiten.

Kann man lernen, Nein zu sagen?

Jepp. Manche Menschen tun sich damit schwer, weil sie nicht von anderen zurückgewiesen werden oder andere nicht enttäuschen wollen. Aber hey – deine Bedürfnisse und Wünsche sind genauso wichtig! Wenn dein Gegenüber behauptet, dass du an seiner schlechten Laune schuld bist, nennt man das Manipulation. Zieh dir diesen Schuh nicht an, sondern steh einfach auf und geh. Du bist auch kein Egoist, wenn du Nein sagst, der andere behauptet das nur, weil er etwas nicht bekommt, was er von dir haben will.

Und klar, wenn du »Nein« sagst, kann es zu einem Streit kommen, im schlimmsten Fall kann die Beziehung daran kaputtgehen – aber du bist es dir selbst schuldig, zu dir zu stehen. Lies einmal das Kapitel 10 »Achtsamkeit« durch, du erfährst darin, dass du ein wertvoller Mensch bist, der nicht andere über sich entscheiden lassen muss. Klar setzt das voraus, dass du auch die Gründe für ein Nein reflektierst. Aber wenn in einer Beziehung eine sehr eindeutige Schieflage vorliegt, zum Beispiel der eine immer gibt und der andere immer nimmt, dann passt was nicht.

Also, auf zu einer Runde »Neinsagen lernen«!

Oft ist es sinnvoll, an seiner inneren Einstellung zu arbeiten. Du musst dir selbst die Erlaubnis geben, Nein zu sagen! Deine Bedürfnisse sind genauso wichtig wie die der anderen[71].

Warum sollten nur die anderen ihre Bedürfnisse beim Namen nennen dürfen? Du hast auch Wünsche und Ziele – und nur du ganz allein kannst dafür eintreten. Für dich. Du darfst das und sollst das!

Und wenn sich dein Hals zuschnürt, weil du Angst davor hast, dass die anderen dann sauer sind? Dann sollen sie es doch erst mal sein. Echte Freunde denken darüber nach und bleiben dir erhalten. Die Freundschaft wird sich sogar besser anfühlen, da du ehrlicher reingehst. Und wenn es Egoisten sind, bei denen sich alles nur um sie selbst dreht, dann sei froh, dass du wieder mehr Luft zum Atmen bekommst. Ich weiß, es hört sich leichter an, als es ist. Oft ist das ein langer Prozess mit Rückfällen, aber arbeite daran. Jeden Tag ein Stück mehr. Du bist es wert!

Noch ein guter Tipp: Wenn der andere etwas will, und du sagst Nein, dann lass dich nicht in lange Erklärungen verheddern. Du brauchst keine Rechtfertigung. Nein und fertig.

Oft sagt man auch zu schnell »Ja«, weil man keine Zeit hat, richtig darüber nachzudenken. Um das zu verhindern, antworte einfach, dass du Bedenkzeit brauchst à la »Ich muss kurz darüber nachdenken, ob ich Zeit habe, Geld habe, Lust habe, sonst was habe« – alles kein Problem.[72]

Zahnlückeneule erzählte, wie schön der Abend mit ihrem Kollegen war. »Vielleicht werden wir ja gute Freunde«, sagte sie und schwieg am anderen Ende der Leitung.

»So?«, fragte ich. »Ist es das, was du willst?«

Zahnlückeneule lachte. »Weißt du, dass die Mädels mich noch mal angerufen und alle versichert haben, wie sehr sie mich als Freundin schätzen. Wer hat da wohl was geflüstert?«

Jetzt schwieg ich und erzählte dann von dem Buch, das ich zu lesen begonnen hatte. Über das Pflanzen von Tomaten. Besser ablenken konnte man sie nicht.

Wir haben in unserem Inneren aufgeräumt und das Neinsagen geübt. Nein, nein, nein? Doch! Jetzt ist es Zeit, im Äußeren aufzuräumen – Anja, darf ich bitten! Auf zu einer Rumpel-Challenge. Du darfst dir die Waffen zwischen Staubsauger, Feger und Kernseife wählen!

>»Wirklich gute Freunde sind Menschen, die uns ganz genau kennen und trotzdem zu uns halten.«

Marie von Ebner-Eschenbach

Im Idealfall dient eine Freundschaft als Verstärker dafür, das Beste in dir zu erkennen und auch rauszuholen, wie Ehrlichkeit (auch bei unangenehmen Themen) oder Verlässlichkeit. Und du musst das Pflänzchen Freundschaft gießen. Wahrscheinlich über Jahre hinweg, da eine tiefe Beziehung nicht innerhalb kurzer Zeit heranreift.

Gemeinsamkeiten sind einer Freundschaft förderlich. Schon mal darüber nachgedacht, ein neues Hobby zu beginnen? Oder ehrenamtlich zu arbeiten? Das ist alles ein guter Nährboden für potenzielle Freundschaften (oder Beziehungen). Für die Couch-Potatoes unter uns: Es gibt im Netz eine Vielzahl an Freunde-finden-Plattformen, von denen ich dir eine Auswahl als Anmerkung[73] anhängen will.

Vertraue dir selbst, du bist ein liebenswerter Mensch und wirst auf jeden Fall gute Freunde finden – aber denke dran, dass man im Durchschnitt rund 40 bis 60 gemeinsam verbrachte Stunden braucht, um eine unverbindliche Freundschaft zu entwickeln, 80 bis 100 Stunden, um daraus eine gute Freundschaft entstehen zu lassen, und 200 Stunden, um beste Freunde zu werden (das wären umgerechnet acht komplette Tage, die man ohne Schlafen nur miteinander verbringt und quatscht).[74] Also ergreife die Initiative und investiere deine Zeit in gemeinsame Treffen!

Und zum Abschluss noch mal zum Thema Neinsagen. Wenn du spürst, dass etwas nicht richtig für dich ist und dein Bauch schon lange die Rote Karte zieht, dann sage ganz laut und deutlich: NEIN.

Hier eine Übung für dich, die du bitte laut lesen sollst: Nein, nein!

Wenn du einmal damit anfängst, einfach so, ohne Rechtfertigung oder Begründung, dann geht das ganz locker aus der Hüfte raus! Steh zu dir selbst und deinen Bedürfnissen!

13.

ANJA: *DIE RUMPEL-CHALLENGE*

Entmiste deinen Kleiderschrank und das Chaos im Keller und fühle dich leicht wie ein Schmetterling und frei (ja, auch frei, Neues zu kaufen).

Charly, du bist eine echte Freundin. Du weißt, was gut für mich ist. Eine Rumpel-Challenge, denke ich, wie perfekt für mich. Endlich werde ich gezwungen, meinen Kleiderschrank auszumisten und mir hübsche neue Dinge zu kaufen. Leicht wie ein Schmetterling wollte ich mich schon lange mal fühlen. Und unser Keller bestimmt auch. Stattdessen stapeln sich dort Schlitten (okay, der eine fährt nicht gut, selbst frisch gewachst, aber wegschmeißen kann man ihn deshalb doch nicht), Inliner (die beiden Kindern zu klein sind, aber wer will die schon haben, so vermackt, wie sie aussehen. Bei Ebay bestimmt keiner, geschenkt erfahrungsgemäß auch niemand, weil sie nicht top aussehen, und einfach wegwerfen, nein, das ist zu schade), zu kleine Kinderklamotten (die könnte in zehn Jahren ja noch das gerade frisch geborene Baby meiner Freundin anziehen. So lange muss ich sie dummerweise in meinem Keller horten, sie will sie noch nicht, sonst ist ihr Keller so voll, sagt sie), meine Magisterarbeit (wer weiß, vielleicht mache ich ja doch noch meinen Doktor, wenn das mit dem Schreiben in die Hose geht).

Es lagern dort also lauter Dinge, die eine eigene Geschichte haben, an die Erinnerungen geknüpft sind. Diese weiße Plastikschüssel zum Beispiel, in die hat mein Sohn als Kleinkind gekotzt. »Falls uns mal wieder ein Magen-Darm-Infekt erwischt …«, sage ich zu meinem Mann. »Nein!«, sagt mein Mann. »Wir brauchen das alles nicht.«

Immer wenn ich ein paar Tage weg bin, also auf Buchmessen oder auf Recherchereisen, wirft er heimlich Dinge weg. Und jedes Mal habe ich just dieses Ding danach gebraucht. »Erinnerst du dich daran?«, sage ich. »Jetzt muss ich Duschvorhangringe nachkaufen und das ist wirklich nicht nachhaltig.«

Er grinst dann nur und ich weiß, sobald ich mit meinem Köfferchen zur Buchmesse fahre, muss die eine oder andere Kiste oder Tüte da unten dran glauben. Aber so richtig oft verreise ich ja nicht allein und da sind plötzlich wieder Tüten, so schnell kann man gar nicht gucken.

Also. Eine Rumpel-Challenge, wie wunderbar. Miste dein Leben aus, und guck, ob du dann glücklicher bist. Ich bin so gespannt, ob es funktioniert. Denn, das muss ich zugeben, es stört mich mittlerweile schon auch, dass da so viel herumsteht. Ständig stolpere ich auf dem Weg zur Waschmaschine über etwas. Und dann die Peinlichkeit, wenn dieser Mensch kommt, um den Strom abzulesen. Oder der befreundete Nachbar, der sich beim Grillen immer sein Bier selbst aus dem Keller holt. Es gibt so viel Kram, der sich die letzten Jahre einfach so angesammelt hat. Ich bin jetzt also bereit dazu und stelle mich der Challenge.

Und sofort fällt mir ein, dass kürzlich ein paar Leute auf Facebook über eine Aufräumhelferin, eine Japanerin, diskutiert haben. Es klang, als hätten die alle gekifft, so begeistert schwärmten sie von ihrer Methode. Sofort googele ich danach und werde fündig. Marie Kondo. Es gibt sogar eine Serie auf Netflix über sie, unzählige YouTube-Videos, sie scheint ein Star zu sein. Ein Star, weil sie Leuten zeigt, wie sie ihren Krempel in den Griff bekommen können? Merkwürdig. Ich erinnere mich an die juchzenden Kommentare der Leute, die es ausprobiert haben. Sie schafft es, Menschen dafür zu begeistern, ihren Papierkram zu sortieren und dabei glücklich zu lächeln. Sie scheint wirklich eine Heldin zu sein.

Okay, nehme ich mir vor, heute Abend sehe ich mir eine Folge an. Kann ja nicht schaden, so als Beginn meiner Challenge. Denn den Tag über muss ich ja am Roman schreiben und habe keine Zeit, um auszumisten. Das würde ja auch Tage oder Wochen dauern. Und genau aus diesem Grund habe ich es immer vor mir hergeschoben.

Und so richtige Lust hatte mein Mann nun auch nicht, das gesamte Wochenende im Keller zu verbringen und irgendwelchen Kram von A nach B zu sortieren.

Also, am Abendbrottisch verkünde ich der Familie, dass meine Rumpel-Challenge beginnt. Mittelbegeisterte Gesichter und keiner glaubt mir so recht, dass ich das durchziehe. Ich erzähle ihnen von Marie Kondo und … werde unterbrochen.

»Marie Kondom?«, will Kind 1 giggelnd wissen.

»Kondo. Ist ja auch egal. Sie ist mega-in. Jaja, eure Mutter sagt euch, was in ist.« Die Kids gucken sich nur zweifelnd an.

Geschickt lenke ich auf ein anderes Thema um, um dann ganz euphorisch zu verkünden, dass wir heute Abend zusammen eine neue Netflix-Serie gucken. Die Kids freuen sich. Bis ich ihnen sage, dass es diese Aufräumserie ist, die so in ist. Aber immerhin sind es bewegte Bilder und so gucken sie, auch weil ihre Mutter kein Pardon kennt, ein bisschen mit. Wir lernen: Amerikanische Hausfrauen mit Kleinkindern zermartern sich, weil es in ihrer Wohnung nicht perfekt aufgeräumt aussieht. Wobei es wirklich nicht schlimm aussieht. Meilenweit davon entfernt, ein Messie-Haushalt zu sein, wirklich. Die Arme in Folge 1 tut mir richtig leid, weil es sie wirklich zu bedrücken scheint. Sogar ihre Beziehung leidet darunter. Das ist natürlich wirklich ein Argument, etwas zu ändern. Denn nur weil die Socken im Wohnzimmer verteilt liegen, sollte eine Liebe nicht sterben.

Von Marie Kondo lerne ich, dass man auf sein Bauchgefühl hören sollte, welche Dinge ein Glücksgefühl in einem auslösen und welche nicht. Die, die es nicht tun, kann man entsorgen. Bei denen, die es tun, juchzt sie auf. Okay, juchzen kann ich. Das ist doch schon mal ein guter Tipp.

Nach ihrer Methode sollen zuerst die Kleidungsstücke aussortiert werden, dann die Bücher, die Papiere, zuletzt die Erinnerungsstücke. Bis man sein ganzes Leben vom Chaos befreit hat und zufriedener ist.[75] Klingt gut.

Fakt ist, ich bin angefixt. Und meine Kids tatsächlich auch ein bisschen, zumindest sind sie gespannt, ob ich ihr Kinderzimmer aufräume oder nicht. Die beste Voraussetzung, die Rumpel-Challenge zu meistern.

Ich nehme mir vor, am nächsten Tag ein paar Schachteln zu kaufen, wie von Marie Kondo empfohlen. Um mehr System in meine Schränke zu bekommen. Mit dem Kleiderschrank will ich anfangen, komme aber am nächsten Tag irgendwie nicht dazu, weil ich erst meinen Roman weiterschreiben, mit dem Hund Gassi gehen und einkaufen muss. Da ich mich immer gern von Facebook ablenken lasse, entdecke ich just an diesem Tag die Gegenbewegung, angeführt von einer Autorenkollegin.

»Faule Frauen« nennen sie sich. Frauen, die sich über diesen Zwang, perfekt zu sein, aufregen. Die ihre Kleidungsstücke nicht perfekt zusammengerollt in Kästchen legen möchten. »Faule Frauen« ist mir sehr sympathisch. Ich mag es sowieso nicht, jedem neuen Trend hinterherzulaufen, rechtfertige ich mich vor mir selbst. Zumindest kann ich mir nicht vorstellen, jede Unterhose einzurollen, so wie es von einem perfekten Haushalt nach Marie Kondo verlangt wird.

Okay, es gibt ja noch einen Mittelweg. Den muss es geben, denn ich muss und will ja schließlich herausfinden, ob es zufriedener macht, wenn man sein Zeugs entrümpelt.

Bei meiner Rumpel-Recherche stelle ich fest, dass es wahnsinnig viele Aufräummethoden und Tipps im Netz gibt, ganze Bestseller darüber. Ein bisschen ähneln sich die meisten Methoden und ich ziehe mir das am logischsten Klingende heraus. Schön finde ich die buddhistische Methode, dass Saubermachen der Seele dienen soll. Das Prinzip ist: neu gegen alt. Für jedes Teil, das du neu kaufst, musst du ein altes wegwerfen. Loslassen soll der Schlüssel zum Glück sein.[76] Ommm, denke ich. Viel weniger Krempel wird es dann aber nicht. Nur immer gleich viel. Also muss ich erst mal eine radikalere Methode anwenden.

Es gibt noch eine japanische Ausmist-Queen. Hideko Yamashita, Ausmist-Coach und Buchautorin. Sie empfiehlt die 12:12:12-Methode. Ein Dutzend Sachen wegwerfen, ein Dutzend spenden und ein Dutzend dem eigentlichen Besitzer zurückgeben. Sie meint, auf Wegwerfen (Sha) und Verzicht (Dan) folgt die große Freiheit (Ri).

Das heißt, ich könnte mich nicht nur glücklich, sondern auch frei fühlen? Verlockend.

Dann gibt es noch ein »Minimalismus«-Game, das die amerikanischen Blogger Joshua Fields Millburn und Ryan Nicodemus entwickelt haben. Eine 30-Tage-Challenge. An

Tag 1 wirft man eine Sache weg, an Tag 2 zwei … bis Tag 30 dreißig Dinge. Und schwuppdiwupp sind 465 Dinge aussortiert.

Besonders gut gefällt mir auch die Death-Cleaning-Methode. Die Schwedin Margareta Magnusson hat einen Ratgeber geschrieben, dessen Titel eine Wortschöpfung aus den schwedischen Wörtern »sterben« und »Sauberkeit« ist. »Döstädning«[77] heißt er. Denk dran, wenn du stirbst, müssen deine Angehörigen den ganzen Krempel sortieren und entsorgen. Also tu es lieber selbst und jetzt. Sonst wird es peinlich und sie erinnern sich immer an deinen überquellenden Kleiderschrank und deine verwaschenen, ausgeleierten Schlüpfer, wenn sie an dich denken. Behalte das, was dir Freude macht, ist auch hier die Devise.

Am Abend fange ich an und teste erst mal die Kondo-Marie-Methode. Oder eine Mixtur aus allen Methoden, warum auch nicht. Von Marie Kondo habe ich jedenfalls gelernt: Erst einmal alles aus dem Schrank herausnehmen, bis die Fächer leer sind (und man vor einem riesigen Berg im Chaos sitzt und so richtig schockiert ist, was sich da alles angesammelt hat), und dann jedes Teil in die Hand nehmen, überlegen, ob man es wirklich noch anzieht, auf sein Bauchgefühl hören. Ehrlich gesagt gibt es einiges, was ich nicht oder fast nie anziehe. Aber alles wegwerfen? Ich überwinde mich. Atme, fühle in mich hinein, schließe die Augen und … werfe einige Teile, die mich nicht berühren, auf den Altkleiderhaufen. Doch sofort erinnere ich mich an verschiedene Diskussionen meiner Freundinnen und auch an Artikel, dass es eine Wissenschaft für sich ist, wie man seine Altkleider am besten entsorgt oder wohin man sie gibt. Ich reiße die Augen wieder auf. Altkleidercontainer gehören der Mafia, fällt mir ein. Da werfe ich es auf keinen Fall hinein. Obwohl, ein paar Betreiberfirmen sollen ja okay sein. Nur welche? Ich vertage das Problem und der Haufen mit den Altkleidern wird immer größer. Tatsächlich fühlt es sich gut an. Das Fach mit den T-Shirts habe ich schon geschafft, sie liegen jetzt übersichtlich da und lächeln mich an. Jetzt kommen die langärmeligen Oberteile dran. Und ja, es macht zufrieden. Die schönen Teile, die ich mag und anziehe, lege ich wie gewohnt zusammen (nein, nicht wie Marie Kondo. Ich bin eine berufstätige, rebellische Mutter, ich habe keine Zeit dafür und will mich auch nicht verbiegen.). Und nach einiger Zeit sind schon einige Fächer viel hübscher und leerer als vorher. Der Altkleiderhaufen, der wie ein Hefeteig größer geworden ist, glotzt mich an. Ich bin stolz auf mich. Nur wohin damit weiß ich immer noch nicht und lass ihn erst mal da liegen.

Triumphierend erzähle ich meiner Familie am Abendbrottisch von dem neuen Trend. »Ihr wisst ja, dass eure Mutter weiß, was in ist. Jetzt ist es der Trend der ›faulen Frauen‹.«

Die Kinder juchzen, denn der kommt ihnen auch viel mehr entgegen. Mein Mann zieht eine Augenbraue hoch. Aber als ich verkünde, dass die Kinderzimmer trotzdem noch drankommen, und von meinem gelungenen Experiment »Kleiderschrank« erzähle, lächelt er wieder. »Dann kannst du ja im Keller weitermachen«, sagt er.

»Mach ich. Keine Sorge. Aber erst muss ich shoppen gehen. Ich hab ja fast nichts mehr anzuziehen«, necke ich ihn.

Aber zum Glück habe ich keine Zeit zu shoppen, denn das würde im Moment meine Challenge gefährden. Nachdem ich mein Roman-Schreibpensum am nächsten Tag erledigt habe, sehe ich mir den Haufen Altkleider an, der das ganze Zimmer extrem unordentlich wirken lässt. Ich nehme mir einen extra gekauften Altkleidersack und stopfe die Sachen hinein. Wieder ein Schritt in die richtige Richtung. Gutes Gefühl.

Den Sack lasse ich erst mal stehen, weil ich ja nicht weiß, wo ich ihn am besten entsorgen soll. Am liebsten würde ich ja alles an bedürftige Menschen verschenken, aber einige Klamotten sind ganz schön verwaschen, nicht, dass sie sich auf den Schlips getreten fühlen. Ich frage mal ein paar Freundinnen, wie die das machen, beschließe ich.

Derweil mache ich mich tapfer auf in mein Büro. Papierkram kommt als Nächstes. Wie ich das hasse. Ich sortiere die Quittungen, hefte ab, zum Glück kommt das meiste in die Schublade für die Steuer. Unsortiert.

Dann sehe ich mir meine vielen Bücherregale an. Oh weh. Und ich danke der Erfindung des Kindles. Seitdem muss ich keine neuen Regale mehr kaufen. Die Bücher, die ich habe, wurden beim letzten Umzug ausgemistet, das kann ich also überspringen. Die Küche. Die habe ich Gott sei Dank vor ein paar Wochen ziemlich gut aussortiert. Bis auf die Kramschublade. Aber vor der graust es mir. Und man muss ja nicht übertreiben. Eine Kramschublade hat doch jeder.

Ich begebe mich also in den Keller. Dabei scheint draußen die Sonne und ich könnte jetzt gemütlich auf der Terrasse sitzen und einen Cappuccino trinken. Aber nein, ich bin eisern, schreite hinunter und sehe mich um. »Oje.« Auf den ersten Blick ist mir klar, dass ich alles schon einmal durchdacht habe. Was man wegwerfen kann und was nicht. Und dass ich schon mehrmals zu dem Schluss gekommen bin: Kann man alles noch gebrauchen. So komme ich aber nicht weiter, denn der Mann, der den Strom ablesen will, hat sich schon wieder angekündigt, und die Grillsaison kommt auch schneller, als man denkt. Außerdem heißt die Challenge ja auch nicht: »Denk mal drüber nach, was du wegwerfen könntest, und wenn es nichts gibt, lass den Krempel, wo er ist.«

Außerdem bin ich eine starke Frau, entscheidungsfreudig, willensstark, zuverlässig. Wenn ich etwas anfange, ziehe ich es durch.

Der Altkleidersack fällt mir wieder ein. Ich könnte jetzt auch meine Freundin anrufen und fragen, wo sie ihre alten Klamotten entsorgt. Schließlich will ich erst eine Sache fertig ausmisten, dann die nächste. Ich gehe also wieder hoch, mache mir einen Cappuccino (ohne Koffein geht sowieso nichts), nehme das Telefon und setze mich damit in die Sonne auf die Terrasse. Meine Freundin Annika gibt mir sofort recht, dass man bei diesem Wetter nicht stundenlang im Keller wühlen sollte. Wo sie ihre Altkleider entsorgt, hilft mir nicht weiter, denn sie gibt sie einer Kollegin, die sie mit nach Polen in ein dortiges Frauenhaus nimmt. Ich schlage vor, sie soll da mal nachfragen, ob noch jemand etwas braucht. Sie verspricht es, das wird aber dauern. Und so lange wird der Sack hier stehen. Auch keine Lösung. Wir quatschen noch etwas, tauschen uns über alles Mögliche aus und als Annika weiterarbeiten muss, schwant mir, dass ich wieder in den Keller muss. Zuvor muss aber der Hund raus, fällt mir ein, und auf der Hundewiese treffe ich viele nette Leute. Die Sonne scheint.

So eine Rumpel-Challenge soll ja auch glücklich machen und ich bin froh, dass ich alles so gut gewuppt bekomme. Als dem Hund schon die Zunge heraushängt vom Herumtoben, mache ich mich auf den Weg nach Hause. Ich reiße mich zusammen, gehe zurück in den Keller und denke wieder: Oje.

Dann fange ich einfach an. Regal für Regal ziehe ich alles heraus. Der Schockmoment ist wichtig, damit man sieht, wie viel man hat. Dann nehme ich jedes Teil einzeln in die Hand, spüre in mich hinein, ob es mich erfreut, denke darüber nach, lächele bei meinen Erinnerungen, sortiere, höre auf meinen Bauch, werfe weg oder juchze und freue mich. Dass hier im Keller so viele Erinnerungen lagern, war mir gar nicht bewusst. Und es ist ja klar, dass man Dinge, an denen man hängt, nicht wegwirft, also habe ich kein schlechtes Gewissen, einiges auch zu behalten.

Jeden Spätnachmittag nach dem Schreiben, immer circa für eine halbe Stunde, begebe ich mich die folgenden Tage in den Keller. Das ist nicht viel, aber immerhin, hier im Keller sieht man das Chaos ja nicht jeden Tag. Denn wenn man erst einmal alles herausreißt, sieht es natürlich schlimmer aus als zuvor. Glücklicherweise habe ich noch andere Aufräumtipps bei meiner Ausmist-Recherche gelesen. Schließlich will ich ja nicht nur einer Japanerin und ein paar Bloggern glauben, sondern mir die besten Tipps von allen zusammensuchen. Beziehungsweise euch. Dafür habe ich lange gegoogelt, mir die unterschiedlichsten Tipps durchgelesen. Die, die am besten klingen, will ich für meine Challenge nutzen: Aufräumen in kleinen Einheiten, lautet eine davon. So kann man seinen inneren Schweinehund besser überwinden.[78] Da ist ganz klar was dran, wenn ich an meinen gemütlichen Schweinehund so denke. Ich erinnere mich an weitere Tipps: Alles hat seinen Platz und kehrt dorthin wieder zurück. Klingt gut. Würde bestimmt auch meinem Mann gefallen, der jeden Morgen nach seinem Schlüssel sucht. Und noch ein Tipp, der mich überzeugt hat: der aufgeräumte Boden. Wenn nichts oder kaum etwas auf dem Boden herumliegt, dann sieht es schon viel frischer und aufgeräumter aus. Ich denke an die Kinderzimmer, an die Schmerzen, die Eltern erleiden müssen, wenn sie im Halbdunkeln auf kleine Legosteine oder Playmobil-Frisuren treten.

Notiz am Rande: Offenbar haben die Shaker, eine amerikanische Religionsgemeinschaft aus dem 19. Jahrhundert, diesen aufgeräumten Boden sogar so weit betrieben, dass sie einfach jeden Gegenstand an die Wand gehängt haben. Es gab für alles einen Haken. Für Besen, Töpfe, sogar Stühle.

Ich sehe mich kurz darauf in unserem Keller um. Fahrräder hängen manche ja wirklich im Keller an die Wand. Wobei es mir immer ein Rätsel ist, wie man diese wieder herunterbekommen will, ohne vom Fahrrad oder den aufgetürmten Kisten daneben erschlagen zu werden. Und ich überlege, wie ich die kleinen Lauflernschuhe meines Großen, die ich gerade verträumt in der Hand halte, an die Wand nageln müsste, oder die Apfelkiste, in der unsere Äpfel überwintern sollen. Oder den halb vollen

Malereimer. Spätestens jetzt wische ich diese Überlegungen beiseite, wenn ich mir vorstelle, wie die Farbe zu Boden tropft, die Äpfel hineinkullern und ich die ganze Sauerei wegmachen muss.

Ich eröffne ein Erinnerungsregal. Ein Sommersachenregal. Ein Wintersachenregal. Ein Mein-Mann-hat-auch-ganz-schön-viel-Kram-von-früher-Regal, ein Küchenkrempel-Regal, mein Regal, ein Handwerker-Regal und eine Wäscheecke. Das ist meine Methode.

Dann frage ich mich, warum ich das eigentlich allein mache. Noch ein Tipp war nämlich, zu zweit aufzuräumen. Ich will schon nach meinem Mann rufen, doch dann klappe ich meinen Mund wieder zu. Denn ich erinnere mich wieder, dass er alles einfach wegwerfen würde, und ich bin froh, die alleinige Macht hier unten zu haben. Die Macht ist mit mir. Außerdem ist es ja meine Challenge.

Annika ruft an. Sie hat einen tollen Tipp, wie ich die Klamotten, die ich weggeben will, loswerden kann. Es gibt eine Seite namens www.platzschaffenmitherz.de, dort kann man sich entscheiden, welches Projekt durch die Kleiderspende unterstützt werden soll, dann kann man einen Paketschein ausdrucken, den Boten bestellen und der holt dein Päckchen dann ab. Perfekt. Die Caritas, Flüchtlingsheime, die Arche und andere Einrichtungen freuen sich bestimmt auch, aber das hier klingt noch einfacher. Charly ruft aus Schweden an und hat noch eine Idee. Aus vielem kann man Neues schaffen. Zum Beispiel aus alten T-Shirts Beutel nähen. Wenn man gerne näht, wende ich ein, was ich nämlich nicht tue. Trotzdem. Recycling klingt toll, aus alt mach neu, da sind der Fantasie keine Grenzen gesetzt.

Nach mehreren Tagen habe ich das Undenkbare geschafft und einiges doch tatsächlich nach langem Zögern weggeworfen, Päckchen zum Spenden gepackt und eine Ecke mit Sachen für den Flohmarkt bestückt. Auch wenn wir bisher nur einmal auf dem Flohmarkt verkauft haben, vorgenommen habe ich es mir schon öfter. Aber dann denke ich an regnerische Sonntage und früh aufstehen und lasse es wieder. Allerdings hatten die Kinder das letzte Mal Spaß daran und ich muss nicht sofort alles wegwerfen, was ein Glücksgefühl in meinem Bauch auslöst. Denn eigentlich löst jedes abgelegte Teil der Kinder in mir gute Gefühle und Erinnerungen aus.

Zufrieden und glücklich steige ich am letzten Tag, als ich happy bin mit meinem Werk – auch wenn man es noch perfekter machen könnte, aber ich finde, es reicht – aus dem Keller empor, wie Phönix aus der Asche. Mein Mann pustet mir eine Staubwolke aus dem Haar, zupft eine Fussel von meinem Shirt, nimmt mich in den Arm und sagt: »Du strahlst ja richtig.«

Und ich nicke und sage: »Es befreit wirklich, sein Leben auszumisten.« Dabei gucke ich ihn provozierend und vielsagend an, und wir lachen. Nein, ihn will ich nicht entsorgen, auf keinen Fall. Und dann gönnen wir uns einen Kuchen, denn das soll man auch, sich am Schluss belohnen. Und das ist, denke ich, der allerbeste Tipp, als ich genüsslich in die französische Aprikosentarte beiße, die ich schon vorsorglich gebacken habe. Backen ist ein kleines Hobby von mir und Hobbys können übrigens auch glücklich machen.

DIE WICHTIGSTEN AUSMIST-METHODEN

Die Marie-Kondo-Methode: 1. Behalte nur Dinge, die ein Juchzen in dir erzeugen, dir Freude machen. Hör auf dein Bauchgefühl. 2. Miste nicht nach Räumen, sondern nach Kategorien aus: zuerst deine Kleidung, dann Bücher, Papiere, Kleinkram und zum Schluss Erinnerungsstücke. 3. Jedes Teil bekommt einen festen Platz und kommt immer wieder dorthin zurück. 4. Kleidungsstücke werden klein gefaltet und so einsortiert, dass man sie sofort sieht und nicht alles durchwühlen muss.

Die Death-Cleaning-Methode: Stell dir vor, du bist tot und deine armen Hinterbliebenen müssen deinen Pröddel aussortieren. Peinlich. Also komm ihnen zuvor und behalte nur das, was du magst.[79]

Buddhas Methode: Der Gute hat es schon lange erkannt: Ein erfülltes Leben hat nichts mit Überfüllung zu tun. Hau weg das Zeug – dann wirst du glücklich. Und wenn du was Neues kaufst, muss ein Teil weg.

ALLGEMEINE AUSMIST-TIPPS:

1. Aufräumen in kleinen Einheiten ist gut, um deinen Schweinehund zu überlisten.

2. Der aufgeräumte Boden: Wenn nix auf dem Fußboden liegt, sieht es schon viel hübscher aus.

3. Belohne dich nach dem Mist, also dem Ausmisten, meine ich. Kuchen, Kaffee, Schoko oder so.

Fazit der Rumpel-Challenge: Ja, Entrümpeln tut gut, ich fühle mich befreit und Frau ist tatsächlich stolz und glücklich. Und frei nach Dieter Moor: Was ich nicht habe, brauche ich nicht[80].

ERPROBTE GLÜCKSTIPPS FÜR DEINE FAULBÄRZEIT

CHILL MAL ODER PROBIER DICH AUS. WETTEN, DASS NOCH VIEL MEHR IN DIR STECKT?

CHARLY: HOBBY ODER HOBBIT?

Wenn dich der Flow packt und in eine ganz eigene Dimension von Glück schmeißt. Kinder sind Weltmeister im »Flowen« – du kannst dich also ruhig auch trauen!

Beim letzten Umzug habe ich meine kompletten Bücher aussortiert und nur die wichtigsten behalten, was dann doch noch so 35 Kisten füllte. Dabei bin ich auch wieder auf einen meiner alten Schätze gestoßen: »Der kleine Hobbit« von J. R. R. Tolkien.

Hobbit macht mich glücklich. Definitiv! Seit ich ein Kind von nicht einmal zehn Jahren war, ist dieser Fantasy-Roman ein fester Bestandteil meines Lebens, in meinem Denken und in der mir ganz eigenen Wertevorstellung.

Wenn ich in der wilden Natur unterwegs bin und über Waldwurzeln stolpere, denke ich oft an Bilbo; wenn ich im steinigen Gebirge den Blick schweifen lasse, fühle ich mich den Protagonisten aus »Der Herr der Ringe« nah. Schon immer begleiten mich in meinem Alltag Figuren aus den Büchern, die ich ganz arg dolle liebe. Ob es Asterix und Obelix sind, Petzi, Ronja Räubertochter oder Sherlock Holmes. Sie bestimmen auch zu einem Teil mit, was ich mag und was nicht. Und ja – Lesen ist mein Hobby Nummer eins. Weil es immer geht. Ob ich krank bin, fröhlich, verheult, unterwegs, in der Sonne, im Schnee, beim Stillen oder in der Badewanne. Lesen macht meine Welt bunter und lässt mich in andere Universen reisen, an Abenteuern teilnehmen und zeigt mir neue Wege, das Leben und seine Menschen zu nehmen. Oder eine Ausflucht in Parallelwelten.

Aber nie wieder haben mich Bücher so weggeflasht wie als Kind.

Woran das wohl liegen mag?

Klebeglitzernagel meinte auf diese Frage ganz trocken: »Weil dein Hirn noch nicht so vollgestopft war, wie es heute ist. Ist doch klar, du hast als Erwachsene mehr To-do-Listen im Kopf als Liebhaber auf der Bettkante.«

Tja, das mit den vielen To-do-Listen mag ja stimmen. Aber immer noch üben Bücher eine Faszination auf mich aus. Einer der ersten Schritte hier in Schweden war, eine Bibliothekskarte zu besorgen. Auch wenn sich meine Ausleihen noch auf Kinderbücher beschränken, die ich dank der Bilder immerhin ein bisschen verstehe.

Aber nicht nur ein freier Kopf ist ein Garant für ein intensiveres Abtauchen in Abenteuergeschichten. Ich glaube, dass wir als Kinder vieles ganz anders wahrgenommen haben. Dass Kinder überhaupt vieles ganz anders wahrnehmen und auch glücklicher sind. Was hatten wir als Kinder, was wir jetzt nicht mehr haben?

»Windeln«, meinte Smokie und fügte »Schnuller« hinzu.

Bei solchen Freundinnen schreibt sich das Buch ja fast von allein. Ironie off. Mich interessiert natürlich, welche Eigenschaften wir uns von den Kindern abschauen können, um ebenso glücklich zu sein.

Es gibt Artikel und Bücher, die sich mit diesem Thema beschäftigen und tatsächlich auch so ähnlich heißen: Was können wir von Kindern lernen?

Ganz vorne steht die Fantasie:

Mit Kopf und Kragen komplett einmal abgetaucht in eine selbst erschaffene Welt. Einmal auf dem Rücken von Dinosauriern reiten, mit Legopiraten auf Kaperfahrt gehen, mit Ameisen Baumstämme in den Ameisenbau wuchten, das Innere einer Puppenstube mit den neuesten Möbeln bestücken, Türme bauen, die zum Wolkenpalast einer megastarken Supergirlfamilie führen.

Ich muss gestehen, dass ich als Autorin diesen Flow tatsächlich kenne, auch wenn manche Menschen bezweifeln, dass es so etwas überhaupt gibt. Ich tauche regelmäßig in eine Parallelwelt ein und werde gepackt. Und liebe es. Wenn ich Geschichten erfinde, dann entwickeln diese irgendwann eine Eigendynamik. Die Figuren machen ganz andere Dinge, als ich erwartet hätte, und bringen manchmal einen Freund oder eine Freundin mit, die ich gar nicht eingeplant hatte. Wie einen ungeladenen Gast auf eine Party. Ob dieser dann den Laden rockt oder eher stört, stellt sich meistens erst später heraus. Abends freue ich mich bereits darauf, am nächsten Tag wieder abtauchen zu können, und habe das Glück, quasi mehrere Leben nebeneinander zu führen. Dieses Gefühl stellt sich allerdings auch ein, ohne selbst zu schreiben – oft schon beim Lesen. Kennst du das auch? Wie ist das bei dir?

Dieser sogenannte Flow ist mitverantwortlich für das Glücksgefühl, das sich entwickelt, wenn du ganz in einer

Sache aufgehst, wie es bei Hobbys oder einer für dich interessanten Arbeit der Fall sein kann. Der Begriff *Flow* stammt von Mihály Csíkszentmihályi, der an der University of Chicago als Glücksforscher und Psychologieprofessor arbeitet, und bedeutet übersetzt »Fließen« oder »Strömen«. Csíkszentmihályi hatte mehrere Hundert Menschen befragt, die als Beruf ihr liebstes Hobby oder ihre größte Leidenschaft ausübten, ob Maler, Chirurg oder Athlet, und festgestellt, dass diese Leute alles dafür tun, um immer wieder in diesen Flow zu gelangen. Seine Untersuchungen wurden weltweit auf viele Tausend Menschen ausgedehnt und führten zu interessanten Ergebnissen, die dieses Kapitel sprengen würden. Du kannst sie in seinem Buch »Flow, das Geheimnis des Glücks«[81] finden und dich näher damit beschäftigen. Wenn Menschen im Einklang mit dem sind, was sie auch im Alltag als Beruf ausüben, wenn sie das Ganze sportlich angehen, wie bei Challenges, oder sich in ihren Aufgaben verlieren können, weil sie reizvoll und spannend sind, dann kann ein Flow-Gefühl entstehen und die Menschen empfinden sogar ein Glücksgefühl bei der Arbeit. Ein überraschendes Ergebnis aus dem Buch war, dass Menschen, die etwas tun, was sie gerne machen, ihre Freude dabei mit fast identischen Worten beschreiben. Ob es der Bergsteiger ist, der Schachspieler oder jemand, der meditiert oder musiziert, ob Reich oder Arm, Jung oder Alt, Nepal oder New York. Das Gefühl der Freude ist bei allen gleich, nur die Auslöser sind unterschiedlich.

Wie kannst du in so einen Flow gelangen?

Wenn du einen eher trockenen und nüchternen Job hast, dem Fantasie abträglich ist, zum Beispiel weil die Zahlen auf zehn Stellen hinterm Komma stimmen müssen, dann kannst du deine Faulbärzeit nutzen, um deine Fantasie zu vertiefen. Tauche mit Kindern – eigenen oder »geliehenen«, siehe Kapitel 5 »Ein Kind als Glücksgarant für dein Leben?« – einfach mal gemeinsam in ihre Welten ab. Schnapp dir den Superman-Umhang und fliege über die regennassen Dächer der Nachbarschaft. Oder du holst mal wieder die angestaubten Brettspiele heraus und schaltest die Handys aus. Es gibt viele Weisen, den inneren Fantasie-Schweineigel anzustupsen, damit er ins Tanzen gerät. Ins unendliche Wirbeln, das die von dir gesteckten Grenzen mit Leichtigkeit durchbricht. Und einfach zu sagen: »Ich bin halt nicht kreativ«, ist leider eine faule Ausrede, das haben einige wissenschaftliche Studien belegt. So sagt auch Hirnforscher Professor Ernst Pöppel, dass jeder Mensch kreativ ist![82] (Er rät übrigens dazu, dass die Menschen, die kreativer werden wollen, mehr Sport machen und das Multitasking sein lassen sollen.)

Denkst du, dass dein kreatives Potenzial schon ausreichend ausgereizt wird, oder suchst du nach etwas Neuem? Was für ein Typ Mensch bist du, was passt zu dir oder solltest du etwas Ungewöhnliches ausprobieren? Ich habe ein paar Fragen zusammengestellt, die dir bei der Entscheidung helfen sollen:

Bist du gerne mit Menschen zusammen oder bevorzugst du dein stilles Denkerkämmerlein? Findest du einen Waldspaziergang verlockender als einen Stadtbummel? Fallen dir beim Anblick von Farbstiften grässliche Schulunterrichtstunden im Fach Kunst ein oder juckt es dich in den Fingern, eine Leinwand zu verschönern? Schwitzt du gerne mit oder ohne Musik? Isst du lieber oder bist du der Koch, der bestimmt, wo der kulinarische Zug entgleist? Stehen Museen in jedem Urlaub auf dem Programm oder geht es eher in die Kinos?

Was hat dich als Kind glücklich gemacht und warum ist es auf der Strecke geblieben? Liegen alte Talente brach, die nur auf eine Wiederbelebung warten? Was machen Freunde oder Bekannte von dir, was dich schon lange reizt? Figuren aus Filmen oder Büchern? Was wird konkret in deiner Umgebung angeboten, was kannst du gut erreichen, um ganz pragmatisch auch zu schauen, was möglich ist?

Ergänze spontan folgende Sätze:

Wenn ich von der Arbeit komme, dann würde ich gerne …
Am Wochenende genieße ich es, zu …
Ich mag beim Sport am liebsten …
Wenn ich in ein Museum gehe, dann nur, wenn …
Mit einem Stift und Block fange ich Folgendes an: …
Wenn ich Zeit habe, dann koche ich gerne …
Musik bedeutet für mich …
Als Kind habe ich in meiner Freizeit besonders gerne …

Na, haben die Fragen bei dir etwas ausgelöst? Ich hoffe zumindest, dass es kein Gähnen war.

Übrigens ist es egal, mit was du dich beschäftigen wirst, ob du auf neue Menschen in einem Verein triffst oder über einen Fernkurs Comiczeichnen ausprobierst, es wird auf jeden Fall eine Bereicherung darstellen und deinen kreativen Horizont erweitern. Und wenn du denkst, dass du sportlich nix reißen kannst, dann probiere doch einfach etwas aus, das dir entgegenkommt. Rennst du nicht gern – dann mach Karate, bist du zu langsam für Tennis, dann versuche Minigolf. Wetten, dass du gar nicht weißt, was es alles für Möglichkeiten in deiner Umgebung gibt? In Kleinstädten gibt es Gemeindeblätter, die über das Vereinsleben Auskunft geben (oder frage im Rathaus nach), ansonsten gibt es zum Beispiel im Sportbereich Verbände, wie den Volleyballverband, der für deine Region die nächstgelegenen Trainingsmöglichkeiten aufzeigt. Oder gehe direkt zu einer Sporthalle und studiere die Aushänge, blättere in den Angeboten der Volkshochschule, recherchiere im Internet, und wenn du Glück hast, kennst du jemanden, der dein zukünftiges Hobby bereits betreibt und dich an die Hand nimmt. Zumindest so lange, bis du eine Probestunde absolviert hast und überlegst, ob das für dich taugt. Dann kannst du die Hand wieder loslassen. Übrigens sind Vereine sehr zu empfehlen, wenn das Haushaltsgeld auch am Monatsende noch für einen Einkauf reichen soll, da Vereinsbeiträge kostengünstiger sind als private Anbieter. Somit kann man als Musikfan auch besser bei einem Orchester anklopfen, ob sie Neumusikanten aufnehmen, als gleich auf Privatunterricht zu setzen (oft finanzieren Orchester auch Unterrichtsstunden mit oder stellen die Instrumente). Vielleicht sprichst du das Thema auch mal in einer Mittagspause an und hörst, was die lieben Kollegen so in ihrer Freizeit treiben? Es sind bestimmt interessante und unerwartete Dinge dabei!

Natürlich gibt es Hobbys, die einfacher ein Flow-Gefühl zulassen, wie Spiele (ob sportlicher Natur oder Brettspiele), Kunst oder Musik – diese Bereiche helfen, laut Mihály Csíkszentmihályi, in deinem Kopf eine Ordnung herzustellen. Hört sich lustig an, oder? Als ob in deinem Gehirn ein Flohmarkt herrscht und durch Joggen werden alle Einzelteile an den richtigen Platz gerüttelt. Aber so ähnlich sieht es tatsächlich in uns aus. Wir sind durch Alltag, Pflichten, Sorgen so überladen, dass wir gar nicht atmen können. Loslassen passiert automatisch im Flow. Und dadurch entsteht Raum, auch sich selbst ein Stück näherzukommen.

Nichtsdestotrotz kann man dieses Glücksgefühl natürlich auch bei allen anderen Beschäftigungen erleben. Eingefahrene Pfade zu verlassen ist eine weitere Möglichkeit, Gedanken und Ideen anzukurbeln. Ganz praktisch umgesetzt: Nimm doch mal einen anderen Weg zur Arbeit, fahre vielleicht ein Stück mit dem Fahrrad und dann Bus anstelle des Autos. Oder verbringe deinen nächsten Urlaub auf ungewohnte Weise: zum Beispiel statt Hotelurlaub Wandern gehen oder statt Wandern in eine Stadt, statt Kultur Sport und anstelle von Sport mal Töpfern buchen. Oder einen Film schauen, der so gar nicht zu deinem eigentlichen Geschmack passen will, oder ein neues Hobby beginnen. Wie wäre es mit Kochen (da kannst du gleich neue

Gewürze ausprobieren), Roller fahren, Malen, Löten oder einen Bonsaibaum nebst Minigarten pflegen?

Als ich vor zig Jahren nach Oslo gezogen bin, erwartete mich die Herausforderung, eine neue Sprache zu erlernen, wodurch ich einen ganz neuen Zugang zur Sprache im Allgemeinen bekam. Im Norwegischen heißt Schmetterling *sommerfugl*, was wörtlich übersetzt *Sommervogel* heißt. Mein absolutes Lieblingswort. Pure Poesie. Seitdem schaue ich mir Worte genauer an – was darin so versteckt ist. Wie in dem Wort Giraffe ein kompletter Affe steckt oder in Überzeugen der Zeuge, oder ist dir schon mal aufgefallen, dass in Nudelauflauf zweimal das Wort Lauf steckt? Übrigens sind die Skandinavier sehr sprachaffin, Englisch reden bereits die Kinder wie selbstverständlich, was daran liegt, dass alle Filme und Serien in der Originalsprache mit Untertitel gezeigt werden. Auch eine gute Anregung, mit Gewohnheiten zu brechen. Wie wäre es mit Russisch lernen, parallel zur Lieblingsserie?

Aber macht Kreativsein auch glücklicher? Schwierige Frage.

»Was ist denn kreativer?«, meinte Smokie auf meine Frage. »Einmal quer durchs Kamasutra kann auch kreativ sein. Oder wenn ich mir zur Abwechslung eine andere Tabaksorte kaufe und mit links drehe. Oder …«

»Nein, Mensch, ich meine halt richtig kreativ, wenn du auf andere Ideen kommst.«

»Du meinst, wenn ich versuche, im Stehen zu pinkeln, so als Frau?«, unterbrach Adilette und erzählte voller Elan von einer Erfindung, die Frauen so etwas tatsächlich erlaubt. Wenn man zum Beispiel in einer Extremsportsituation nicht mal hinter einem Busch verschwinden kann mit Röckchen hoch. Die Erfindung selbst sieht aus wie ein langer Plastiktrichter.

Ich stöhnte genervt. Wie war das mit: »Wenn man beste Freunde hat, braucht man keine Feinde«?

Klebeglitzernagel rettete mich. »Ich weiß genau, was du meinst. Ich kleidete mich früher ausschließlich in Schwarz, zum einen, weil ich die Raver in der Disco so sexy fand, vor allem aber, weil ich mich nicht traute, eine Farbe zu tragen. Und schau mich jetzt an.«

Wir anderen vier klatschten geschlossen Beifall. Papagei wäre das treffende Stichwort, wenn man Klebeglitzernagel beschreiben wollte.

Sie fuhr fort: »Farbe hat viel in meinem Leben bewirkt. Nicht nur, dass ich als Dekorateurin damit arbeite, sondern ich kann dadurch viel mehr ausdrücken. Stimmungen wiedergeben, versteht ihr, was ich meine?«

Wir nickten. Auch wenn es nicht alle verstanden, aber keine hatte Lust auf einen Vortrag über den Job Dekorateurin, das hätte sonst einige Stunden gehen können.

Klebeglitzernagel schaute uns misstrauisch an und zeigte auf Euli: »Na, was meine ich wohl damit?«

Euli schreckte aus einem Tagtraum auf. »Ja?«

»Ja?« Klebeglitzernagel näherte sich bedrohlich.

»Dass du kreativer sein kannst mit den Farben. Ist doch klar. Und wenn man sich besser ausdrücken kann, macht das glücklich. Genauso, wie wenn du dich jetzt von mir verstanden fühlst. ›Spiegelneuronen‹ sag ich nur.«

Ich nickte und war baff. Euli sollte in die Politik gehen, sie wusste meistens die passenden Antworten, ob sie zugehört hatte oder nicht. Und ich sollte wohl mal nachschlagen, was Spiegelneuronen sind, das hatte sie doch schon mal in einem Gespräch fallen lassen. (Und du kannst das im Kapitel 24 »Die Kunst, dankbar zu sein« nachlesen.)

Ich denke wie der Hirnforscher Professor Ernst Pöppel, dass jeder Mensch kreativ sein kann. Die Frage ist nur, wobei – und nein, verschiedene Sitz- und Liegepositionen auf der Couch zähle ich nicht dazu. Aber ob du dich im Garten austobst (dazu noch mehr von Anja im Kapitel 15 »*Die Garten-Challenge*«) oder malst, schreibst, hämmerst, knetest. Es gibt Kurse für Schreinern, Kalligrafie, Silberschmieden, Skateboardfahren für Erwachsene, Blumengestecke machen – eigentlich für fast alles, was dich interessieren könnte. Ob in der Schreibschule oder der Volkshochschule, der Aushang am Bastelladen oder im Supermarkt: Fündig wirst du an vielen Orten. Selbst einfache Beschäftigungen, wie Häkeln, Kreuzworträtsel lösen, Malen (also einfach im Sinne der Beschaffung der Utensilien) oder Blockflöte spielen, lassen uns laut einer weiteren Studie[83] auf lange Sicht glücklicher leben. Sie hat herausgefunden, dass die Teilnehmer umso zufriedener wurden, je länger sie etwas kreativ gemacht hatten.

Übrigens erlauben die Glücksforscher dir auch, Ruhepausen einzuplanen, Phasen des Nichtstuns für Tagträumereien. Wenn du nur von einem Termin zum nächsten hektikst, gibt das nicht nur Falten, sondern zieht dir auch die ganze Energie. Blöd, nicht? Einerseits bringen neue Betätigungsfelder in dein Leben neuen Schwung, Anregungen und Flow-Erlebnisse, andererseits tut es deinem Körper gut, auch mal alle viere von dir zu strecken. Ohne Handy und ohne To-do-Liste. Einfach mal spazieren gehen, um spazieren zu gehen. Oder aus dem Fenster träumen. Aber ich bin mir sicher, dass du beides gut hinbekommst. Tagträume sind schon in Minutenlänge möglich und Hobbys können auch nur eine halbe Stunde am Tag verschlingen. Versuche doch mal, Gedichte zu schreiben, die Tasse vor deiner Nase zu skizzieren oder bastele aus alten Dingen was Neues, wie aus Pistazienschalen Kettenanhänger (na ja, vielleicht nicht gerade das). Und wenn du deinem Liebsten eine wissenschaftliche Ausrede fürs Nichtstun aufs Frühstücksbrot schmieren willst: Wissenschaftler haben herausgefunden, dass dem Gehirn beim Nichtstun Dinge einfallen, auf die es sonst nie kommen würde, da es ja mit anderen Dingen beschäftigt ist. Okay, das ist jetzt nicht die tollste aller wissenschaftlichen News, dafür hat es einen englischen Fachbegriff bekommen: *default network*[84]. Sollte dir also etwas ums Verrecken nicht einfallen, dann schau einfach aus dem Fenster.

Wenn du sehen willst, wie Flow funktioniert, dann beobachte doch einmal Kinder beim Spielen. Das ist das schönste Beispiel. Kinder sind nicht nur glücklich, wenn sie ihre Fantasie ausleben oder etwas kreativ gestalten können. Sie haben auch einen ganz eigenen wertfreien Blick für Kleinigkeiten, die sie froh stimmen. Dies ist dem Umstand geschuldet, dass es kleine unbefangene Geschöpfe sind, die frei raus das sagen, was sie denken, und nicht in Vorurteile verstrickt sind wie wir Erwachsene. So spricht in dem Märchen »Des Kaisers neue Kleider« von Hans Christian Andersen auch einzig ein kleines Kind aus, was sich sonst keiner im Volk zu sagen traut. Nur müssen wir uns nicht gleich nackig machen, um den Blick fürs Große sowie auch fürs Kleine zu ergründen. Es reicht schon, sich das andere Schauen ganz bewusst vorzunehmen: Mal mit offenen Augen durch die Straße gehen, vor einem schmiedeeisernen Tor oder einer schönen Holzschnitzerei stehen bleiben und einfach wahrnehmen, was man da gerade sieht. Das erinnert dich an die Achtsamkeitsübungen aus Kapitel 10? Stimmt genau. Der Hinweis und ein Zitat von Pablo Picasso seien mir noch gestattet:

> *»Jedes Kind ist ein Künstler. Das Problem ist nur, ein Künstler zu bleiben, während man erwachsen wird.«*

Während Klebeglitzernagel sich als Erwachsene den Traum erfüllte, Harfe spielen zu lernen (ihre Nachbarn sind ältere Menschen, die Gerüchten zufolge bereits etwas taub sind), startete ich tatsächlich vor fünf Jahren das Projekt Klavier lernen und es macht einen saumäßigen Spaß. Ich hatte ein gebrauchtes Klavier geschenkt bekommen (ein Kindheitstraum erfüllte sich!) und was ich aus der Kindheit noch bewahrt hatte, war, kein Problem mit Misserfolgen[85] zu haben (in diesem Fall zumindest) – ich klimperte denselben Takt durchaus für eine Stunde vor mich hin, bis ich voller Freude endlich den richtigen Ablauf draufhatte. Die anfängliche Ungeschicktheit und das Scheitern am einfachsten Zusammenspiel von rechter und linker Hand sah ich als Ansporn an, weiterzumachen. Augen auf das Ziel richten, Krone auf dem Haupt zurechtrücken und auf geht's! Du kannst das auch!

Adilette berichtete begeistert, wie sie durch das Segeln gelernt hat, loszulassen. »Wisst ihr, ich hab echt Stress. Nicht nur auf der Arbeit, sondern auch zu Hause. Nicht nur, dass die Kleine dann ständig an meinem Rockzipfel hängt und was will, sondern der Gatte hat auch noch Wünsche und nervt und dann muss ich am Wochenende arbeiten, um für Kunden was fertig zu machen und …«

Adilette liebt ihre kleine Familie abgöttisch, aber jede Frau weiß, dass manchmal einfach alles zu viel werden kann. Der Kopf pocht schon morgens nach dem Aufstehen und die Schatten unter den Augen sehen aus wie lebendige Geschöpfe der Nacht. Aber eine Sache zog sie aus dem Schlamassel: das Segeln. Schon zwei Tage würden ausreichen, um den Kopf komplett frei gepustet zu bekommen und festzustellen, dass man nicht alles steuern kann.

»Es ist die Natur, die deinen Rhythmus bestimmt, und der Wind treibt dich über das Wasser wie ein Blatt auf einem See. Die Wellen klatschen gegen den Bug, der Wind säuselt eine eigene Weise und du mittendrin – ein Teil davon.« Ich stellte ein Stück Bananenschokikuchen vor ihre Nase. Wenn Adilette ins Schwärmen gerät, dann hilft nur Kuchen, um sie zum

Schweigen zu bekommen. Obwohl es ja schon goldig klang, wie sie so in Fahrt kam. Wenn das Segeln nicht so teuer wäre, würde ich ja auch gerne mal … mal schauen.

Euli seufzte.

Wir glotzten sie an.

Sie seufzte erneut und erzählte: »Wisst ihr, als ich studierte, hatte ich das coolste Hobby schlechthin.«

»Mäuse melken?«, fragte Klebeglitzernagel mit ihrem unübertroffenen Charme.

»Haha, nein, ich spielte in einer Gruppe Djembe. Das sind diese riesigen Trommeln, ungefähr 60 Zentimeter hoch und oben mit einem Durchmesser von 30 Zentimetern. Stellt euch vor, davon zehn Stück, und wenn alle mit der flachen Hand aufs Fell schlagen, schwingt der komplette Raum mit. Der Boden, die Stühle, dein ganzer Körper schwingt einfach mit und dazu dieser durchdringende Klang. Nach einer Stunde bist du einfach platt und glücklich. Und weil du dich konzentrieren musst, um die Rhythmen nicht zu verpatzen, ist der Kopf natürlich auch frei gepustet.«

Wir schauten Euli verwundert an. So begeistert hatten wir sie bisher meistens nur über Bücher reden hören.

»Eigentlich wollte ich mir immer selbst eine bauen. Es gibt wohl Sets dazu, aber es kam immer etwas anderes dazwischen, und dann bin ich nach dem Studium ja hierhergezogen.«

Klebeglitzernagel schaute sie an. »Weißt du was, wir helfen dir. Besorg dir eine und dann schauen wir mal, wo hier die nächste Trommelgruppe für dich ist, okay? Ich hab richtig Lust bekommen, dir dabei mal zuzuhören.«

Man kann von Glück reden, dass nicht alle Freunde oder Nachbarn auf Trommeln stehen und ihre Trommelgruppe zu Hause üben lassen. Gartenarbeit ist doch auch viel entspannender und definitiv ruhiger. Was sagst du, Anja? Das ist doch was für dich! Buddel mal im Auftrag der Glücksforschung! Aber immer schön um die Maulwürfe drum rumgraben, bitte.

Die Zeit zwischen der Arbeit und dem Zubettgehen nennt man Freizeit und so sollte sie auch genutzt werden: frei. Um einen freien Kopf zu bekommen und sich selbst spüren zu können. Die Vielfalt der möglichen Hobbys ist fast erschlagend und reicht von Sport über Kultur, Kunst, Kochen, Tanzen, Gartenarbeit, Musik bis zur Wissensaneignung auf 1001 verschiedenen Gebieten und bringt uns zudem noch eins: Spaß! Und du triffst neue Menschen, mit denen du dich austauschen kannst, und vielleicht entwickeln sich ja auch Freundschaften daraus! Dank deines Hobbys lassen sich Reizsituationen im Alltag besser wegstecken, da du auch ein Stück für dein Wohlgefühl und Selbstbewusstsein in der Freizeit herausziehst. Vergiss dabei nicht, dich ordentlich für Erfolge zu feiern! In meinem Fall wären das schon die ersten zehn Maschen eines Schals!

Hobbys sind definitiv ein Stückchen Flow-Glück und geben dir abends kurz vor dem Einschlafen das Gefühl, etwas nur für dich getan zu haben.

Kinder gehen nicht nur voller Neugierde auf Neues zu und haben eine Begeisterung dafür, ihre Fähigkeiten zu testen, ohne dass Rückschläge sie aufhalten könnten, sondern sie lehren uns auch, komplett im Jetzt zu leben.

Häng deine Erwachsenenattitüde an die Garderobe und auf! Heute ist der Tag, an dem du ein altes Hobby wiederbelebst oder dir ein neues suchst! Heute!

15.

ANJA: *DIE GARTEN-CHALLENGE*

Grabe in der Erde, lege dir einen Garten zu oder buddele beim Nachbarn (aber bitte keine Leichen aus) – jede Frau sollte mal wieder im Gras liegen.

Ein Garten ist auch ein Hobby und Hobbys sollen ja glücklich machen, wie wir jetzt wissen. Aber Unkrautzupfen, eklige Spinnen und Horden von Ameisen? Einen grünen Daumen hast du auch nicht, sogar ein Kaktus vertrocknet bei dir?

Du musst positiv denken: lauschige Grillabende mit Würstchen, wahlweise Tofuspieß, und Kaltgetränk unterm glitzernden Sternenhimmel. Selbst gemachte Erdbeermarmelade und Fruchtbowle? Na, hat doch was, oder?

Auch dieses Glücksrezept ist natürlich ein bisschen subjektiv, aber sich mal wieder zu erden, tut ganz sicher jeder Frau gut. Sich auf die Natur zu besinnen, mal wieder alles relativ und relaxed zu sehen, das gibt Energie, Schwung und Kraft, und so ein Garten soll sogar gut für deine Gesundheit sein, das wird zumindest behauptet.

Die Garten-Challenge ist perfekt für mich, weil ich dabei ganz gemütlich im Liegestuhl liegen kann und nichts tun muss. Denn ich habe sie schon vor ein paar Jahren absolviert. Als ich zur Kleingärtnerin mutieren sollte. Kleingärtnerin – und das ich! Aber erst mal der Reihe nach. Damals lebte ich mitten in Berlin, natürlich ohne Garten, nur mit Balkon, und eines schönen Sonntagnachmittags bin ich mit meinem Mann durch einen Park spaziert, an den eine Kleingartenanlage angrenzte. Es muss um Ostern herum gewesen sein, jedenfalls blühten die Gärten in voller Pracht. Obstbäume mit ihren wunderschönen, zarten weißen und rosa Blüten, Osterglocken, Tulpen und vieles mehr, dessen Namen ich nicht kannte. Sowohl mir als auch meinem Mann ging bei diesem Anblick regelrecht das Herz auf, wir wurden an unsere Kindheit erinnert, an die Gärten, in denen wir gespielt hatten. Wir hatten bis dahin nie darüber nachgedacht, uns ein Gartengrundstück zuzulegen, aber in dieser Idylle und mit diesem grandios positiven Gefühl im Magen beschlossen wir es spontan. Auch unseren damals noch sehr kleinen Kindern zuliebe. Zu unserem Entzücken waren in dieser Anlage sogar gerade zwei Grundstücke zu verpachten. Wir sahen sie uns an und schnell war klar, welches unseres werden sollte. Ein fast schon verwunschener, wunderhübsch verwilderter Garten, mit einem Häuschen, alten Obstbäumen, einem großen Beet mit Erdbeerpflanzen und einem wunderhübsch verwilderten Blumenbeet. Wir hängten eine Schaukel für die Kinder in den Apfelbaum, erfreuten uns an dem Obst, das nach und nach reif wurde (ich kam mit dem Marmeladekochen gar nicht mehr nach) und an dem Blumenbeet, das so angelegt war, dass immer etwas blühte. Auch mal gerne Unkraut verschiedenster Sorten.

Die Nachbarn rundum waren um einiges älter, aber sehr nett. Bis ihnen klar wurde, dass kleine Kinder schreien und dass kleine Kinder andere kleine schreiende Kinder mit anderen Müttern, die nach ihren Kindern schreien, nach sich ziehen. Außerdem versuchten wir zwar, tapfer den Kampf gegen das viele Unkraut zu führen, aber wenn man in einer Ecke stolz aufhörte, war es in der anderen bereits wieder nachgewachsen. Die reinste Sisyphusarbeit. Dazwischen Windeln wechseln, Kinder anschaukeln, füttern, grillen, mit Freunden reden, wieder Unkraut bekämpfen. Wir ahnten nicht, dass der verwunschene Garten in den Augen der Kleingärtner um uns herum ein Desaster war, dass sie erwarteten, dass wir alles picobello herrichten und pflegen würden. Abgesehen davon, dass uns das gar nicht gefiel, schafften wir es mit Job und Kleinkindern wirklich nicht. Das Glücksgefühl, das wir im Garten anfangs noch hatten, mutierte also zum schlechten Gewissen, es den Nachbarn nicht recht machen zu können. Als wir dann merkten, dass uns das alles eher unzufriedener als zufriedener machte, und wir eh umzogen in ein Häuschen mit kleinem Garten, beschlossen wir, unseren Märchengarten schweren Herzens abzugeben. Aber auch, wenn die Philosophie einer Kleingärtneranlage – zumindest dieser – nichts für uns ist, so wussten wir nach dieser Großstädter-Challenge: Einen Garten zu haben ist super. Aber für mich lieber ohne Fremdbestimmung, lieber als eigene Herrin über die Erdbeeren, Ameisen und Schmetterlinge. Die selbst gemachte Erdbeermarmelade schmeckt besser, der Kuchen mit selbst gepflückten Johannisbeeren sowieso und Grillen mit Freunden ist kommunikativ und macht Spaß.

Also Versuch Nummer zwei: ein eigener kleiner Garten. Mit zum Glück sehr netten Nachbarn. Den neuen Garten legten wir praktisch an, sodass nicht viel Unkraut zu zupfen war. Aber auch mit zwei Obstbäumen, Himbeeren und Blümchen und Kräutern. Auch wenn unser Garten noch so klein ist, genieße ich es im Frühling, Sommer und Herbst, auf der Terrasse in der Sonne zu sitzen und meine Blümchen und alles andere, was da so wächst, anzusehen. Es erdet mich. Also uns macht unsere kleine grüne Oase glücklich.

Ich bin mir sicher, ein begrünter Balkon oder eine Terrasse mit schönen Pflanzen macht genauso Spaß. Natürlich nicht jedem. Aber du solltest es ausprobieren. Nicht umsonst ist Gardening, wie Gärtnern auch genannt wird, gerade in Großstädten wieder voll im Trend. Die Menschen brauchen die Natur wie die Luft zum Atmen. Du musst keinen eigenen Garten besitzen, noch nicht einmal einen Balkon. Tomatensetzlinge kannst du auch in der Wohnung anpflanzen und den Tomaten beim Wachsen zusehen. Du kannst deine Wohnung auch zu einem *urban jungle* umgestalten. Ein paar hübsche Tipps findest du unter diesem Link[86]. Oder du beteiligst dich an Gemeinschaftsgärten, die gibt es in vielen großen und kleinen Städten. Oder fragst jemanden, der einen Garten besitzt, ob du dort einmal ein bisschen gärtnern darfst. Es gibt auch Anbieter wie www.meine-ernte.de oder www.ackerhelden.de, bei denen du einen Gemüsegarten mieten kannst. Das Angebot gibt es auch für Unternehmen oder Schulen, vielleicht eine Möglichkeit für dich, wenn dir ein eigenes Stück Land zu viel ist. Auch Hochbeete, falls du Rücken hast, gibt es dort. Urban Gardening, wie es in den Großstädten genannt wird, ist cool, und sogar die meisten Schrebergärten sind nicht mehr spießig. Außer man hat Nachbarn, die jedes Gemüsebeet mit dem Meterstab abmessen und die Kleingartenverordnung verlesen.

Ein Garten lässt die Seele aufblühen, sagt man, und ich kann das nur bestätigen.

»Der Garten ist ein eigener Himmel«, sagt ein persisches Sprichwort.

Ein Garten macht auch fit, bietet frische Luft, und Bewegung ist ja sowieso gesund. Bei der Gartenarbeit werden

Unmengen an Muskelgruppen beansprucht, die Bewegung regt die Blutzirkulation an, ist also gut fürs Herz und vieles mehr. Na, ist das ein Argument? Gärtnern statt eintönigem Fitnessstudio!

Wenn du also wieder mal gestresst bist, geh in deinen Garten, oder wenn du keinen hast, in die Natur oder den Garten von Freunden und buddel da rum. Die wollen nicht, dass du die Äpfel erntest, weil sie noch nicht reif sind? Also ein bisschen Gärtnerlatein sollte man sich schon aneignen.

Öffentliche Grünflächen kann man auch pflegen und verschönern. Am besten vorher bei der Stadt anfragen. Aber auch die Baumscheiben vor deiner Haustür sehen mit Sonnenblumen viel schöner aus. Studien besagen, dass ein Aufenthalt in der Natur uns glücklicher und entspannter werden lässt, dass wohl sogar zwei Drittel aller Deutschen gerne, ein Drittel sogar häufig gärtnert. Selbst Angela Merkel. Auf ihrer Webseite schreibt sie: »Entspannung vom anstrengenden Politikalltag finde ich in der Gartenarbeit.«[87]

Wissenschaftler sagen, dass die Gartenarbeit in frischer Luft und in der Sonne nicht nur Stress, sondern auch Ängste abbaut. Es soll sogar wie ein natürliches Antidepressivum für gute Laune, Zufriedenheit und Gelassenheit sein. Nicht umsonst gibt es in psychiatrischen Kliniken meist einen Klinikgarten (oder in Schulen einen Schulgarten.)

»Gartentherapie« wird diese interdisziplinäre Behandlungsform genannt. Die Arbeit im Grünen wird mit physio- und ergotherapeutischen Maßnahmen verbunden und wirkt heilend.[88] Toll.

»Und was ist mit meinen schmerzenden Knien, wenn ich Unkraut zupfe?«, hat mein Nachbar seine Frau gefragt, in der Hoffnung, dass er sich wieder aufs Sofa vor die Sportschau fläzen kann. Sie hat ihm am nächsten Tag wortlos eine Arbeitshose mit eingebauten Kniepolstern geschenkt. Denn sie hat gelesen: Eine Stunde Gartenarbeit verbrennt bis zu 400

Kalorien. Du kannst also mehr Schokolade essen! Das bringt mich doch gleich auf eine neue hübsche Challenge für Charly, die immer mal wieder über ihre Schwangerschaftspfunde meckert. Ob sie wohl schlanker glücklicher wäre?

Aber ein klasse Zitat über das Glück durch Gärtnern hab ich noch für euch:

Ein chinesisches Sprichwort lautet:

»Willst du für eine Stunde glücklich sein, so betrinke dich.

Willst du für drei Tage glücklich sein, so heirate.

Willst du für acht Tage glücklich sein, so schlachte ein Schwein und gib ein Festessen.

Willst du aber ein Leben lang glücklich sein, so schaffe dir einen Garten an.«

Ein Garten macht glücklich, geistig und körperlich gesund und versorgt dich mit Früchten für die Fruchtbowle.

Gärtnern kann man in der Einzimmerwohnung, an der Baumscheibe oder in Nachbars Garten betreiben.

Gartenarbeit wirkt heilend und macht schlank. Außer, du isst zu viele Grillwürste.

16.

CHARLY: *DIE SCHLANK-CHALLENGE*

Werde ich glücklicher, wenn ich dünner bin? Ist Intervallfasten ein Glückscookie?

Ich hätte als Challenge auch lieber im Garten buddeln, Maulwürfe zählen oder Kuchen backen, das kann ich gut, wirklich! Schokoladenkuchen ist meine Spezialität!

Zwar lästere ich gerne über meine Kilos, die ich mir schwer verdient habe, wirklich schwer, da ich pro Kind je 20 Kilogramm zugenommen habe, aber mit meiner inneren Giftkröte zu ringen, die sich zurzeit träge in einer Hängematte suhlt und Cocktailschirmchen auf alle spuckt, die sich schneller als eine Schnecke bewegen – dazu habe ich eigentlich keine Lust.

Nach der ersten Schwangerschaft war ich schnell wieder fit und dank Kinderwagen-durch-den-steilen-Wald-Schieben bald wieder normalfigürlich. Nach der zweiten Schwangerschaft dauerte es so ein Jährchen, bis ich wieder in meine Lieblingsjeans passte, und jetzt, nachdem Geburt Nummer drei bereits einein-halb Jahre zurückliegt, ist meine Lieblingsshorts gekracht.

Ohne Witz.

Ich wollte aufs Fahrrad steigen, hob mein Bein wie ein Hund beim Pinkeln – und zack. Das kann auch kein Flicken mehr verdecken. Schade. Aber als meine zweite Shorts ebenfalls riss, wurde mein Schimpfen schon etwas lauter.

Ich habe einfach gerade keine Zeit dafür. Keine Zeit, um auf die Ergebnisse der Waage sauer zu sein. Keine Zeit für Sport, keine Zeit für Schwimmen oder Yoga. Meine Zeitfresser sind der Alltag mit Einkaufen, amtlichem Kram, Rest-Umzugskisten-Auspacken, Putzen, Kochen, Kinder wegbrin-gen und holen, mit dem Zwerg spielen, ihn hinlegen, stillen, singen, lesen. Oft genug wird der Abendabwasch um 21 Uhr gemacht, wenn alle pennen. Alle außer mir. Und wenn Luft bleibt, dann steht Schreibzeit an. Das ist die einzige Erholung, die ich mir gönne. Wenn man das Fernsehglotzen nicht dazu-rechnet, was dann stattfindet, wenn ich selbst zu kaputt bin, um zu schreiben, oder die abendliche Tea Time mit meinem Mann. Keine Zeit, meine Figur so zu beachten oder zu formen, dass ich mich wiedererkenne.

Sollte man besser das Bewusstsein verändern und die Figur akzeptieren?

Oder würde mich ein Gewichtsverlust glücklich machen?

Ganz ehrlich: Ja!

Ich weiß, dass das Glück nicht von Äußerlichkeiten abhängt, auch vor der Schwangerschaft hatte ich keine Barbiepuppen-Figur, aber wenn ich mich im Spiegel sehe, dann meldet mein Gehirn Unstimmigkeiten: Es existiert in meinem Kopf ein Bild von meinem Körper, das nur begrenzt etwas mit dem Spiegelbild gemein hat. ERROR, spuckt der Denkapparat aus und stampft zornig auf. ERROR. Und nein, dass ich drei gesunde, fröhliche Kinder habe, tröstet mich nicht darüber hinweg. Es ist Zeit, etwas zu ändern, damit ich an meinem Spiegel nicht mehr vorbeihuschen muss.

Du hast recht, liebe Anja, man sollte sich seinem eigenen Gemecker durchaus stellen. Irgendwann sollte ich mir die Luft für die Beschwerden über meine gut ausgefüllte Jeans sparen und in aktives, gezieltes Verhalten investieren! Fünf Kilogramm runter, dann spare ich mir das Neue-Hosen-Kaufen. Das sollte doch wohl hinzubekommen sein.

Und zwar JETZT.

* * *

Acht Wochen später bin ich tatsächlich vier Kilogramm leichter. Das waren die härtesten acht Wochen und vier Kilogramm, mit denen ich in meinem Abnehmleben gekämpft habe. Und, ja klar, um mehrere Erfahrungen bin ich auch reicher, eine davon lautet: Ohne etwas Schweiß geht gar nichts. Wie sagt meine Freundin Klebeglitzernagel immer so schön: »Egal wie langsam du läufst, du bist auf jeden Fall schneller als alle anderen, die zu Hause bleiben.« Klebeglitzernagel hat einen echten Sixpack und nein, ich meine damit nicht das Bier im Kühlschrank. Sondern tatsächlich antrainierte Bauchmuskeln, was sie auch gerne zeigt mit Shirts, die bei jedem Griff zur Sonnenbrille bis zu den Rippen rutschen. Ich bin nur ein klitzekleines bisschen neidisch darauf oder auf die schlanken Beine und den Apfelpopo. Aber ich will nicht ablenken, sondern berichten. Und zwar ganz von vorne, also zurück zu Tag 1.

Wetten, dass es in deinem Bekanntenkreis Diät-Anhänger gibt, zumindest etliche Leute, die mindestens schon eine oder zwei Diäten probiert haben? In meinem Freundes- und Bekanntenkreis bringen es alle zusammen auf geschätzte 25

Diäten und 25 Diät-Abbrüche. Auch Männer sind darunter. Ich persönlich halte von Diäten nicht viel. Spätestens nachdem ich von der Pizza-Diät in irgendeiner Frauenzeitschrift gelesen hatte oder von der Kohlsuppendiät. Zum Abnehmen soll Salma Hayek proteinhaltige Insekten futtern, Heidi Klum hart gekochte Eier (ohne Eigelb natürlich) und Lady Gaga Babybrei. Es gibt Lippenstifte, die Inhaltsstoffe haben sollen, um den Appetit zu zügeln, und Anfang des 20. Jahrhunderts schluckten die Schönen und Reichen Bandwurmeier und wurden mit Mangelerscheinungen belohnt. Es gibt eigentlich fast kein Lebensmittel, was noch nicht im Zusammenhang mit Diäten genannt wurde. Viel Rotwein trinken soll schlank machen oder nur Wasser, nur Kohlenhydrate, nur Tierisches, nur Pflanzliches. Wer kennt sie nicht: die Steinzeitdiät, Warrior-Diät oder die Astronautendiät, die Regenbogendiät, die Atemdiät und die Grashalmdiät (okay, zwei davon habe ich frei erfunden, ich sage aber nicht, welche).

Somit bin ich eine perfekte Kandidatin, um mich auf das Intervallfasten[89] einzulassen. Man kann weiterhin essen, was man will, verzichtet aber auf die eine oder andere Mahlzeit, wie das Abendessen oder Frühstück, um dann am Stück 12 Stunden nichts zu essen. Oder?

Klebeglitzernagel beichtete mir, dass sie als Jugendliche mal eine Phase hatte, wo sie sich über der Toilettenschüssel den Finger in den Mund steckte. So oft, bis sie Kleidergröße Zero erreichte, das Zahnfleisch sich entzündete und sie kurz vor dem gesundheitlichen Bankrott stand. Mit Folgeschäden an den Zähnen kämpft sie übrigens heute noch. Während dieser Phase lernte ich sie kennen. Für mich gab es immer nur die dünne Klebeglitzernagel. Ich hab echt überlegt, ob ich das Thema hier mit aufnehmen soll, aber wo Licht, da auch Schatten. Gerade heute, unter dem Radar von Freunden via Social Media, wo ständig Fotos beurteilt und verurteilt werden, ist es wichtiger denn je, zu überlegen, was man seinem Körper zumutet. Mach eine Diät wirklich nur für dich selbst und versuche deine Grenzen zu erkennen und zu respektieren. Es gibt übrigens zig verschiedene Essstörungen, auf die ich hier alle nicht eingehen kann, weil ich mich damit einfach nicht auskenne. Ich würde auch kein Sachbuch über Schwarze Löcher oder Molekularbiologie schreiben, zumindest nicht, bevor ich mich damit ausreichend beschäftigt hätte (also nie). Sobald eine Verhaltensweise zwanghafte Züge entwickelt und das Essverhalten den Tagesablauf einer Person fest im Griff hat und sie überhaupt nicht mehr frisch und frei etwas genießen kann, dann sollten die Alarmglocken läuten und der/die Betroffene kräftig auf die Bremse treten.

Zurück zu Klebeglitzernagel. Irgendwann fiel mir auf, dass sie echt viel aß, sogar mehr als ich, aber wesentlich schmaler war. Ich tippte sogar auf Essprobleme und sprach dieses an, was Klebeglitzernagel aber vehement abstritt, und mein profanes Wissen über Bulimie – dass solche Menschen immer direkt nach dem Essen aufs Klo eilen, um zu kotzen –, wurde ad absurdum geführt. Viel später, als sie die Krankheit überwunden hatte und wir uns darüber mal unterhielten, berichtete sie mir, dass gerade Bulimie-Kranke genauestens darauf achten, dass sie nicht auffallen, zum Beispiel dadurch, wann sie aufs Klo rennen. Schlimm, wenn einen diese Krankheit gepackt hat. Heute würde sie jedem dazu raten, sofort einen Arzt aufzusuchen. Bei ihr entzündete sich die Speiseröhre und die Nieren waren bereits angegriffen, als ein Arzt sie durchschaute und in Therapie schickte. Vor lauter Mangel war seit Monaten die Regelblutung ausgeblieben, da der Körper auf Notstand geschaltet hatte. Der Arzt sagte, dass ihr Körper das vermutlich nicht mehr lange mitgemacht hätte. Nach erfolgreicher Therapie und mit neu gewonnenem Körpergefühl und Selbstbewusstsein begann sie, regelmäßig Sport zu treiben. Und diesem Sport verdankt sie auch ihr antrainiertes Sixpack. Das sei ihr gegönnt! Und noch viel mehr als das – einfach ein normales, glückliches Leben. Frauen und ihre Figur – dieses Thema allein wäre schon buchfüllend. Es gibt jedoch einen Punkt, an dem einem die Blicke anderer nichts mehr anhaben können, auch keine Sprüche, nämlich wenn man selbst mit sich zufrieden ist. So esoterisch sich das auch anhören mag (ich bin da nur ganz leicht angehaucht), das ist meine Erfahrung, die ich mit einigen meiner Freundinnen teile. Ich will momentan weder meinen Körper zurück, den ich als Zwanzigjährige hatte, noch hechle ich irgendwelchen Schönheitsidealen hinterher, ich will nur keine weiteren Shorts zum Platzen bringen und meinem Spiegelbild wieder zufrieden zugrinsen können. Aber es gibt Grenzen, die ich dafür nicht überschreiten würde, und es ist wichtig, sich frei von den Urteilen Dritter zu machen. Was geht es andere überhaupt an, wie ich aussehe? Einen feuchten Furz, würde zumindest der kleine Maulwurf sagen, der wissen wollte, wer ihm auf den Kopf gemacht hat.

Auf zum Eintauchen in das Thema Intervallfasten! Am Anfang steht das Sich-schlau-Machen. Was ist Intervallfasten überhaupt? Ich muss mich nicht erst blöd stellen, um das nachschlagen zu dürfen, ich weiß es einfach wirklich nicht. Zwar achte ich schon auf meine Ernährung, zumindest seitdem ich eigene Kinder habe, aber das lässt die restlichen Pfunde ja seit geraumer Zeit nicht weiterpurzeln.

Also: Es gibt mehrere Methoden des Intervallfastens[90] und natürlich streiten sich die Geister, was jetzt genau der perfekte Weg ist. Ich picke zwei Methoden des Intervallfastens heraus: das 5:2-Fasten und das 8:16-Fasten. Ersteres besagt, dass du fünf Tage lang normal essen und trinken kannst und anschließend in einem Zeitraum von zwei Tagen als Frau nicht mehr als 500 Kilokalorien und als Mann nicht mehr als 600 Kilokalorien zu dir nehmen darfst. Der andere Weg: über acht Stunden normal essen und trinken, danach eine Pause von 16 Stunden, in dieser müssen auch die Getränke null Kilokalorien haben.

16 Stunden also, nicht zwölf! Oh Graus.

Beides doof.

Wo ist der Ausgang?

Zwei Tage fast nichts zu essen geht nicht.

Wenn ich es also irgendwie schaffe, 16 Stunden, SECHZEHN, auf Essen zu verzichten, dann werden zwei große Mahlzeiten empfohlen, eine um 11 Uhr und eine um 18 Uhr. Immerhin kommt die zweite Mahlzeit unserem alltäglichen Ablauf etwas entgegen, da wir oft so um sechse rum zu Abend essen. 16 Stunden ohne Essen! Wohoo. Gut, dass nicht festgeschrieben steht, wie viele Zwischenmahlzeiten man verzehren darf, eigentlich sollte man nur zweimal am Tag essen, aber das Wort *eigentlich* ist ja auslegbar.

Bevor ich anfange, über einen perfekten Zeitpunkt zum Anfangen nachzudenken, mache ich es einfach. Heute. Nur wenige Tage, nachdem Anja die Challenge ausgesprochen hat. Nicht erst nach Silvester oder als Osterfasten.

Während des Abendessens schaue ich auf die Uhr – 18.15 Uhr – und lasse augenblicklich die Gabel voller Spaghetti in den Teller voller Soße fallen. Noch länger essen und ich müsste am nächsten Tag noch länger warten. Boah. Um 19.45 Uhr ertappe ich mich vor dem Schrank, in dem ich die Chipstüten aufbewahre. Um 22 Uhr schimpfe ich meine Hand aus, die ich tatsächlich in der Chipstüte erwischt habe, um 23 Uhr gehe ich mit Magengrummeln ins Bett und heule still ins Kopfkissen. Vom grauenvollen Morgen zu berichten erspare ich dir. Wasser oder ungesüßten Tee trinken hilft nicht wirklich, um den Magen abzulenken. Im Gegenteil, der kann ganz schön lautstark meckern, wenn er sich verarscht fühlt, und darauf hinweisen, dass flüssiges Null-Kalorien-Zeugs gerne sonst wo hingeschüttet werden kann, nur nicht in die Speiseröhre … Tja. Ich versteh ihn ja schon, den Kumpel Magen. Da helfen auch keine Geräuschakkorde, die sich nach Dreiklängen aus Horrorfilmen anhören. Leider.

Am fünften Tag läuft es besser. Sogar richtig gut. Der Magen scheint sich tatsächlich schon etwas an die lange Pause gewöhnt zu haben und meckert nur noch leicht. Gerade das morgendliche Nicht-Frühstücken ist echt doof, vor allem wenn man welches für die Kinder zubereitet und leckere Düfte die Nase kitzeln. Zur Ablenkung habe ich Kräutertee gekauft und flöße ihn mir in kleinen Schlucken ein. Vielleicht hat der Magen daran etwas zu kauen oder träumt sich auf ein grünes Feld voller Schmetterlinge. Die anfänglichen Kopfschmerzen und Müdigkeitsattacken gingen ebenfalls zurück und ich bilde mir ein, sogar fitter zu sein, und bin vor allem stolz auf mich. Das ohne Frühstück!

10 Tage später fehlen mir 1,5 Kilogramm und ich bin happy. Ich kann essen, was ich mag, und muss nicht die Kalorien zählen, sondern zähle quasi nur die Stunden zwischen den Mahlzeiten.

15 Tage später fehlen mir immer noch 1,5 Kilogramm und ich bin gar nicht mehr happy, weil sich nichts mehr tut. Zwar ist der Bauch etwas flacher (nicht direkt nach dem Tee trinken), aber trotzdem hängt da mehr Bauch über die Jeans als mir lieb ist. Kann auch daran liegen, dass ich mir angewöhnt habe, bei der letzten abendlichen Mahlzeit so richtig zuzuschlagen.

Drei Wochen später fehlen mir tatsächlich fast 2,5 Kilogramm und ich bin happy. Wenn ich die Jeans schließe, sieht es nicht mehr direkt so aus, als ob der Knopf gleich weggesprengt werden würde. Ich habe allerdings jetzt auch aufgehört, die Hand zu oft in die Chipstüte zu stecken.

Vier Wochen später sind es immer noch 2,5 Kilogramm, was aber an einem Geburtstagsfest und Leckereien unterhalb der Woche liegen mag und an meinem schiefen Blick, der aus 16 Stunden schon mal zwölf werden lässt. Hüstel.

Fünf Wochen später sind es über 3 Kilogramm und ich bin frustriert. An meinen Short-Zonen hat sich nicht allzu viel verändert und nach einer Proberunde Fahrradfahren sahen die Nähte nicht wirklich entspannt aus. Habe ich vielleicht zu viel Schokolade gefuttert?

Sechs Wochen später hatte ich die Faxen dicke. Ich sah der Realität ins Auge, die sich bis dato nicht wirklich versteckte, aber wegduckte. Unter vielen Wenn-Danns und Abers. Jetzt konnte sie nicht mehr die Tarnmaske aufsetzen, ich konnte ihr nicht mehr ausweichen … Sport musste her. Zum Scheitern erkoren, aber wenigstens versuchen – na, ihr wisst schon!

Sechs Wochen und ein Tag – meine Wahl fiel auf Gymnastik. Es ist voll peinlich, darüber zu schreiben, ich komme mir vor wie 30 Jahre älter, aber eine andere Sportart konnte ich nicht unterbringen. Morgens aufstehen, ab ins Bad, dann auf die Matte und Sit-ups, Kniebeugen, Beinschwingen und Liegestützen. Alles nicht länger als zehn Wiederholungen. Aber ein Anfang.

Sieben Wochen später: 3,5 Kilogramm und drei Gymnastikeinheiten à dreißig Wiederholungen pro Tag.

Acht Wochen später sind es 4 Kilogramm und nennt mich Gymnastik-Queen: Es kann sogar schön sein, Muskelkater zu spüren, echt! Meine letzten Lieblingsshorts sind gerettet!

Hätte ich dieses Ziel nicht als Challenge bekommen und nicht unter dem beobachtenden Auge dieses Buches – ich weiß nicht, ob ich das gepackt hätte.

Und: Bin ich jetzt glücklich?
Ja.
Wirklich.

Nicht nur, weil ich nicht mehr aussehe wie im dritten Monat schwanger (was ich echt nicht bin), sondern weil ich mir ein Ziel gesetzt und es durchgezogen habe. Zwar nicht so ganz streng, also ich habe durchaus mal ein paar Stunden weniger dazwischen liegen gehabt und auch Süßes verdrückt, aber ich werde erst mal keine weiteren Shorts sprengen. Und es fühlt sich echt gut an.

In die eine Hose, die ich mir mit Mitte zwanzig gekauft habe, um sie irgendwann mal zu tragen, werde ich in diesem Leben nicht mehr reinpassen, aber ich habe ja eine Tochter, für die ich sie aufheben kann. Grins.

Was mir übrigens geholfen hat, am Ball zu bleiben, waren die Infos, die mir Zahnlückeneule gab. Intervallfasten kann nicht nur beim lang anhaltenden Abnehmen helfen, ohne dass du wie bei den anderen Diäten die Farben auf dem Teller oder die Buchstaben zählen musst, die deine Speisen ergeben, sondern es schenkt dir ein längeres und fitteres Leben. Bei Diäten, bei denen du weniger isst, schaltet der Körper auf einen geringeren Energieverbrauch um, das heißt, sobald du deinen Teller wieder normal befüllst, nimmst du auch wieder zu. Beim Intervallfasten dagegen greift der Körper in den »Null-Phasen« die Fettreserven an.[91] Auf diese Weise verlierst du nicht nur Gewicht, sondern du hilfst deinem Körper dabei, sich zu erneuern. Das Stichwort lautet hier »Zellerneuerung«. Durch die lange Nahrungspause bekommen die Zellen eine Chance, sich zu regenerieren, Zahnlückeneule sprach sogar von einer Art Schock, der durch den Nahrungsstopp im Körper ausgelöst wird und Abläufe ankurbelt, die sonst nur satt und träge vor sich hin schlummern. Ähnlich wie meine innere Giftkröte. Und Schock finde ich süß … man stelle sich vor, wie die Zellen ihre dicken Bäuche streicheln und dann kommt einfach nix zum Naschen nach, alle blicken sich entsetzt an und springen auf, rennen aufgeregt hin und her, um nach versteckten Essensvorräten zu suchen. Okay, ich war als Kind ein Fan von »Es war einmal … der Mensch« – diese Figuren habe ich immer noch sehr bildhaft vor Augen, wenn wir von Blutkörperchen, der Gesundheitspolizei oder Zellen reden, vor allem Maestro, den weisen alten Mann mit der dicken Nase und dem Rauschebart, der ihn wie ein Mantel einhüllt.

Ich hab natürlich nachgeschlagen, was Intervallfasten so mit dem Körper anstellt. Wie schon angesprochen, stellt der Körper durch den vielstündigen Essensverzicht recht zügig auf Fettverbrennung um und regt diesen sogar an, neue Gehirnzellen zu produzieren.[92] Egal in welchem Alter! Diese Info hat mich überrascht, ich dachte, dass die Gehirnzellen im Verlauf eines Lebens einfach nur absterben und nur Synapsen neu gebildet werden. Also, man höre und staune! Von wissenschaftlichen Tierstudien weiß man schon, dass Nahrungspausen dazu beitragen, das Lebensalter zu verlängern und die Häufigkeit von Krankheiten zu verringern. Dafür sorge unter anderem die sogenannte Autophagie, ein Prozess, bei dem sich ältere Zellen selbst reinigen, indem sie abgelagerte, beschädigte Proteine hinausschleusen. Bei der Auflistung der Krankheiten, gegen die das Fasten helfen soll, überbieten sich die einzelnen Artikel und ich will hier auch gar nicht detaillierter darauf eingehen. Es ist gesund, fertig. Am besten kombiniert man Intervallfasten mit gesunder Nahrung, aber man muss sich nicht komplett geißeln und auf Süßes verzichten. Strenge Intervallfaster reduzieren ihr Essen auf zwei große Mahlzeiten pro Tag und haben dadurch natürlich noch schneller gewichtige Erfolge.

Zu beachten ist, dass Intervallfasten nicht für Kinder geeignet ist, auch nicht für Menschen mit niedrigem Blutdruck, Kreislauf oder Herzproblemen, Diabetes, Migräne oder Amenorrhö.[93]

Zahnlückeneule ist übrigens selbst ernannte Ernährungsbeauftragte, die mich ernährungstechnisch beraten hat. Das macht sie frei Haus, ob man will oder nicht. Ich sag immer:

Anhören kann man sich ja (fast) alles, solange man das Beurteilen selbst vornimmt und einem das Gleiche nicht zum hundertsten Mal erneut vorgekaut wird. Zahnlückeneule klärte mich auf, wie wichtig gute Ernährung für unser Glück – »Du bist, was du isst« – und wie ungesund Zucker sei. Nicht nur, dass er dick mache und gewisse Krankheiten begünstige wie Fettleber. Indem unser Körper den Zucker wieder aus dem Körper hinausbefördern müsse, stehle er quasi Mineralien und Vitamine, außerdem mache er in gewissem Maße abhängig. Das kennt man ja, wenn man nur ein Stückchen Schokolade essen will, und nachher fehlen gleich zwei Tafeln.

Laut offizieller Studien nimmt jeder Deutsche im Laufe eines Jahres circa 35 Kilogramm Zucker zu sich[94], das sind am Tag durchschnittlich 24 Teelöffel Zucker. Dabei sagt die WHO (Weltgesundheitsorganisation), dass am Tag nicht mehr als 6 Teelöffel zugesetzter Zucker verknuspert werden sollte (natürlich darfst du so viel Obst und Gemüse essen, wie du willst, dieser natürliche Fruchtzucker ist nicht schädlich).[95] Übrigens ist dieser zusätzliche Zucker ein Stoff, den unser Körper eigentlich überhaupt nicht braucht, da er ihn aus den normalen Kohlenhydraten wie Brot oder Nudeln selbst herstellen kann. Es gibt etliche Rezeptseiten[96] und Blogs[97] von Menschen, die auf zuckerfrei umgestiegen sind, und man findet in Großstädten wie Berlin etliche Cafés[98] und Eisdielen[99], die ebenfalls auf Zucker verzichten!

Das Fiese an der Sache ist ja auch, dass nur ein Drittel der 35 Kilogramm als Süßigkeiten oder Knabbereien konsumiert werden, der Rest ist mittlerweile in so vielen Produkten versteckt, denen man es gar nicht ansieht. Also nicht nur – wie bekannt – in Ketchup oder Nutella, sondern in Fertigprodukten, Getränken (auch Wasser mit Geschmack), Joghurts, Wurstwaren und ganz besonders in Produkten, die mit dem Siegel »für Kinder« beworben werden – also Augen auf im Supermarkt.

Ein gesunder Körper, in dem wir uns wohlfühlen, hat auf jeden Fall sehr viel mit Glück zu tun. Und das heißt nicht, dass wir Frauen jetzt alle in Kleidergröße 38 oder 40 passen müssen – du musst dich vor allem gut fühlen und dich selbst mögen.

Gläser hoch auf ein realistisches: Du bist schön – so wie du bist.

Und bitte nicht in die Denkfalle tappen, dass Frauen irgendetwas müssten. Früher hieß es, mit 40 Haare ab, um jünger zu wirken, dezente Farben und ja keine Röcke mehr, die über dem Knie enden – Bullshit! Mach, was dir gefällt! Du hast *ein* Leben und das sollte gefälligst noch mal so bunt sein, wie du es dir gerade wünschst. Und wenn du dich mal im Geschmack vergreifst und die Selfies schnell wieder löschst – egal. Es gibt hier kein »Error«, es gibt nur Erfahrungen, mit denen du wachsen kannst.

Mehr Mut à la Pippi Langstrumpf.

Und wenn ein paar Kilos gepurzelt sind, dann tauche in die Tiefen deines Kleiderschranks. Was kann weg, was geht noch, was kannst du neu kombinieren, hast du genug Farbe im Kleiderschrank oder lieber mehr in Schwarz? Wusstest du übrigens, dass beim Shoppen auch Glückshormone freigesetzt werden? Ja? Überrascht mich jetzt nicht so wirklich, aber wetten, dass du nicht weißt, was da so beim Shoppen im Gehirn vor sich geht! Schicken wir meine Mitstreiterin in Sachen Glücksforschung ins Rennen: Anja, ran an die Einkaufstasche, und ich hoffe, dass am Ende des Geldes nicht noch etwas Monat übrig ist.

Wenn du vorhast, abzunehmen, dann mach dir bitte gleich klar, dass du sehr wahrscheinlich zu den 99,9 % der Frauen zählst, die niemals eine perfekte Modelfigur bekommen werden. Und das ist auch gut so! Sähen alle gleich aus, dann wäre das genauso spannend, wie abends in eine Disco zu gehen, wo alle das gleiche Blümchenkleid anhaben und zu immer dem gleichen Lied tanzen. Im schlimmsten Falle zu Heinos »Blau, blau, blau blüht der Enzian«.

Lerne, deinen Körper zu schätzen! Er hat dich bis jetzt gut getragen und schon so einiges mitgemacht, vielleicht sogar Kinder geboren! Lachfalten, graue Haare, ein Bauchansatz und Röllchen sind ein Zeichen dafür, dass du gut gelebt hast und (hoffentlich) meistens Spaß daran gehabt hast. Fange an, sie zu lieben – der Körper ist nicht dafür da, von anderen schön gefunden zu werden.

Aber: Wenn du abnehmen willst, weil es gesundheitlich besser wäre oder du dich einfach nicht mehr so richtig wohlfühlst, dann fang einfach an, etwas weniger zu essen, achte auf das, was du isst. Frisches Obst und Gemüse sorgen für rote Wangen und Glanz in den Augen.

Und das Intervallfasten ist definitiv etwas, was du ausprobieren kannst, geht es dabei doch auch um die Regeneration deines Körpers.

Tipps, um dich gut in deinem Körper zu fühlen:

Vermeide Filme, Serien oder andere Beiträge in Zeitschriften und im Netz, die dir ein Leben mit makellosem Glitzer und Körper vorspielen und somit nur schlechtes Gewissen und Frust wecken.

Bewege dich! Das gibt ein gutes Körpergefühl, ob beim Tanzen, Spazierengehen oder Joggen, Yoga, Rudern, Fahrradfahren! Du wirst sehen, dass es einfach guttut, und im besten Fall machst du das an der frischen Luft.

Kaufe dir Klamotten, die dir jetzt passen und Spaß machen!

17.

Anja: Shopping: Kauf
dich glücklich!

Entfachen Schuhe und Handtaschen ein kleines Feuerwerk in dir? Aber kannst du als Shopping-Queen wirklich happy werden?

Ich liebe Shoppen. Zumindest früher habe ich es geliebt. Heute, zwischen arbeiten (ja, auch Schreiben ist Arbeit und dauert Stunden), Hausaufgabenbetreuung, Gassi gehen, überlegen, ob ich Sport mache oder nicht, tue ich es nur noch ab und zu.

Als Teenager bin ich gerne mit meiner besten Freundin durch die Einkaufszone geschlendert, wir hatten Spaß, haben viel gequatscht, gelacht und ab und zu etwas anprobiert. Gekauft haben wir meist nichts, wenn ich es mir gerade so überlege. Wie auch, kostete ja alles was. Aber ein Eis dazu und es wurde ein schöner Nachmittag. Ich verbinde mit

Shoppen also eher ein Wohlgefühl, weil es bedeutet, mit einer Freundin herumzuziehen, herumzualbern, in der Sonne zu sitzen und einen Eisbecher zu löffeln. In diesem einen Café am Marktplatz, ich erinnere mich noch ganz genau. Bananensplit oder Eisbecher Pfirsich Melba fanden wir damals toll. Mit ganz viel Sahne. Heute ist es lieber ein Caffè Latte oder Cappuccino. Ab und zu mit einem leckeren Stück Kuchen ohne Sahne, aber eher sehr selten, der Hüften wegen. Aber trotzdem macht es mir immer noch Spaß, mit einer Freundin oder meinem Mann (oja, eines der wenigen Exemplare, die auch gerne mal shoppen), ein paar Stunden herumzubummeln. So richtig viel Beute kommt dabei meist nicht raus, aber darum geht es auch nicht. Eher darum, einen schönen Nachmittag zusammen zu verbringen, dabei noch dies und das anzuschauen, und wenn man Glück hat, eine neue hübsche Handtasche zu finden (»Du hast doch eine Handtasche«, sagt er dann).

Wenn ich etwas dringend brauche (oder die Kinder über Nacht 20 Zentimeter gewachsen sind), stresst mich Shoppen eher und ich sitze gerne gemütlich auf dem Sofa und stöbere im Amazon-Paradies. Hier gibt es alles, dazu meistens gleich am nächsten Tag, und ich kann im Warmen sitzen, Kekse essen und mir tun die Füße anschließend nicht weh. Großartig. Macht also auch glücklich.

Wieso shoppen Frauen eigentlich gerne? Wieso greifen viele von uns vor allem gerne bei Schnäppchen zu? Wissenschaftler meinen, wir seien immer noch in unseren steinzeitlichen Programmen gefangen. Beute sammeln, um zu überleben.[100] Aber brauche ich zwanzig Bikinis, um zu überleben? Auch die Wahl der Kleidung scheint von unseren Urinstinkten beeinflusst. An fruchtbaren Tagen kaufen wir kürzere Röcke, legen Wert auf sexy Outfits. Studien haben es gezeigt: Der Fortpflanzungstrieb beeinflusst unser Konsumverhalten. Du kannst also gar nichts dafür. Sag das deinem Mann.[101]

Aber kann ich mich langfristig glücklich kaufen? Könnte ziemlich teuer werden, fürchte ich. Meine Freundinnen haben auch nicht so oft Zeit für einen entspannten Nachmittag und ich leider auch nicht. Online-Shopping? Aber selbst wenn ich im Lotto gewonnen hätte und online alles kaufen dürfte – wohin mit all diesem Krempel?

Denn sind wir mal ehrlich, das meiste ist überflüssig. Und nachhaltig wollte ich doch eigentlich auch leben. Sehr sogar. Und tu es auch schon, wo ich es hinkriege. Bio-Mülltüten haben wir zum Beispiel – immerhin. Mit leichtem Gepäck leben, das wollte ich. Auch wenn ich es, wenn ich einen Blick in unseren Keller werfe, noch nicht ganz hinbekommen habe. Nicht einmal nach der Rumpel-Challenge.

Ganz ohne Shoppen geht es aber nicht. Die Kinder brauchen hin und wieder neue Schuhe, zumindest, wenn sich die Zehen durch die von den Geschwistern vererbten Turnschuhe bohren. Zumindest im Winter könnten sie an den Zehen frieren.

Charly lebt viel nachhaltiger, wie ich mitbekommen habe. Finde ich richtig toll. Aber ich übertreibe es auch nicht, gönne mir ab und zu etwas, in dem ich mich gut fühle. Denn dieses Gefühl ist es doch, wonach wir suchen.

Erfahrungsgemäß hält das aber nicht lang an. Zweifel kommen auf. Steht mir das wirklich? Oder sehe ich darin aus wie eine Presswurst? Aber selbst wenn. Wenn ich mich auf einer Party in einem neuen Kleid fühle wie ein elegant dahinschwebender Star – am nächsten Morgen wache ich mit Kater auf. Okay, das könnte am Alkohol liegen, obwohl ich eigentlich meist nicht viel trinke. Nein, am nächsten Tag ist das Kleid schon wieder vergessen und trägt nicht mehr zum dauerhaften Glücklichsein bei. Geldverschwendung also? Wieso hat es das schwarze Kleid von der Beerdigung von Tante Helga nicht auch getan? Das ist doch jetzt müßig, sagt mein shoppingbegeistertes Ich. Außerdem, der Schnitt ist nicht mehr modern. Frau gönnt sich ja sonst nichts. Oder nicht viel. Alles in Maßen, und solange ich nicht mein Konto überziehe, weil ich in einen wilden Shoppingwahn gerate, ist doch alles im grünen Bereich.

Da muss ich gar nichts testen, langfristig glücklich macht auch nicht die dreizehnte Handtasche. Das habe ich schon getestet, räusper. Zumindest im Laufe meines Lebens habe ich bestimmt schon 13 gekauft. Wieso kaufen wir sie uns dann? Oder die schönen Schuhe mit den hohen Absätzen, obwohl wir wissen, dass wir darin nur fünf Minuten stehen können und danach Blasenpflaster kaufen müssen und den Tag verfluchen, an dem wir sie erstanden haben?

Vermutlich, weil wir Frauen Gefühlsmenschen sind. Ein bisschen irrational, ein bisschen crazy. Wenn wir schöne Schuhe sehen, durchfließt uns ein warmes Gefühl, gepaart mit einem Prickeln. Hach, könnten wir das nicht immer haben? Wenigstens ganz oft wäre doch schön.

Wir könnten ja anbauen oder endlich den Keller noch mehr ausmisten, damit noch mehr Schuhe hineinpassen, fällt mir spontan ein. Viele Frauen wünschen sich einen begehbaren Kleiderschrank oder ein Zimmer voller Schuhe wie in »Sex and the City«. Ich brauch das nicht. Ob ihr eine solche Frau erwischt habt, liebe Männer, das solltet ihr herausfinden, bevor ihr den Schreiner engagiert oder selbst handwerkert und mit dem Leben eurer Daumen spielt.

Nein, ich brauch das wirklich nicht, so einen begehbaren Kleiderschrank. Wäre nett, aber für mich wirklich kein Muss. Wieso meine Familie jetzt lautstark aufjohlt? Keine Ahnung. Ich verstehe auch nicht, wieso mir mein Sohn immer die Augen zuhält, wenn wir an einem Handtaschenladen vorbeikommen.

Also gut, ich gebe es zu und meine Freundinnen bestätigen es: Kaufen macht kurzfristig happy. Und wie sieht es andersherum aus? Macht nix kaufen vielleicht langfristig glücklich?

Eine Freundin von mir, Lilo, hatte sich vorgenommen, ein Jahr lang nichts Neues zu kaufen. Also keine neuen Klamotten oder so. *Ist sie verrückt geworden?*, dachte ich sofort. Wozu macht sie das? Macht Shopping-Verzicht glücklich?

Ich habe das Projekt gespannt beobachtet. Der große Nachteil war, dass wir nicht mehr zusammen einen gemütlichen Shopping-Freundinnen-Nachmittag einlegen konnten. Dafür sind wir zusammen essen gegangen. War auch lecker. Asiatisch, ich liebe es.

Sie hat es wirklich durchgezogen, ein Jahr keine neuen Klamotten für sich zu kaufen. Aber am Ende dieses Jahres hat sie nicht glücklicher gewirkt als zuvor. Askese macht also auch nicht zufriedener, dachte ich erleichtert. Gut, sie wirkte stolz auf sich, aber auch nur kurzfristig. Dann ist sie in den nächsten Laden gegangen, so schnell konnte ich gar nicht gucken, und hat … Du kannst es dir vorstellen.

Zu viel Shoppen kann wirklich problematisch werden, fällt mir da außerdem noch ein. Hast du auch schon mal dieses Kribbeln in den Händen gespürt, wenn du einen neuen Wintermantel im Schaufenster gesehen hast? Das allein ist noch nicht schlimm, aber wenn es dir so ergeht wie meiner früheren Kollegin Friederike, die alle paar Tage in einem neuen Outfit ankam, sodass ich mir vorkam wie Aschenputtel und mich schon gefragt habe, wie groß ihr Kleiderschrank ist, solltest du ganz lange innehalten, tief durchatmen und nachdenken. Will ich süchtig sein? Denn Kaufsucht gilt tatsächlich als Sucht. Meine Kollegin Friederike offenbarte mir eines Tages unter Tränen, dass sie 4000 Euro in den Miesen sei und nicht wisse, wie sie jemals da wieder rauskommen solle. Sie hat mir richtig leidgetan und ich habe sie umarmt und ihr versprochen, dass sie das schafft.

Wir haben zusammen einen Test in einer Frauenzeitschrift gemacht. »Bist du shoppingsüchtig?«, stand da. Sie hatte die höchste Punktzahl. Bis zu acht Prozent der Bevölkerung sind kaufsüchtig, erfuhren wir bei unserer anschließenden Recherche im Internet. Krass. Was es alles gibt. So unnötig. Betroffene kaufen und bereuen es anschließend, haben also noch nicht mal dieses schöne Gefühl. Manche kommen ins Gefängnis, Ehen zerbrechen, steht in dem Artikel weiter. Jüngere Frauen sind häufiger betroffen.[102] Gut, dass ich schon so alt bin.

Friederike hörte gar nicht mehr auf zu heulen. »Gut, dass ich nicht verheiratet bin«, schniefte sie.

»Guck mal, da gibt es sogar eine Therapie gegen Kaufsucht. Ersatzhandlungen werden erlernt. Und Männer sind genauso betroffen. Vielleicht lerne ich ja da einen kennen.«

Ob das so der richtige Ansatz ist?, dachte ich.

Eine andere Freundin hat ihr noch die »Shopaholic«-Reihe von Sophie Kinsella ans Herz gelegt. Nachdem sie es gelesen hatte, musste sie zum Glück wieder lachen. Und hat versucht, ohne Therapie aus dieser Kauffalle zu kommen. Was soll ich sagen? Wir Frauen sind stark. Sie hat es geschafft und ist geheilt. Aber wenn du Hilfe brauchst, dann nimm sie dir. Auch das ist stark. Sehr sogar. Oder renn los. Geh Joggen oder mach Yoga. Sport soll ja helfen, runterzukommen, ausgeglichener zu sein. Also den meisten. Ich bin auch im Liegestuhl im Garten ausgeglichen. Sehr sogar. Ich denke an meine letzte Stunde Hatha-Yoga, bei der ich fast gestorben wäre vor Anstrengung – in der Hundstellung. Dabei soll Sport ja ein echter Glückstipp sein. Aber davon hab ich mit hochrotem Kopf nichts bemerkt. Bevor Charly auf die Idee kommt, mir eine Sport- oder Yoga-Challenge zu stellen, die ich vermutlich nicht überleben würde, stelle ich sie doch lieber schnell ihr. Huhu, Charly, ich hätte da was für dich!

Wenn du mal wieder schnell ein gutes Gefühl im Bauch brauchst, weil dich dein Chef geärgert hat, kann Shoppen kurzfristig sehr glücklich machen. Aber bedenke, der Blick aufs Konto am Ende des Monats kann durchaus auch unglücklich machen.

Shopping regt das Belohnungszentrum im Gehirn an, so ähnlich wie Sex oder Drogen, und kann echt süchtig machen.

Also, perfekt scheint dieses Glücksrezept »Kauf dich glücklich« wahrlich nicht zu sein. Nur ein Leuchtfeuer, eine Sternschnuppe, mehr nicht. Aber manchmal braucht Frau genau das für einen schönen Glücksmoment und der muss manchmal auch sein. Man kann sich ja auch bewusst eine Belohnung aussetzen, wenn man etwas Anstrengendes erreichen will. Kleines Belohnungsshopping also – klingt gut, oder?

18.

CHARLY: *DIE YOGA-CHALLENGE*

Wie lange muss ich mich noch anstrengen, bis endlich diese Glückshormone schießen?

So, ich geh jetzt los und kauf mir was Schönes. Und ihr? Ich fand die Argumente von Anja sehr überzeugend. Und nun zu der Challenge.

So ein bisschen Yoga nebenbei, das ist doch *a piece of cake* – also ein Stück Kuchen, wie der Engländer zu sagen pflegt. Ein Spaziergang, den ich mit links meistere.

Dachte ich.

Nach zwei Wochen musste ich mir eingestehen, dass es einfach so nebenbei nicht klappen wird. Ich war zwar stolze Besitzerin von drei Yogabüchern, aber mehr, als die vom Schlafzimmer ins Wohnzimmer und von da ins Bad zu schleppen, tat ich nicht. Und Büchertragen ist, soweit es mir bekannt ist, keine anerkannte

Yogaübung. Schade eigentlich. Vielleicht sollte ich wenigstens versuchen, diese auf meinem Kopf zu balancieren.

Eine Freundin von mir, Adilette, schwört ja auf alles, was sich »Trend« auf die Fahne schreibt und Schweiß verspricht. Vielleicht hätte ich sie auch unter einem Vorwand in die Sex-Challenge einbinden können. So nach dem Motto: MisterLoverLover – siebenmal die Woche und der Sixpack kommt automatisch. Sie hätte sich bestimmt sofort auf Tinder angemeldet, obwohl sie von diesem Fast Food der Beziehungsindustrie nichts hält. Selbstverständlich konnte sie mir am Telefon so einiges über die verschiedenen Yogarichtungen erzählen. Von Yogastilen, die bei mir spontanes Entsetzen oder Lachkoller auslösten. Es gibt welche, die darauf ausgelegt sind, innere Barrieren niederzureißen, wie Forrest-Yoga – was nix mit Wald zu tun hat, sondern die Erfinderin hieß Forrest –, es gibt etwas fürs Gemüt, für Sportliche, für Supersportliche, für Sportliche mit Hitzezuführung, für Akrobatische, für Turnende, für Menschen mit Flow, für Anfänger, für Pilates-Fans, für Spirituelle, für Meditationsfans, für Frauen, für Männer, für Kinder, für Schwangere, bestimmt auch für Außerirdische, für … alles und jeden, und ja, es gibt tatsächlich auch Lachyoga.

Adilette: »Yoga gibt es seit 5000 Jahren, stell dir das mal vor!«

Ich: »Bist du sicher, dass nicht schon die Dinos Yoga gemacht haben?«

Adilette: »Jetzt sei nicht so ein Schluffen, das ist wirklich interessant. Mein Verstand hat echt lange gebraucht, um das zu begreifen. Seit 5000 Jahren machen Menschen tagtäglich fast die gleichen Yogaübungen. Das ist doch irre, oder? Im Laufe der Zeit klebte Yoga dabei ganz spirituell an Philosophie oder Religion, wurde verboten, nur von Mönchen praktiziert und dann wiederbelebt.«

»Okay«, antwortete ich, das half mir jetzt auch nicht weiter. »Was motiviert dich denn, Yoga zu machen?«

»Alles.« Adilette lachte, als sie meine genervte Stimme hörte. »Es ist das Gesamtpaket. Ich trainiere meinen Körper, tue was für meinen Geist, bin entspannter und fühle mich einfach gut. Ein Guru meinte mal: ›Liebe Damen, ich unterrichte euch gerne in den meisterlichen Fähigkeiten des Yogas, aber nicht, dass später eure Männer hier auf der Matte stehen und sich beschweren wollen. Denn eins wird sich sicher ändern: Euer Selbstbewusstsein wird sich erheben und den Widrigkeiten des Lebens die Stirn bieten.‹ Übrigens ein echter Hingucker. Also der Yogi.«

Jetzt musste ich lachen. Das hörte sich schon etwas albern an. Wahrscheinlich war das einfach nur eine originelle Umschreibung von »Es gibt kein Geld zurück«. Ich hatte zwar schon erste Erfahrungen mit Yoga gemacht, und zwar beim Schwangerschaftsyoga, aber das waren in meinen Augen einfach nur langweilige Dehnübungen. Ich hatte das damals natürlich durchgezogen, war ja schon bezahlt. Aber es bot sich mir kein Reiz, das auch weiterzumachen. Vielleicht lag es auch an den norwegischen Mit-Yogi-Damen, die allesamt nicht ihre Zähne auseinanderbekamen, um mal Hallo zu sagen oder einen Plausch zu halten. Die einzige kommunikative Person war die Lehrerin.

Ich: »Guru nennt ihr den? Das ist jetzt nicht dein Ernst, oder?«

Adilette: »Wenn es dich nicht ins Elchland verschlagen hätte, würde ich dich ja einfach mal mitnehmen, aber so … wart mal, ich guck mal kurz im Netz … ich schick dir was zu, okay? Und bitte keine faulen Ausreden.«

Was sollte das denn jetzt heißen: keine faulen Ausreden?

Ich bin eine Dreifachmutter, die zu Hause den Laden allein schmeißt, was neben Einkaufen, Kochen, Putzen, Schulaufgabenbetreuung, Ämtereiärgermist und Arztgehopse auch das Kleinkindbelustigen einschließt. Und geh mal mit einem fast Zweijährigen einkaufen, da ist ein Vieraugengespräch mit deinem Chef ein Witz dagegen. Erst gestern musste ich ihn mir schreiend und strampelnd unter den Arm klemmen, um an der Kasse die Regenhose für die Älteste zahlen zu können, da er innerhalb von drei Nanosekunden mehrere Unterhosen- und Sockenpackungen aufgerissen und im Laden verteilt hatte. Dabei hatte ich mich nur einmal umgedreht. Auch in Schweden können ältere Damen sehr böse schauen. Auch jüngere. Und so viel zum *Lagom*.

Und Arbeiten, also so als Freie bequem von der Couch aus, das findet dann doch öfters nach zehn Uhr abends statt, wenn alles schnarcht und der Abwasch erledigt ist. Jaja, wir Freien haben es schon gut. Verdammt gut.

Und jetzt noch Yoga? Ich bekam es ja noch nicht einmal hin, mir regelmäßig die Beine zu rasieren oder die Augenbrauen zu zupfen. Was daran liegen mag, dass ich während der Gunst von freien Minuten lieber meine Nase in Bücher stecke. Oder auch manchmal bei Facebook versande. Ich muss mir einfach eingestehen, dass in meinem Alter »Happy Hour« bedeutet, mit Gurken auf den Augen und einem Glas Wein im Bett zu liegen.

Was Adilette mir geschickt hatte, war ein Link zu einem YouTube-Video von »Yoga with Adriene«[103] – laut ihren ergänzenden Worten soll der 30-Tage-Yogakurs von ihr *der* Einstieg für sehr viele gestresste Sportverweigerer gewesen sein.

Ich fühlte mich verletzt. Wirklich! Ohne Witz. Unverstanden und verletzt. Ich bin kein Sportverweigerer. Wenn ich die Zeit hätte, würde ich am liebsten wieder Joggen gehen. Also im Sommer. Aber wir hatten schon Herbst und die Heizung war schon direkt nach dem Aufstehen an und mein Mann arbeitet wirklich bis in die Nacht hinein. Wenn er mal Zeit hat, kann ich ihm ja schlecht alle drei Kinder aufs Auge drücken, oder?

Wie ich es hasse, mich selbst in solch einer »Mimimi«-Rolle zu sehen oder zu denken, dass mich andere so sehen.

Am besten, ich gehe das Ganze rational an und lasse mich nicht von Adilettes Versuch, mir nur richtig ans Bein zu pinkeln, verunsichern.

Ich schrieb meine Freundin Alina an, die Yogalehrerin in Berlin ist, und stellte ihr ein paar Fragen. Vielleicht konnte sie mich ja motivieren oder mir Tipps geben, wie ich das in meinen Alltag integrieren konnte.

Liebe Alina,

mich interessiert natürlich dein Werdegang – wie kamst du zum Yoga? Mit welchem Stil hast du denn angefangen und wie hast du dich weiterentwickelt?

Alina: Bewegung war immer schon wichtig für mich. Als Kind bin ich mal vom Kindergarten ausgerissen, um zum Ballett zu gehen. Als ich sechzehn war, zog ich vom Dorf, wo ich dreimal die Woche Tanztraining hatte, nach Berlin. Dort fing ich mit Aerobic an und wurde mit knapp achtzehn Jahren Aerobic- und Fitnesstrainerin. Immer freitags nach meinen Powerklassen fand Yoga statt. Und immer öfter blieb ich, weil ich die Einfachheit und Lässigkeit bewunderte. Die Yogalehrerin betrat den Raum barfuß mit nur der Matte über der Schulter in aller Ruhe und mit einem Lächeln. Und diese lächelnde Ruhe fiel mir auch in den Bewegungen des klassischen Hatha-Yogas wieder auf. Es ist ein langsames Yoga mit viel Bewusstsein für die Atmung. So blieb es einige Jahre, dass ich zu Yogaklassen im Fitnessumfeld ging, wo vorwiegend Vinyasa-Flow und Hatha-Yoga geübt wurden. Meine schnellen Klassen wurden mir immer langweiliger und zunehmend fand ich die angestrengten Frauen, die ständig nur abnehmen wollten, nervig. In Rücken- und Stretchklassen ließ ich Yogaelemente einfließen und bestaunte die wunderbare Wirkung von Yoga auf die Teilnehmerinnen.

Als mir mal alles zu viel wurde, nach dem Studium und einem Jahr in einem Bürojob, entschloss ich mich, nach Indien zu reisen und eine Yogaausbildung zu machen. Bei Atmavikasa in Mysore. Dort war ich acht Wochen und lernte mehrere Serien im Mysore Style, Pranayama, Sanskrit und Yogaphilosophie, was ich in Berlin mit klassischem Ashtanga ergänzte, was ich heute noch übe. Ich schätze und unterrichte Vinyasa-Flow und schau auch gerne mal zu Kundalini-Klassen rein.

Nimmst du für dich auch spirituelle Einflüsse aus dem Yoga mit? Veränderte das dein Leben? Bist du glücklicher dank Yoga?

Ja, Yoga und auch Buddhismus geben mir einen Leitfaden für mein Leben. Das hat sehr stark mein Leben verändert. Ich bin definitiv glücklicher mit Yoga. Ich halte mich fern von der Szene, in der es nur um die äußeren Effekte des körperlichen Trainings geht. Wenn Yoga-Asanas auf Instagram und Facebook mit Photoshop bearbeitet und präsentiert werden, kann ich mich nicht identifizieren. Alles Dogmatische und Überstylte macht mich eher traurig und auch wütend. Wenn Yoga einfach, ruhig, lässig und lächelnd ist – dann macht es mich glücklich.

Kannst du Yoga-Anfängern zum Einstieg etwas empfehlen? Wie kann man das in seinen Alltag integrieren und was soll man erwarten oder lieber auch nicht erwarten?

Yoga sollte nah an deinem täglichen Leben sein. Kurze Wege zu deiner Klasse und eine passende Zeit unterstützen den Start. Yoga sollte von Anfang an guttun. Dem Körper und der Seele. Wenn das nicht stimmig ist, bist du im falschen Studio oder der Lehrer / die Lehrerin passt nicht zu dir. Nimm dir Zeit zum Ausprobieren, bevor du dich entschließt, irgendwo regelmäßig zu üben.

Und dann: Regelmäßig mindestens einmal die Woche üben.

Ich brauche eine Motivation, um anzufangen!

Das glaub ich, denn ohne Motivation machen wir so gut wie gar nichts. Wenn du ohne Motivation Yoga beginnen solltest, hast du wahrscheinlich schon die Erleuchtung erreicht. ;) Das höchste Yoga ist Karma-Yoga. Das Yoga der Handlung. Das bedeutet, etwas ohne Motivation und ohne Erwartung auf das Resultat zu tun.

Unter uns, es gibt viele mögliche Motivationen, gesundheitliche, achtsame und noch viele mehr, und sobald du Erfahrungen mit Yoga machst, ergeben sich die Motivationen von ganz allein.

Okay, das waren jetzt zwei gegen einen. Adilette und Alina. Ich könnte es ja einmal ausprobieren. Also wird es dieser 30-Tage-Videokurs, denn 25 bis 30 Minuten müssten doch zwischen abendlichen Abwasch und Couchen reinpassen, oder?

Tag 1 war frustrierend. Nach 15 Minuten wachte mein Kleinster auf und unterbrach somit die Übung, und ich hatte danach keine Motivation mehr, weiterzumachen.

Tag 2–5 liefen okay. Etwas viel Gelaber und ein ständiges Hin und Her zwischen der Kobra und dieser Hundeübung. Dehnen war aber angenehm, auch wenn mein linkes Knie ständig knackste.

Tag 6 verschob ich um einen Tag und merkte dann, dass Yoga direkt vor dem Einschlafen etwas gegenläufig ist. Ich lag fit im Bett und zählte Schäfchen bis 200 853.

Tag 7–15 verliefen motiviert. Da tat sich doch was mit Stretchen und Haltung halten. Ich hatte das Gefühl, aufrechter durch den Tag zu gehen, und spürte Muskeln, deren Existenz ich zuvor nicht mal gekannt hatte.

Tag 16–25 zeigten einen echten Fortschritt. Meine Körperhaltung war bewusster und ich fühlte mich direkt nach dem Yoga mit Energie erfüllt und wohl.

Tag 26 brachte eine Prise Frust. Mein Kleinster kann einige Yogapositionen besser als ich und schnauft auch lauter aus.

Tag 27–30 führten zu folgendem Fazit: Ich habe Blut geleckt und bin ein großer Fan von Adriene und Yoga geworden. Ich bin verdammt stolz, das durchgezogen zu haben, auch wenn ich ab und an einen freien Tag eingeschoben habe. Die 30 Tage sind komplett und ich fast ein bisschen traurig, am Ende angelangt zu sein. Aber es gibt ja noch viel mehr von Adriene oder anderen Yogakanälen.

Es war wirklich praktisch, sich zu Hause selbst die Zeit einteilen zu können, wobei mir das Gruppenerlebnis dadurch entgangen ist. Auch die Korrektur meiner Haltung war so natürlich nicht möglich. Hätte ich nicht einiges an Erfahrung aus anderen Sportarten mitgebracht, wäre mir das sonst bestimmt schwergefallen.

Unterm Strich also eine tolle Sache, die nach einem ersten Ringen mit dem Schweinehund namens Trägheit auch echt was bringt.

Was hat es eigentlich mit dem Sport so auf sich – was gibt uns dabei ein gutes Gefühl?

Es ist die gewisse Dosis aus den Hormonen Serotonin, Dopamin, Noradrenalin, Endorphinen, Phenethylamin und Oxytocin. Andere sagen, dass zusätzlich noch das Adrenalin und die körpereigenen Endocannabinoide mit reinspielen. Und ja, das wird alles frei Haus ganz allein vom Körper produziert. Es gibt natürlich Hilfsmittel, um die Produktion dieser Glücksstoffe in Gang zu setzen, wie Bewegung an der frischen Luft. Licht ist so ein Stimulans für die Produktion des Gute-Laune-Hormons Serotonin, auch eine Umarmung, ein Sonnenuntergang in entspannter Stimmung und für mich speziell auch einfach das Meer.

Einige zeigen mal wieder auf die gute alte Steinzeit, als das Feuermachen noch zu den größeren Herausforderungen zählte, und behaupten, dass wir seitdem an viel Bewegung gewöhnt sind.

Wir brauchen das einfach, fast so sehr wie die Luft zum Atmen. Führen wir ein reines Sesselpupser-Dasein, dann werden wir nicht nur dick und fühlen uns unwohl, sondern unser Gemüt kann sich vernebeln und wir sind tatsächlich unglücklich. Doof, oder?

Stefan Klein, der Autor des Ratgebers »Die Glücksformel«, hat etwas in seinem Leben geändert: Er bewegt sich mehr, und ganz ehrlich – Joggen als Mittel gegen schlechte Laune hat mir tatsächlich so gut wie immer geholfen! Allein die gleichmäßigen rhythmischen Bewegungen sollen schon zu einer Besserung der Laune beitragen und werden in der Traumatherapie[104] als ähnliches Prinzip angewendet. In sehr einfachen Worten wiedergegeben, wird hier Bewegung genutzt, um die Starrheit des Traumas aufzulösen.

Wer Tipps sucht, um mit dem Joggen anzufangen, der schaut doch gleich hinten bei den Anmerkungen nach![105]

Gibt es noch etwas anderes, das zur Entspannung beiträgt und in deinem Inneren für eine friedliche Stimmung sorgt? Wie wäre es denn mit einem Haustier? Anja, was sagst du dazu?

Wenn es kein Yoga sein darf, dann bewege dich trotzdem. Ab jetzt hast du keine Ausreden mehr – du weißt, dass Bewegung dir guttut und dich automatisch glücklicher macht! Integriere es in deinen Alltag – nur ein bewegter Körper ist ausgeglichen und fühlt sich gut. Tanze mit deinem Kind zum Radio, nimm die Treppe, laufe sie gleich noch einmal hoch und runter, und am besten gleich noch mal hüpfend. Kannst du das auch auf einem Bein? (Ich nicht :))

Hast du eine Möglichkeit, im aufblühenden Frühling draußen zu gärtnern, dann mach das! Raus mit dir am Wochenende, mit Rad oder zu Fuß, dazu braucht es auch nicht unbedingt einen Hund, das geht sogar allein. Kennst du dich in deiner Umgebung aus? Wo ist der nächste Wald, Park oder Fluss – schnapp dir was Leckeres für eine Pause, aber mach was! Besorg dir Informationen, was um die Ecke an Sport angeboten wird oder an der Volkshochschule oder im Turnverein. Die Mitgliedsbeiträge sind meistens nicht so hoch wie bei irgendwelchen Kursen im Fitnessstudio. Übrigens bringen Vereinskontakte vielleicht sogar neue beste Freunde, wer weiß das schon?

19.

Anja: Schaffe dir einen Hund an!

Wahlweise auch eine fauchende Küchenschabe

Ein Haustier, genau, das soll ja erfüllen. Wie wäre es mit einer Fauchschabe? Die hat sich eine Bekannte angeschafft. Schon einmal davon gehört? Madagaskar-Fauchschaben sehen irgendwie aus wie große Kakerlaken und können fauchen. Niedlich, oder? In einem Terrarium kann man sie halten und man muss nicht mit ihnen Gassi gehen oder das Katzenklo säubern. Also die ideale Alternative zu einem Hund oder einer Katze. Ob man Fauchschaben streicheln kann? Na ja. Wer's mag.

Ob sie auch glücklich machen können? Durchaus. Alle Tiere, denke ich. Welches Tier ist ja Geschmackssache.

Aber bei einem Hund oder einer Katze ist die Wahrscheinlichkeit größer, würde ich mal vermuten. Bei einem wuscheligen, lieben Kerl, der dich über alles liebt. Ich habe mich für einen Hund entschieden, mir natürlich viele, viele Gedanken gemacht, auch mal länger gegrübelt, ob ein Hund wirklich in unseren Alltag passt, und mich dann auf dieses Glücksrezept eingelassen.

Wie ich auf den Hund gekommen bin? Wenn Frauen ein gewisses Alter erreicht haben, stellen sie sich oft die Frage aller Fragen: Was kann jetzt noch kommen? Und das Nachdenken geht wieder los. Allen meinen Freundinnen erging es genauso, insofern schätze ich, dass die meisten an diesen Punkt gelangen.

»Ich hab eigentlich alles. Gut, im Job könnte es besser laufen, aber ich habe hübsche Klamotten und Schuhe. Okay, davon könnte ich noch mehr haben. Auch Männer hatte ich schon einige. Aber irgendwie fassen die sich alle gleich an«, meinte meine Freundin Paula, 41, kürzlich. »Aber gibt es noch etwas im Leben, das ich erleben möchte? Kann ich auf dem Sterbebett liegen und sagen: Ich habe mein Leben ausgekostet, alle Träume, die es zu erfüllen gab, geträumt? Alles mal mitgemacht, was interessant und spannend klingt? Oder habe ich mich nur in Bücher vertieft und dort das aufregende, prickelnde Leben der Hauptfiguren mitgelebt? Auch das macht glücklich, aber wäre es nicht noch schöner, ich würde selbst zur Hauptfigur meines Lebens?«

Und sofort solltest du dich fragen: Hat mich der Alltagswahnsinn so weit im Griff, dass ich in dieser Mühle stecke, ohne mal auszubrechen?

Was, wenn ich gar nicht 80 werde wie meine Großtante Inge, die so gerne Torte isst? Und selbst wenn ich es werde. Kann ich dann in ein Stück Torte beißen und denken: Ja, ich bin zufrieden mit dem, wie ich gelebt habe? Oder schmeckt die Torte fad und mir wird klar, dass noch etwas Aufregendes hätte passieren können?

»Wie wäre es, wenn ich Timo gegen einen Jüngeren austausche?«, hat mich meine Freundin Annika kürzlich gefragt.

»In den Romanen macht die Heldin auch immer Schluss mit dem langweiligen Typen und lässt sich auf eine heiße Sache ein.«

Man könnte auch seine Kinder ins Internat geben und nach Guatemala oder zu den Indios reisen. Aber so anstrengend die Blagen auch sind, man liebt sie einfach sehr, und so muss die Weltreise noch warten.

Als mein Sohn dann immer wieder mit dem Thema »Hund« ankam und nicht lockerließ, habe ich mich an meinen Kindheitstraum erinnert. Und mein Mann witzigerweise auch an seinen. Wie sehr haben wir uns damals jeder einen Hund gewünscht. Ich so sehr, dass ich die verschiedenen Rassen in meiner Fantasie schon immer neben mir liegen sah.

Die Kindheitsträume, die sind es, an die wir uns erinnern sollten. Oder gerne auch andere Träume, die wir uns erfüllen können.

Hinzu kamen all die Facebook-Beiträge und Fotos von süßen Vierbeinern in meiner Timeline. Sie haben mich zum Nachdenken gebracht. Hundebesitzerinnen, die sich ein Leben ohne ihren Wauzi nicht mehr vorstellen konnten, schrieben: »Ein Leben ohne Hund ist möglich – aber sinnlos.« Ist es das, habe ich mich gefragt. Nein, fand ich. Aber würde ein Hund noch ein Quäntchen mehr Glück in mein Leben bringen? Wäre ja toll.

Was hab ich alles über Hunde gelesen. Was haben wir uns für Gedanken gemacht. Wer übernimmt welche Gassischicht, wohin fahren wir ab jetzt in den Urlaub? Nie wieder Malle oder habe ich echte Freundinnen, die den Kleinen mal nehmen? Will ich wirklich Kackbeutel aufheben?

Weiter ging es mit der Suche nach der für uns perfekten Rasse, dem perfekten Züchter, dem perfekten Zeitpunkt. Diese ganzen neuen Themen, dieses gemeinsame Ziel, brachte Spaß und Diskussionen und tat irgendwie allen gut.

Falls dein Traum also kein Hund ist, ersetze »Hund« mit »Australienrundreise« oder von was auch immer du träumst und entscheide, ob du es jetzt oder sehr bald tun kannst, oder hake es ab als: doch kein Traum. Doch nicht so wichtig. Träume sind sehr persönlich und sehr unterschiedlich.

Meine Freundin Annika meinte: »Mit dem Welpen, das wird der Sommer eures Lebens.«

Sofort dachte ich: Und was, wenn es der schlimmste Sommer meines Lebens wird? Nachts alle zwei Stunden aufstehen, dann pinkelt er ständig in die Wohnung, kein großer Urlaub dieses Jahr … Oder was, wenn ich einen ängstlichen, bissigen oder aggressiven Hund bekomme?

»Du kriegst, was du verdienst«, hat meine Oma immer gesagt. Und auch die Züchterin hat es bestätigt. »Der wildeste Hund kann ruhig und lieb werden, wenn er in eine ruhige, liebevolle Umgebung kommt.«

»Sie lügen!«, hätte ich am liebsten geschrien, als unser kleiner Welpe – Gott, war der süß – endlich da war. »Ausgeglichen soll er sein«, hatte ich mehrfach betont und quasi auf den Wunschzettel geschrieben. »Ein Hund, der ruhig zu meinen Füßen liegt, während ich schreibe«, hatte ich ihr gesagt. »Ich brauche unbedingt einen ausgeglichenen Welpen als Autorin.«

Und was bekam ich? Eine wilde Maus. Eine extrem süße wilde Maus zwar, aber von ausgeglichen konnte keine Rede sein.

Eine andere Hundebesitzerin meinte: »Wow, so viel gebellt hat meiner als Welpe nie. Kein Laut kam von dem.«

»Was?«, habe ich gefragt, da meine Kleine mich mal wieder anbellte, als hätte ich sie am Ohr gezogen.

»Und die schnappt ja viel nach dir«, meinte die Hundebesitzerin weiter. »Hat meine auch nie so viel gemacht. Und die beißt ja ins Sofa!«

Irgendwas mache ich falsch, dachte ich hundemüde nach etlichen unterbrochenen Nächten, betete, dass sie bald durchschlafen würde, wälzte Hunderatgeber und Internetforen und kam zu dem einen Schluss: Der eine sagt dies, der andere das. Hör auf dein Bauchgefühl. Und mir wurde noch etwas klar: Es ist wie bei Kindern. Entweder du hast Glück oder Pech. Die einen schreien viel, die anderen wenig. Punkt. Und das hat in den seltensten Fällen mit Erziehung oder den Eltern zu tun, wie einem die anderen Mamas und Ratgeber immer einreden wollen. Der erste Sohn einer Bekannten schrie von Geburt an so viel, dass Nachbarn das Jugendamt informierten, der zweite lag lächelnd im Bettchen. »Und ich hab nichts anders gemacht«, schwor die geplagte Mutter. »Viel entspannter war ich beim Zweiten auch nicht. Wegen des Geschreis vom Ersten.«

Aber bei Hunden ist natürlich eines wichtig, das hatte ich gelernt: konsequente Erziehung. Nichts durchgehen lassen. Okay, sagte ich mir, was ich bei den Kindern nicht hinbekommen habe, schaffe ich bei meiner wilden Maus. Jetzt habe ich die Chance, meiner Umwelt zu zeigen, dass ich doch eine Meisterin der Konsequenz und ein Erziehungsgenie bin.

Und was soll ich sagen? Keine Ahnung, ob ich wirklich konsequent genug war oder ob es einfach mal wieder eine Phase oder Glück war, jedenfalls ist sie mit vier Monaten ein ausgeglichenes, entzückendes Hundchen geworden und hat sich ganz tief in unser aller Herz geschlichen. Natürlich auch schon vorher, als sie uns mit ihren kleinen spitzen Zähnchen ständig gebissen oder nach meinem Rock geschnappt und ihn zerrissen hat, aber jetzt so richtig. Und ich bin stolz auf mich und finde, es war wirklich einer der Sommer unseres Lebens, und ich freue mich auf noch möglichst viele Sommer mit der Kleinen.

Eines schafft ein Hund auf jeden Fall, vor allem ein niedlicher Welpe: Menschen ein Lächeln ins Gesicht zu zaubern. Noch nie sind mir so viele strahlende Menschen begegnet, die die Kleine alle streicheln wollten. Noch nie bin ich so schnell mit den unterschiedlichsten Menschen ins Gespräch gekommen, selten habe ich meine Kinder so dauerhaft entzückt gesehen. Und ich bekomme Bewegung, frische Luft, was auch sehr zum Rundumwohlbefinden gehört, also glücklich macht.

Skeptikern, die meinen, ein Tier mache nicht glücklicher, kann ich sogar Studien entgegenschmettern. Amerikanische Studien belegen, dass Hundehalter glücklicher sind als ihre tierlose Vergleichsgruppe.[106] (Vorausgesetzt der Hund oder welches Tier auch immer passt in die jeweiligen Lebensumstände und zum Geldbeutel natürlich). Ein Hund reduziert Stress (super Argument für einen Bürohund, vor allem bei bissigen Chefs), ersetzt das Fitnessstudio, bringt dich dazu, den Arsch hochzukriegen, dein BMI wird also ganz von allein besser, und nicht zu vergessen: Durch einen Hund lernst du neue Freundinnen oder tolle Männer kennen. Von den grantelnden Exemplaren, die sich beschweren, dass dein Hund gerade läufig ist und ihrem Bruno den Kopf verdreht, mal abgesehen. Und das Beste: Beim Schmusen wird ein Kuschelhormon ausgeschüttet. Oxytocin.[107] Dass Hormone echte Glücksbooster sein können, darüber verrät euch Charly im nächsten Kapitel mehr.

Ein Tier macht glücklich. Vom Frühaufstehen und den Kackbeuteln, mit denen der Nachbarsjunge gerne Kackbeutelweitwurf übt, mal abgesehen. Aber wo Licht ist, ist eben auch Schatten. Solange das Glück überwiegt, und das tut es, sogar laut einer Studie, kann ich nur zu einem Tierchen raten. Wer's mag, nehme auch eine Fauchschabe für den Anfang. Tiere reduzieren Stress, holen einen runter nach einem anstrengenden Tag, halten dich fit und gesund. Und für alle Singles: Als Flirtbeginn taugt ein Vierbeiner auch wunderbar.

Charly, bist du eigentlich auch ein Hundemensch? Ich habe gehört, dass Tiere streicheln sogar gesund sein soll für den Menschen – vielleicht findest du ja beim nächsten Thema »Hormone« etwas darüber heraus!

ERPROBTE GLÜCKSTIPPS VON DEN ALTEN WEISEN

BUTTER BEI DIE FISCHE: WIE DU DIE KNOTEN IM GEHIRN LÖSEN KANNST ODER NEUE DAZUBEKOMMST

CHARLY: ZUM GLÜCK KÖNNEN HORMONE NICHT DENKEN, SONST HÄTTEN SIE ZORNESFALTEN AUF DER STIRN.

Wo uns Hormone nützen können

Ich bin definitiv ein Hundemensch. Als Kind bin ich mit einem groß geworden, hab quasi mit ihm aus einem Pott geschlabbert, und wenn ich könnte, hätte ich schon längst selbst einen. Passt leider gerade nicht so ganz zu unseren Lebensumständen, aber vielleicht bald! Wir arbeiten daran! Ich stelle es mir auch sehr nett vor, mit dem Hund bei schönstem Sonnenschein in der wilden Natur spazieren zu gehen. Was haben Haustiere mit Hormonen zu tun? Beides fängt mit H an, zählt das schon?

Nein? Nicht nur, dass bei Hundespazierrunden die Sonne auf uns brutzelt und dadurch das eine oder andere Hormon in Schwingungen gerät, sondern auch das Tier an sich ist ein richtiger Hormonregulator. Studien haben gezeigt, dass das bloße Streicheln von Haustieren unseren Stresspegel sinken lässt und wir uns relaxter fühlen. Hormone – was ist das eigentlich?

Hormone sind chemische Botenstoffe, die in Körperzellen gebildet werden und dann eine Reaktion auslösen. Die Wirkungen sind sehr zahlreich in unserem Körper und umfassen von Stoffwechselreaktionen bis hin zu unserer Sexualität sehr vieles. Flucht ohne Hormone wäre zum Beispiel nicht möglich. Eine Schwangerschaft braucht sogar einen riesigen Hormoncocktail, damit alles reibungslos abläuft.[108]

Ich hoffe, dass es euch beim Thema Hormone nicht so geht wie mir: Wenn ich das Wort Hormone höre, bekomm ich sofort Pickel. Ich muss mal kurz erwähnen, dass ich so verdammt froh bin, die Pubertät überlebt zu haben. Ist schon etwas her, aber ich gerate manchmal immer noch ins Schwitzen, wenn ich an gewisse Phasen denke. In der Pubertät änderte sich alles. Nicht nur, dass der Kopf sich in ein Grübelkarussell verwandelte, diese Melancholie auftauchte, die sich wie ein Nebelschleier auf alles legte, was nicht schnell genug wegkroch, sondern auch der Körper tat etwas sehr Nerviges: Er wuchs. An Stellen, die ich nicht so gern betont gehabt hätte oder in Formen, die Ekel vor dem eigenen Körper heraufbeschworen. Ich sage nur: Schambehaarung. Hätte sich die Evolution nach ein paar Tausend Jahren auch schenken können, oder?

Aber die gute Sache ist: Wir kommen da alle durch. So oder so.

Die schlechte Sache ist: Pickel kriegen viele Frauen einmal im Monat weiterhin …

Machen Hormone eigentlich glücklich? Dann könnten wir ja einfach ein paar Hormonpillen schlucken und happy sein.

Pustekuchen. So einfach ist das nicht und Hormonpillen sind ja auch sehr umstritten. Aber was macht das Glücksgefühl eigentlich mit uns? Und wir gehen noch einen Schritt zurück: Wie entsteht es überhaupt?

Wenn uns etwas Positives widerfährt, das Lächeln eines Babys, ein Kuss des Liebsten, ein Konzertbesuch mit Freunden, Strandurlaub oder Campingplatz, dann schlägt das Herz schneller und treibt das Blut mit ein paar PS mehr durch den Körper. Dadurch erhöht sich leicht die Körpertemperatur und bevor auf deinem Gesicht ein Grinsen zu sehen ist, haben 43 Gesichtsmuskeln so einiges zu schaffen (für ein mies gelauntes Grummelgesicht braucht es übrigens 54 Muskeln). Erwachsene lachen durchschnittlich 17,5-mal am Tag und Kinder ein Vielfaches mehr. Genaues weiß man nicht. Es gibt zwar die Aussage, dass Kinder 300- bis 400-mal am Tag lachen, aber dafür gibt es wohl keinen Beleg. Außerdem müsste ein Kind dann innerhalb von zwölf Stunden alle ein bis zwei Minuten lachen[109]. So oder so: Da ist Luft nach oben!

Allerdings können wir das »echte« Lachen, das auch die Muskeln um die Augen einschließt, nicht willentlich steuern. Ich kann mich nicht schlecht gelaunt vor den Spiegel stellen und meinem Körper befehlen, glücklich zu sein, so wie ich bewusst meine Hand ausstrecke, um einen Schokoladenriegel zu greifen. Denn das Gefühl von Glück, genauso wie Angst oder Scham, entspringt dem unwillkürlichen (vegetativen) Nervensystem, und das arbeitet hauptsächlich mit Hormonen. Ist auch praktischer, wenn der Körper viele Dinge automatisch erledigt, oder hättest du Lust, die ganze Zeit das Herz beim Schlagen zu motivieren: »1 und 2 und 1 und 2«? Oder wenn es heiß wird, die Drüsen zum Schweißausschütten zu überreden? »Wie, ihr habt jetzt keine Lust und streikt? Nix da oder ich schicke die Milz zu euch, die macht euch ’nen Einlauf.«

Es ist auch reiner Überlebensinstinkt des Körpers, dass Gefühle ganz allein anspringen und ablaufen. Angst ist der Motor, wegzurennen, ohne dass man Zeit investieren muss, die Situation auszuwerten. Frag mal den Steinzeitmenschen, der vor einem Dinosaurier steht, na ja, okay, dann halt einem Säbelzahntiger. Der wägt nicht erst ab und denkt: »Das könnte aber ein nettes Haustier werden« oder »Der hat aber große Zähne«, sondern rennt, was seine Lunge hergibt. Und das ganz automatisch.

Um also Glück als Gefühl hervorzaubern zu können, müssen wir unser Umfeld so verändern, dass sich unser Körper und Geist dort wohlfühlen, damit diese die richtigen Hormone ausschütten. Damit meine ich jetzt nicht, dass du gleich in die nächste Konditorei rennst und dir im Duft von frisch gebackenen Torten Schokoladenkuchen reinschaufeln sollst … wobei – das wäre auch ein Plan.

»Hormone?«, fragte Smokie und erzählte mir die nächste halbe Stunde lang, wie man mit Essen die Sexualhormone beeinflussen kann. Tatsächlich! Essen hat einen direkten Einfluss auf unsere Hormone. Sollte dich das interessieren, schreib mir, dann mach ich mit Smokie und Anja zusammen ein weiteres Buch. Nur so auf die Schnelle: Ungesunde Ernährung sorgt für einen schwachen Sexualtrieb. Also Finger weg von ungesunden Fetten, Zucker oder industriell verarbeiteten Lebensmitteln. Und sag »Hallo« zu Ingwer! Der galt schon im alten China als Mittel, um die Fruchtbarkeit zu steigern, und erhöht sogar die Anzahl der Spermien. Nüsse aller Art regen die Hormonproduktion an und über Sesam meinte Smokie, er lasse speziell den Testosteronspiegel nach oben wandern, und empfahl deshalb Sesamsamen als Kruste für Fisch. Fisch wiederum lässt deinen Dopaminspiegel ansteigen und verhilft dir zu Wohlbefinden. Weiter empfiehlt der Koch mit Strapsen Avocado, echte Vanille oder Chili.[110] Mehr dazu gibt's bei den Rezepten im Kapitel 29 »Unsere Glücksrezepte zum Nachbacken«. Interessant, dass Essen so einen gewichtigen Einfluss auf unsere Hormone hat.[111]

Aber auch hier erst mal einen Schritt zurück: Was sind eigentlich Hormone?

Hormone sind chemische Botenstoffe. Stell dir einfach den sagenhaften Götterboten Hermes mit seinen geflügelten Schuhen vor. Schnell herbeigerufen und immer auf dem Sprung. Die eigentliche Aufgabe der Hormone besteht darin, zusammen mit dem Nervensystem den Körper im Gleichgewicht zu halten und Wachstum, Sexleben, Verdauung und Gefühlsleben zu steuern. Gebildet werden Hormone an unterschiedlichen Stellen im Körper, wobei es spezielle Hormondrüsen gibt, außerdem in den Nebennieren, im Gewebe sowie in Organen[112]. Wir reden hier immerhin von 150 wissenschaftlich registrierten Hormonen, wobei die Forscher davon ausgehen, dass es weit über 1000 sein sollen[113]. Transportiert werden sie auf der Schnellspurbahn Blut und lösen nach dem Andocken an ihrem jeweiligen Ziel eine Kettenreaktion aus. Ob von ihnen weitere Botenstoffe produziert oder Stoffwechselprozesse in Gang gebracht werden – Hormone haben einen entscheidenden Einfluss auf unser Leben: ob wir gestresst reagieren oder entspannt, Hunger oder Durst bekommen, ob wir einen Mann anflirten oder lieber schreiend davonrennen. Die Hormone haben immer ihre Hand mit im Spiel.

Das Lustige daran ist: Deine Lebensgestaltung beeinflusst deine Hormone und diese wiederum reagieren und beeinflussen dein weiteres Leben. Quasi ein ständiger Kreislauf, wobei der Hund versucht, in seinen eigenen Schwanz zu beißen.

An einem Beispiel kurz demonstriert: Machst du Sport, schüttet der Körper Endorphine aus und du fühlst dich gut. Vielleicht bist du beim Laufen schon einmal in das *Runner's High* gekommen? Der sogenannte Laufrausch. Der Körper lässt dabei nämlich nicht nur Endorphine frei, sondern spuckt noch Dynorphine und Enkephaline aus, die dem Opium chemisch betrachtet sehr ähnlich sind. Man berauscht sich also quasi selbst. Und was passiert, wenn man auf Opium ist? Na? Ich weiß es nicht, aber ich hatte dieses *Runner´s High* ebenfalls schon – ich würde es als *Flow* bezeichnen. Der Körper rennt von ganz allein und man schwebt ihm sozusagen lächelnd hinterher. Tipps, um diesen Rauschzustand zu erleben, gibt es als Link in den Anmerkungen.[114] Du strahlst also beim Joggen glücklich durch die Gegend und triffst auf *den* Typ, und weil du gerade so gut drauf bist und dich was traust, sprichst du ihn an. Ohne Endorphine hätte dich wohl eher der Mut verlassen. Er sieht deine glänzenden Augen und verabredet sich mit dir. Sechs Jahre später habt ihr drei Kinder und fünf Fahrräder und schuld daran sind eine Runde Joggen und dein alter Kumpel Hermes Endorphinus.

Als ich Zahnlückeneule davon erzähle, schlägt sie die Hände über dem Kopf zusammen: »Joggen? Willst du mich umbringen? Das wäre mein Ende, und sollte ich da dem Kerl meiner Träume über den Weg stolpern, würde er schreiend das Weite suchen. Ich schweißüberströmt, knallroter Kopf, hechelnd wie ein Hund, der würde höchstens den Tierschutz anrufen, um mich abzuholen.«

An dieser Stelle sei gesagt, dass alle körperlichen Aktivitäten für eine Hormonausschüttung sorgen, du kannst also beruhigt im Garten buddeln (siehe Kapitel 15 *»Die Garten-Challenge«*) oder eine Runde Yoga (siehe Kapitel 18 *»Die Yoga-Challenge«*) einschieben. Das Grinsen sei mit dir!

Meine Freundin Adilette meinte, dass man im Sommer um die Hormone gar nicht drum rum kommt. Alles rennt halb nackt durch die Gegend und die Hormone fliegen so tief, dass man regelrecht den Kopf einziehen muss. »Die Sonne muss eindeutig einen Einfluss auf uns haben, oder? So wie die Frauen und Männer sich gegenseitig abchecken. Wenn im Bekanntenkreis neue Beziehungen zusammenkommen, dann im Frühjahr und im Sommer. Ich habe vor Kurzem gelesen, dass sich Frauen um ihren Eisprung herum auch ganz anders verhalten, ob sie wollen oder nicht. Sie ziehen sich anders an, sind am Flirten und scheinen ihr Sexy-Ich dann auszufahren. Gesteuert von den Hormonen! Also, ich merke das bei mir daran, dass ich durchaus öfters Lust habe, mit meinem Mann in die Kiste zu springen. Aber die Jogginghose bleibt zu Hause an«, sagte Adilette kichernd.

Der Hirnforscher Semir Zekir[115] bezeichnet die Liebe als Form von Obsession, da die Gedanken nur noch um den Liebsten kreisen, dabei ist meistens nur ein Absinken des Serotoninspiegels schuld an dem Sackgassendenken von Verliebten. Etwas Sonne und Bewegung und man kann den Serotoninspiegel wieder heben. Interessanterweise hat man, wenn man frisch verliebt ist, oft überhaupt keinen Appetit, obwohl ein Serotoninmangel zu Heißhungerattacken führen kann. Aber schauen wir uns an dieser Stelle doch die wichtigsten sechs Hormone mal näher an, die uns Glück verheißen. Es sind Dopamin, Serotonin, Endorphin, Noradrenalin, Phenethylamin und Oxytocin. Im Folgenden eine kurze Übersicht, natürlich könnte man über jedes einzelne Hormon ein eigenes Buch schreiben.

Dopamin ist der Ober-Hermes unter den Botenstoffen. Es leitet Gefühle und Impulse an die Muskeln weiter und ist für die Durchblutung der inneren Organe sowie für das Belohnungssystem zuständig. Es ist maßgeblich für unseren Antrieb, also für die Motivation, zuständig. So was wie der Sprit für unseren Motor. Zu viel Dopamin führt zu exzessivem Verhalten, wie massive Extrovertiertheit, Sex bis zum Umfallen, Drogenkonsum oder Spielcasino bis zum Rausschmiss. Ein Mangel daran lässt uns dagegen in ein Mauseloch kriechen, er äußert sich nicht nur in Antriebsschwäche, sondern kann Symptome wie verminderte Denkfähigkeit und Depressionen hervorrufen. Ausgeschüttet wird Dopamin, wenn du etwas tust, das dich glücklich macht, wie Bäumeumarmen, gutes Essen, Sex, Sport oder Musik. Erhöhen kannst du deinen Dopaminspiegel, indem du Omega-3-Fettsäuren zu dir nimmst, wie sie zum Beispiel Fischarten wie Lachs und Makrele, aber auch Leinsamen enthalten.

Smokie behauptet, dass sie glücklich sei, weil sie ein abwechslungsreiches Sexleben habe. Biologisch betrachtet ergibt das durchaus Sinn, es fließen dabei ja etliche der hormonellen Säfte. Wir kennen alle die Affen, die Bonobos, die zu unseren nächsten Verwandten zählen und mit Sex für sozialen Frieden sorgen. Unter anderem wird Dopamin beim Sex ausgeschüttet und sorgt für Glücksgefühle und Ausgeglichenheit. Moderne Medikamente gegen Depressionen wirken direkt oder indirekt auf den Dopaminhaushalt des Gehirns, was zeigt, dass eine natürliche Ausschüttung sogar gesundheitlich wichtige Aspekte mit sich bringt. Manche Hormonpillen, vom Arzt verordnet, können also helfen. Wobei auch deren Einsatz umstritten ist. Besser wirkt, zumindest bei gesunden Frauen: »Schatz, ich bin gerade etwas schlecht drauf, lass uns Sex haben.« Warum eigentlich nicht?

Serotonin ist ebenfalls ein Wohlfühlhormon. Es wird also auch bei glücklichen Ereignissen ausgeschüttet und als Belohnung, wenn du Ziele erreicht hast. Dann motiviert es dich, weiterzumachen, und funktioniert quasi als Rückkoppelung. Du hast etwas erreicht und strebst mit nach vorn gereckter Nase auf das nächste Ziel zu. Dank der Serotoninausschüttung. Es kann negative Gefühle dämpfen, regelt unser Sättigungsgefühl beim Essen und löst positive Gefühle aus, wie Gelassenheit und Zufriedenheit. Des Weiteren hat es Einfluss auf unseren Schlaf, unsere Libido und unser Schmerzempfinden sowie auf das Herz-Kreislauf-System, das Nervensystem im Darm und auf die Denkleistung im Gehirn, da es dort für die Informationsprozesse wichtig ist. Eine ganze Menge, oder?

Nur mit einem ausgeglichenen Serotoninspiegel kannst du kreativ sein. Nüsse, Fisch, dunkle Schokolade (am besten Rohschokolade, wie im Kakaopulver ohne Zucker) empfiehlt hier der Ernährungsratgeber[116].

Tipp:
Zerlege dein Ziel in mehrere kleine Ziele. Auf diese Weise hast du früher und öfter ein Erfolgserlebnis, das dich jeweils anspornt, weiterzumachen.

Endorphine sind endogene Morphine, die der Körper bei Verletzungen produziert, um den Schmerz zu lindern. Sie sorgen für einen entspannten Schlaf, sind bei der Bildung von Sexualhormonen eingebunden und stärken das Immunsystem. Wenn du etwas besonders Schönes erlebst, können sie ebenfalls ausgeschüttet werden, und da sie an den Rezeptoren für Opiate andocken, kann es zu rauschhaften Gefühlen kommen. Steigern kannst du die Endorphinproduktion durch viel Bewegung, am besten an der Sonne, mit einem lieben Menschen, der dich zum Lachen bringt und in den du vielleicht sogar ein bisschen verliebt bist, dann hättest du alle wichtigen Punkte – Sport, Sonne, Lachen, Liebe – abgedeckt! Wenn du außerdem etwas Gesundes isst, hast du die besten Voraussetzungen dafür, dass das Glück direkt auf deiner Nase landet!

Sex ist eigentlich eine große Portion Sport in Form einer Bein-Bauch-Po-Einheit. Dass beim Orgasmus auch noch Endorphine durch den Körper jagen, ist fast eine Belohnung zu viel, oder? Denn der Weg zum Orgasmus lässt schon bis zu 350 Kilokalorien purzeln und danach fühlt man sich so entspannt wie nach einer Woche Yoga. Außerdem versorgt er den Körper mit einer Extraportion Sauerstoff, ist gut fürs Herz[117] und soll sogar die Hautalterung verzögern. Warum haben wir eigentlich nicht jeden Tag Sex?

Noradrenalin ist als Neurotransmitter für das Wohlbefinden zuständig. Wenn du in Stress gerätst, wird Noradrenalin ausgestoßen, das wiederum dafür sorgt, dass Adrenalin ausgeschüttet wird. Dadurch wird der gesamte Kreislauf nebst Atmung aktiviert und dein Körper darauf vorbereitet, entweder zu flüchten oder anzugreifen: die Fight-or-Flight-Reaktion. Kurzfristiger Stress ist somit aktivierend, er lenkt unsere Aufmerksamkeit auf eine Sache. Bestehen wir die Situation erfolgreich, wird Dopamin ausgeschüttet und macht uns glücklich. Der Körper hat sich gemerkt, dass vor der Glücksausschüttung ein besonderer Kick nötig war, und lässt uns immer wieder danach suchen. Lang anhaltender Stress führt allerdings zur Ausschüttung von Cortisol, das deinem Körper Energie entzieht und die Gehirnzellen schneller altern lässt[118].

Phenethylamin sind die Schmetterlinge, die sich beim Verliebtsein im Bauch ansammeln. Es steigert dein Lustempfinden und sorgt dafür, dass du mehr in Flirtlaune bist. Definitiv ist bei Verliebten eine erhöhte Phenethylaminkonzentration im Blut feststellbar, die das Denken einschränken kann. Du kennst ja sicherlich den Spruch: »Liebe macht blind.« Allerdings soll die Wirkung spätestens nach vier Jahren nachlassen. Also ein verflixtes viertes Jahr statt ein siebtes? Auch in der Pflanzenwelt kommt Phenethylamin vor, vor allem in Bittermandeln und in Kakao. Ein bisschen Schoki und die Schmetterlinge tummeln sich in unserem Bauch? Ganz so ist es nicht. Denn wenn man das Hormon mit der Nahrung zu sich genommen hat, wird es sehr schnell abgebaut. Was davon dann im Blut landet, weiß man nicht so genau. Sehr wahrscheinlich nicht sehr viel. Doch das soll den Genuss von Kakao nicht einschränken. Auch von Bittermandeln nicht, die darfst du jedoch auf keinen Fall roh essen, sonst droht eine lebensgefährliche Blausäurevergiftung.[119]

Oxytocin, auch Kuschelhormon genannt, sorgt für die Bindung zwischen Eltern und ihren Kindern sowie zwischen Liebenden. Es wird durch Körperkontakt ausgelöst, wie beim Kuscheln, Massieren oder einfach nur sehr lange im Arm halten. Es gibt bereits ein oxytocinhaltiges Nasenspray, das Leute zur Stressreduktion einsetzen können (ist noch in der Testphase und ich persönlich halte ja mal gar nichts von solchen Dingen, die künstlich in unseren Hormonhaushalt eingreifen) und es wird als Deospray »Liquid Trust« verkauft mit der Werbung: »Hol dir den sexuellen Vorteil« … In den USA wird es auf Partys als Lutschtablette angeboten, um die Kontaktaufnahme zu vereinfachen[120]. Studien brachten ans Tageslicht, dass Oxytocin aber auch Schattenseiten hat. Es kann Neid verursachen, was sogar in feindlicher Abgrenzung enden kann. Hört sich zunächst an wie ein Widerspruch, ist es aber nicht. Das Kuschelhormon bläst eine große Brise Harmonie in die eigene Gruppe und schützt sie nach außen gegen »Eindringlinge« oder Konkurrenz[121].

Meine Freundin Smokie behauptet, dass Hormone unser Leben schwer im Griff hätten. »Kennst du den schon?«, fragte sie mich am Telefon und machte Otto Waalkes nach, in ihrer eigenen Version:

Auge an Endorphine, Auge an Endorphine: Ausschütten, netter Mann auf 80 Grad.

Endorphine an Auge, Endorphine an Auge: Wo?

Auge an Endorphine, Auge an Endorphine: Nicht quatschen – einfach machen.

Großhirn an Hand, Großhirn an Hand: Haare hinterm Ohr festklemmen. **Hand an Großhirn, Hand an Großhirn:** Warum, die halten da doch eh nicht?

Großhirn an Hand, Großhirn an Hand: Sind wir hier in einer Diskussionsgruppe? Beeil dich, es sieht so aus, als ob er gleich geht.

Auge an Großhirn, Auge an Großhirn: Du kannst doch gar nichts sehen. **Großhirn an Auge, Großhirn an Auge:** Schnauze, blinzel ihm lieber mal zu.

Hand an Großhirn, Hand an Großhirn: Und jetzt? Die Haare kleben nun mit Spucke hinterm Ohr.

Großhirn an Hand, Großhirn an Hand: Spucke? Wie eklig ist das denn? Ich hoffe, er hat das nicht gesehen.

Auge an Großhirn, Auge an Großhirn: Doch, er lächelt uns zu.

Großhirn an Auge, Großhirn an Auge: Das ist kein Lächeln, du Döskopp, das ist ein verzweifeltes Zähnezeigen.

Großhirn an Mund, Großhirn an Mund: Sag doch was.

Mund an Großhirn, Mund an Großhirn: Aber was?

Großhirn an Mund, Großhirn an Mund: Ist egal, mach. Schnell.

Mund an Großhirn, Mund an Großhirn: Ich hab ihn nach seiner Telefonnummer gefragt.

Auge an Mund, Auge an Mund: Gut gemacht. Aber, was macht er jetzt? Er schreibt was auf den Zettel und geht. Es steht 007 drauf. Ist der Geheimagent?

Großhirn an alle, Großhirn an alle: Hormone zurückfahren, Drink bestellen und Auge, ich erkläre dir das gleich mal, aber erst, wenn das Glas leer ist.

Übrigens gibt es eine Menge Kosmetika, Duschgels oder Cremes, die Hormone enthalten (zum Beispiel als Weichmacher) und verdammt negative Auswirkungen auf unseren Körper haben[122], sie reichen von Übergewicht, Herz-Kreislauf-Problemen, Unfruchtbarkeit, Entwicklungsstörungen bei Kindern bis hin zu Krebs. Dabei wirken die Hormone in Pflegeprodukten nicht unmittelbar giftig, sondern sie blockieren oder puschen unsere eigenen Hormone, was unerwünschte Folgen haben kann. Der deutsche Bund für Umwelt und Natur (BUND) hat zusammen mit der österreichischen Umweltschutzorganisation GLOBAL 2000 im Jahr 2013 eine Studie[123] veröffentlicht, die aufzeigt, dass ein Drittel aller Körperpflege- und Kosmetikprodukte gesundheitsschädliche hormonelle Stoffe enthalten. Um diese zu vermeiden, kannst du als Verbraucher darauf achten, ob der Hersteller sein Produkt mit der Angabe »Hormonfrei« gekennzeichnet hat (eine freiwillige Initiative). Oder du lädst dir den vom BUND entwickelten Scanner auf dein Smartphone, mit dem du über den auf den Produkten befindlichen Barcode erfährst, ob hormonhaltige Stoffe drinstecken oder nicht.[124]

Aber zurück zur Frage vom Anfang: Machen Hormone glücklich? Oder andersherum: Ist Glück also bloß eine Ansammlung von Hormonen?

Tja, das bringt uns zu einer Grundsatzdiskussion, die schon lange fällig ist: Was ist überhaupt Glück? Rein biologisch betrachtet ist Glück tatsächlich dieser eine spezielle Hormoncocktail, der freigesetzt wird, wenn wir Freunde treffen, Sex haben oder Sport treiben. Im Kapitel 22 »Glücksforschung« gehe ich darauf näher ein, es wird – so viel sei schon mal verraten – zwischen Lebensglück und Zufallsglück unterschieden, wobei Umstände wie Familie, Beruf, Freizeit mit reinspielen sowie Zufälle, die uns Freude bereiten. Zu versuchen, nur die Hormone mittels Ernährung, Sport und Sex anzuschubsen, ist nicht erfüllend. Dazu gehören auch bewusst getroffene Entscheidungen, die uns unseren Wünschen und Zielen näherbringen. Und wenn wir uns mit uns selbst und unserem Leben wohlfühlen, kann man Glücklichsein auch bei einem Glas Wasser allein in seiner Bude spüren. Zufriedenheit nennt man das dann. Und nicht zu vergessen: Laut Richard David Precht kommt das Spiel von Erwartung und Erfüllung dazu. Nicht ohne Grund gibt es Lachtherapeuten, die Patienten zu einem Aufschwung des Immunsystems verhelfen, indem sie diese zum Lachen bringen. Sogar der bloße Gedanke daran, dass der Lachtherapeut kommt, erzeugt beim Patienten bereits einen positiven Schub.

Glück ist also durchaus komplexer als nur einmal am Glückskleeblatt zu lutschen.[125]

Schade, dass wir in der Schule so wenig über die Hormone und deren Einfluss auf unser tägliches Leben lernen. Aber an einigen Schulen hat ein besonderes Fach Einzug gehalten, das sich ebenfalls mit dem Thema Glück beschäftigt: der Glücksunterricht. Ich bin gespannt, was Anja dazu herausgefunden hat, und hoffe, dass es nicht nur der schmerzende Rücken ist. Und übrigens wird beim Streicheln von Haustieren das Stresshormon Adrenalin weniger ausgeschüttet – das wolltest du doch gerne wissen!

Hormone sind Botenstoffe und es gibt in deinem Körper mehr davon, als du Kontakte in den sozialen Medien hast, wetten?!

Deine Ernährung, viel gesunde Bewegung, Sonnenlicht, schöne Ereignisse haben Einfluss auf die Ausschüttung von Hormonen, die dann wiederum Kettenreaktionen lostreten, indem sie sich jeweils auf deine nächste Handlung auswirken. Versuche doch, den Einfluss der genannten Punkte zu steuern, zum Beispiel, indem du mehr Sport machst. Vielleicht die Treppen anstelle des Aufzugs nehmen oder jeden Tag mit 20 Minuten Yoga oder 5 Minuten Meditation anfangen (dazu mehr in den jeweiligen Kapiteln). Schau im Kapitel 29 »Unsere Glücksrezepte zum Nachbacken«, wie du mithilfe von Nahrungsmitteln dein Glücksbarometer nach oben schrauben kannst. Kurbele die Vitamin-D-Produktion an, indem du versuchst, jeden Tag für mindestens 20 Minuten in der Sonne zu sein, denn Sonnenlicht kann dich bei leichten Verstimmungen aufheitern.

Stress und Routine sind Glückskiller, daher empfiehlt es sich, öfter mal etwas Neues auszuprobieren, egal ob es sich dabei um Essen, Ausflüge oder Liebeserklärungen handelt. Dann schüttet der Körper viel beschwingter und öfter Hormone aus.

Glück ist ein Jungbrunnen für das Gehirn und lässt, unterstützt von Serotonin und Dopamin, neue Verknüpfungen entstehen, während bei Depressionen Zellen absterben.[126]

21.

ANJA: GLÜCKSUNTERRICHT IN SCHULEN

Was lernt Frau dabei? Dass der Rücken auf diesen kleinen Stühlen wehtut!

Glück als Schulfach? Das ist doch ein Scherz, das gibt's doch nicht wirklich, oder?

Also zu meiner Zeit gab es nur so unglücklich machende Fächer wie Latein (mit einer Hexe als Lateinlehrerin), Mathe (Algebra hab ich noch nie verstanden und jawoll, ich hatte damals schon recht, es gibt Berufe, wo man keine Algebra braucht. Autorin nämlich.) und Schulsport (Ich sehe mich noch gegen den Kasten rennen und die grinsenden Gesichter meiner Mitschülerinnen.). Werden Kinder heutzutage durch Glücksunterricht etwa zu freundlicheren Menschen erzogen, die in sich ruhen und ihre Mitschüler und Eltern glücklich machen? Das wäre toll.

Wenn ich mir die Berichte meiner Kinder über Kloppereien auf dem Schulhof, Hänseleien (heute heißt das Mobbing) anhöre, scheint mir das nicht so. Zumindest nicht in den Schulen, auf denen sie sind oder waren. Leider. Aber so ein Fach wäre toll! Und als ich bei unserer Glücksrecherche darüber stolpere, ist meine Neugierde sofort geweckt und ich will wissen, was da gelehrt wird und ob wir uns da nicht auch etwas herausziehen könnten – als Glücksrezept zum Nachbacken. Was für Kinder gilt, wird auch gut für uns sein.

Ich hab mich mal in die Untiefen des World Wide Webs gestürzt, wie gut, dass ich mal Journalistin war. Das Fach gibt es wirklich, nicht nur in Indien, wo es irgendwie passend erscheint und man sofort vierzig lächelnde indische Schulkinder vor sich sieht, die »Ommm« brummen, nein, auch in Deutschland. Es ist also keine Erfindung von sommerlochgeplagten Journalisten, die gerade aus Langeweile einen Joint geraucht haben, und ich frage mich sofort, warum es das nicht an allen Schulen gibt? Also nicht den Joint. Aber erst mal der Reihe nach:

2007 hat ein ehemaliger Schuldirektor, Ernst Fritz-Schubert, das Fach »Glück« an seiner Schule in Heidelberg entwickelt und seitdem gibt er sein Konzept an andere Lehrer weiter.[127]

In Deutschland, Österreich und der Schweiz gibt es das Fach schon an über 100 Schulen. Toll. Ganz toll, dass es meine Kinder nicht haben, vielen Dank, denke ich erneut, maßregele mich aber sofort selbst, denn Neid ist keine schöne Eigenschaft und macht nicht glücklich, so schlau sind wir doch schon. Muss ich meine Kinder eben selbst zu happy Heranwachsenden erziehen, wodurch wir ganz nebenbei auch glückliche Eltern werden. Guter Plan. Also, was wird dort gelehrt? Wie kam dieser Mann dazu? Was muss ich tun und wie kann ich mir eine große Scheibe abschneiden?

Ernst Fritz-Schubert erkannte nach dreißigjähriger Schulpraxis, dass Schüler die Schule als vieles bezeichnen, aber nicht als Ort, an dem sie glücklich sind. Mmhm, denke ich. Hätte er auch mal eine Minute mich fragen können oder meine Kleinen. Die hätten ihm das sofort ins Gesicht gesagt. Woher sie diese Schulunlust wohl haben, überlege ich im nächsten Moment. Und ich setze mich an den Küchentisch, schließe die Augen und denke an früher. Auch ich bin nie strahlend aus der Schule zurückgekommen, eher im Gegenteil. Doch, einmal, erinnere ich mich. Als es die Info gab, dass morgen hitzefrei ist. Aber das kam leider selten vor. Ich öffne die Augen wieder, beuge mich über mein Tablet.

Dieser Schuldirektor erkannte weiter, dass es die Aufgabe der Schule sei, Freude am Lernen zu wecken und zu erhalten.

Ha!, denke ich. Ich bin aus dem Schneider. Die Schule muss es hinkriegen. Und ich lese weiter.

Die Schule sei nicht nur zur Erfüllung akademischer Ziele da. Der Mann hat erkannt, dass die Schule Kindern die Neugier abgewöhnt. Starker Tobak. Aber es ist was Wahres dran. Viele Pädagogen würden ihre Schüler wie »Lernmaschinen« behandeln. Irgendwelche Inhalte auswendig lernen, wiedergeben wie ein Roboter. Stattdessen sollten sich Lehrer nicht als Fehlersucher, sondern als Schatzsucher sehen.

Wow, denke ich. Genau so ist es. Die Lebens- und Sozialkompetenz der Schüler soll gestärkt werden, sodass sie ihre persönlichen Potenziale und die Freude am Tun und der eigenen Leistung entdecken. Klingt super und kann man als Frau bestimmt auf diese Tage anwenden (Montag zum Beispiel), an denen man manchmal so gar keine Lust hat zu arbeiten, wenn das Wochenende wieder so schön war.

Ich finde heraus, dass es in Berlin schon drei Oberschulen gibt, die das Fach »Glück« nach diesem Herrn Fritz-Schubert eingeführt haben. Sogar auch noch an sogenannten Problemschulen. Die Zeitungsberichte sind sich einig, dass es etwas gebracht hat.[128] Denn den Kindern wurde beigebracht,

Respekt zu entwickeln und eigene Fähigkeiten, Bedürfnisse, Ziele und Werte zu erkennen. Ich kann mir das richtig vorstellen: »Ey, hastu Respekt, Alter?« – »Yess. Hab ich jetzt. Ha. Aber nicht vor dir.«

Okay, was heißt das alles für uns Frauen, was da gelehrt wird? Ich schätze mal, Respekt haben wir – vor vielem. Vor dem Wechseln eines platten Reifens auf der Schnellstraße zum Beispiel. Oder vor einem Job, wie ihn eine Fulltime arbeitende Frau mit Kindern wuppt. Oder vor der Nachbarin, die ihr brüllendes Kind über der Schulter aus dem Supermarkt trägt. Respekt müssen wir, glaube ich, nicht mehr erlernen. Aber es hapert wirklich daran, dass wir unsere eigenen Fähigkeiten und Talente nicht erkennen oder sie einfach ignorieren. Dazu haben wir ein extra Kapitel geschrieben (siehe Kapitel 14 »Hobby oder Hobbit?«). Es trägt wirklich dazu bei, glücklicher zu werden, wenn du dir selbst wieder dessen bewusst wirst, was du alles kannst.

Und was ist mit unseren Bedürfnissen? Nein, nicht das Bedürfnis nach Schokolade. Auf das hören wir ja. Aber auf die anderen, auf die könnten wir auch mal wieder mehr hören. Nicht immer nur auf die der Kinder, des Gatten oder des Chefs. Wieso stellen wir unsere Bedürfnisse eigentlich immer hintan? Allein darüber nachzudenken, mit einer Freundin darüber zu reden hilft oft schon. Prioritäten auch mal für sich setzen.

Und dann werden im Schulfach »Glück« ja noch die Werte gelehrt. Für viele Kinder ist dies bestimmt sehr wichtig. Aber ich schätze mal, wir Frauen haben Werte, was gut und moralisch ist, da brauchen wir keine Nachhilfe.

Bleibt also, Fähigkeiten und Bedürfnisse wieder ins Bewusstsein zu bringen.

Die Schüler wurden zum Beispiel aufgefordert, Kärtchen zu schreiben, auf denen ihre Stärken stehen. Das sollten wir auch tun. Als ich meine Freundin Annika anrief und sie nach ihren Stärken fragte, war plötzlich Stille am anderen Ende der Leitung. Und dabei ist Annika eine selbst ernannte Quasselstrippe. »Meine Stärken?«

»Ja, genau.«

»Mmmh.«

»Jetzt hör mal, du wirst ja wohl deine Stärken kennen, oder?«

Wieder Stille. »Also ehrlich gesagt, außer: Ich kann superlange telefonieren, fällt mir gerade nichts ein.«

»Was ist mit: Kann gut kommunizieren?«

»Stimmt. Das kann ich. Sehr zum Leidwesen von Thomas. Er sagt immer, ich rede in zehn Minuten so viel wie er in einem Jahr.«

»Ich meinte jetzt eher, gut kommunizieren. Diskutieren, Sachen auf den Punkt bringen, dich gut ausdrücken.«

Annika freute sich. »So siehst du mich?«

»Natürlich. Und es wird Zeit, dass du dich auch wieder so siehst.« Positive Bestärkung von anderen wird auch im Glücksunterricht gelehrt, wie ich mittlerweile wusste, und ich merkte es an Annika, wie gut ihr meine Meinung tat.

Also, schreib auch du ein paar Kärtchen. Denke kurz nach und schreib deine Stärken auf. Wenn du dich mal wieder mies fühlst, zieh sie heraus und freue dich daran. Positive Selbstwahrnehmung ist das Ziel des Glücksunterrichts in Schulen und sollte von jetzt an auch wieder mehr dein Ziel sein. Und wenn dir nichts einfällt, frag Menschen, die dich gut kennen. Du wirst dich wundern, wie sie dich sehen, und ich bin sicher, es baut dich auf.

Was Glückspädagogen den Kindern noch beibringen ist etwas, das auch sehr wichtig für uns Erwachsene ist: Krisen bewältigen lernen. Das Leben gestalten, nicht erdulden, ist die Devise.[129] Klingt super, aber wie erlernt man das? Zum Beispiel gibt es die Übung »der rote Lebensfaden«. Für jede Niederlage, die du bewältigt hast, kannst du einen Knoten in den Faden knüpfen. Wenn du dann mehrere Knoten hast, siehst du daran, wie viel du geschafft hast. Das macht glücklich und zufrieden und nimmt dir die Angst vor neuen Krisen. Ein Knoten für verarbeitete Trauer, einer für eine vollbrachte Leistung … so lernen auch Kinder, es aus depressiven Phasen herauszuschaffen.

Noch eine schöne Übung, die sich »warmer Rücken« nennt: Mitschüler kleben einem Schüler Zettel mit Komplimenten auf den Rücken. Es tut einfach gut und man lernt: Wenn du Gutes tust, kriegst du etwas Gutes zurück. An alle männlichen Leser: Vielleicht solltet ihr euren Frauen die Komplimente nicht auf den Rücken kleben, sondern sie ihnen besser sagen. Und besondere, ehrlich gemeinte Komplimente natürlich. Umgekehrt freut sich ein Mann bestimmt auch sehr über ein Kompliment. Oder eine beste Freundin, Nachbarin, Kollegin. Probiert es einfach aus, macht Menschen glücklich und das zu sehen, tut einem selbst auch gut.

Und wie wird das Fach in Indien gelehrt? Da hat der Dalai Lama selbst den Lehrplan zum Schulfach »Glück« dargelegt. Dort wird Glück sogar jeden Tag gelehrt, nicht nur einmal die Woche wie bei uns. Denn Ziel sei es, eine bessere Welt mit glücklichen, wissenden und gutherzigen Menschen zu schaffen, hat er gesagt. Der weise Mann.

Ich könnte ihn dafür knutschen. Gutherzige Menschen gibt es meiner Meinung nach viel zu wenige, die Verrohung der Menschheit nimmt immer mehr zu, gerade in Indien, wenn man an die Respektlosigkeiten und Übergriffe gegenüber Frauen denkt, oder auch in China, wo Menschen an Unfallopfern einfach vorbeigehen.[130] Es ist also offenbar höchste Zeit, die Menschen etwas über Glück, Moral und Mitgefühl zu lehren. Umso besser finde ich es, dass in Delhi »Glück« seit Neuestem an allen öffentlichen Schulen gelehrt wird. Etwa eine Million Kinder kommen in den Genuss, von der Vorschule bis zur achten Klasse. Täglich Meditieren, Spielen, Diskutieren. Sie lernen, Glück zu erforschen, zu erfahren, es auszudrücken, Gefühle wieder zuzulassen. Sie lernen vor allem, achtsam zu sein, mit Stress klarzukommen und sich nett zu verhalten.

Der Dalai Lama hat sogar zur Einführung des Glücksfaches im Juli 2018 getwittert (ob er das wohl von Trump abgeguckt hat?): »Was den inneren Frieden zerstört, sind Wut, Hass, Angst und Furcht.« Wie recht dieser Mann hat. Vor allem ist dieses Glücksfach in Indien wirklich wichtig, wenn man die Missachtung der Frau, die Vergewaltigungen et cetera ansieht. An den Werten sollte da mal ganz schnell geschraubt werden. Aber lassen wir das Thema, sonst könnte ich mich seitenweise darüber aufregen.

Also, was haben wir vom Dalai Lama noch für unseren inneren Frieden gelernt? Wut, Hass, Angst und Furcht sind nicht gut dafür (zu Angst und Furcht siehe auch Kapitel 8 *Die Mut-Challenge*«). Denn mal ehrlich, welche Frau wird nicht von irgendwelchen Ängsten geplagt, die ihr inneres Gleichgewicht ganz gemein torpedieren? Und sei es nur die Angst vor einer riesigen behaarten Spinne im Schlafzimmer.

Die richtige Antwort auf negative Gefühle sei Freundlichkeit, sagt er weiter, und dass man diese Freundlichkeit durch Bildung erreichen könne.

Also Frauen, bleibt freundlich, auch wenn negative Gefühle auf euch prallen. Lasst sie abprallen, dann erreichen sie euch nicht. Wenn euer Mann sauer auf euch ist, weil ihr nicht seine Lieblingswurst eingekauft habt, dann lächelt, bleibt freundlich. Damit kann er ganz sicher gar nicht umgehen und verzieht sich grummelnd in seinen Fernsehsessel.

Und noch etwas ist laut dem Dalai Lama extrem wichtig: Bildung.

Eine gebildete Frau ist also glücklicher? Nicht zwingend, es gibt bestimmt viele sehr gebildete Frauen, die kreuzunglücklich sind. Aber ich glaube schon, dass Bildung viel mit einer Frau macht. Und sei es nur, um deinem Chef oder Partner ordentlich Kontra geben zu können. Damit wächst deren Respekt vor dir und schon sind alle viel zufriedener. Vor allem du.

Allein sich über Glück zu bilden, bringt dich voran. Du kannst dir irgendeinen Glückskurs buchen oder einfach dieses Buch lesen, das die effektivsten Glückstipps enthält. Gut ist auch das Glückstagebuch dazu, um alles zu vertiefen. Dies ist deutlich günstiger und so bleibt dir etwas Geld, um dir etwas Gutes zu gönnen. Sei es ein leckeres Stück Kuchen, ein Babysitter, ein weiteres Buch oder eine andere Sache, die dir einen glücklichen Moment beschert. Sei offen für das Glück. Weltoffen, neugierig und nicht engstirnig. Das macht schon einiges mit dir.[131]

Das Schulfach »Glück« gibt es wirklich und ist eine super Sache. Was du daraus lernen kannst: Bleibe freundlich, wenn negative Gefühle auf dich einprallen, bilde dich immer weiter, lass dir deinen inneren Frieden nicht durch Wut, Hass, Angst oder Furcht zerstören. Führe dir vor Augen, wie viele Krisen und Niederlagen du schon überwunden hast. Mache dir deine Stärken klar, schreib sie auf. Lass dich von anderen positiv bestärken und verteile auch du nette Komplimente.

Das Leben gestalten, nicht nur ertragen, das ist ein erprobtes Leitmotiv zum Glück. Und das Geniale: Studien haben bewiesen, dass man dies erlernen kann.

CHARLY: GLÜCKSFORSCHUNG

Das Beste aus der Glücksforschung und wie du es für dich optimal nutzen kannst

Glücksunterricht hätte ich persönlich auch sehr gern gehabt! Spaß und Schule gingen zu meiner Zeit leider eher getrennte Wege und ich hoffe, dass das Fach »Glück« bald Standard an den Schulen wird. Da wäre übrigens noch reichlich Luft nach oben – so im Hinblick auf Reformen. Aber das ist eine andere Baustelle. Übrigens ist der Glücksunterricht ein Thema, das zur Glücksforschung gehört. Und sich mit Glücksforschung zu beschäftigen, ist wiederum ein Thema, das zu unserem Glücksbuch gehört wie das Hufeisen zum Schornsteinfeger. Wobei ich von der Forschung schon eher wissenschaftlich angehauchte Erkenntnisse erwarte, keine erwürfelten Ergebnisse von Studien mit rosaroten Ferkeln und Fliegenpilzen.

»Glücksforschung?«, wiederholte meine Freundin Zahnlükeneule und ihr war deutlich anzuhören, dass sie sich damit
unwohl fühlte, nichts zu diesem Thema zu wissen. »Jaaaa, das
gibt es als eigene wissenschaftliche Disziplin. Weißt du was, ich
melde mich später wieder, okay?«

Drei Stunden später klingelte mein Telefon und sie hielt
mir einen Vortrag über den Glücksforschungs-Pionier Alfred
Bellebaum. Er ist Soziologe und gründete 1990 das Gemeinnützige
Institut für Glücksforschung in Vallendar. »Er scheint ein schlauer
Hund zu sein, dieser Bellebaum. Ich hab ein Interview[132] mit ihm
gelesen und auf die Frage, ob es eine allgemeingültige Glücksformel
für alle Menschen auf der Welt geben könnte, sagte er: ›Ich bezweifle
es.‹ Und später ergänzt er das mit: ›Das muss sogar scheitern.‹ Wie
ehrlich! Du musst wissen, dass man zwar die biologischen Vorgänge
im Körper durchaus bestimmen kann, die dann quasi zu unserem
Gefühl Glück beitragen, aber welcher Mensch bei was Glück empfindet, also bei welcher Gelegenheit zum Beispiel Endorphine
freigesetzt werden, ist komplett verschieden. Für den einen bedeutet der Geruch eines neuen Buches Glück und für einen anderen
ist das nur Nippes zum Hinstellen, der braucht stattdessen einen
24-Karat-Goldring. Wobei ich bei beidem nicht Nein sagen würde,
so am Rand angemerkt. Mir könntest du mit einem Sportwagen
gestohlen bleiben, ich steh viel mehr auf ein Käfer-Cabrio. Oder
eine Jahreskarte in alle Museen dieser Welt oder …«

Adilette ist die Skeptikerin in meiner Freundinnen-
Runde. Hinter ihr liegen nicht nur eine Schwangerschaft
mit äußerst anstrengender Geburt, sondern auch mindestens acht Diätversuche, die alle fehlgeschlagen sind. Dazu ist
sie eine leidenschaftliche Frauenzeitschriftenleserin und kann
am besten von uns allen mit Klatsch und Tratsch aufwarten.
»Glücksforschung? Ach, Charly, das stell ich mir gar nicht so
einfach vor. Du hast keine Ahnung, wie vielen Lebensmitteln
man schon glücksbringende Wirkung angedichtet hat: Avocado,

fettige Würstchen, scharfe Gewürze, Vanillejoghurt[133]. Was glaubst du, welche Kochexperimente mein Mann schon durchleiden musste? Auch Vanillejoghurt mit Chili und Zimt fand er nicht so lecker. Mittlerweile halte ich es da mit dem … Mist, wie heißt der noch, ach egal, irgendeiner der klugen Köpfe hat behauptet, es sei gesund und mache deshalb sogar glücklich, nichts zu kaufen, was einem die Werbung aufdrängt. Das gefällt mir. Seither kaufe ich viel Regionales und richte mich danach, was gerade reif ist. Alles andere schenk ich mir. Ich bin ja sehr gespannt, was du zum Thema Glücksforschung rausfindest. Wenn du neue Rezepte hast, immer her damit. Wusstest du, dass die englische Königsfamilie ein ganz einfaches Glücksrezept hat: Kinder. Sieht auf jeden Fall so aus oder nicht, sieben plus eins. Also das ›plus eins‹ ist das von Meghan. Auf jeden Fall stand das in einer der Zeitschriften. Die lag da so beim Arzt rum, nicht, dass ich mir die extra kaufen würde. Und Malen soll glücklich machen, am besten draußen in der freien Natur. Hättest du mal Lust, mich zu begleiten und …«

Na, ich erhoffte ja mehr, als auf Rezepte zu stoßen. Glücksforschung war mir zwar ein Begriff aus den Büchern, die ich bis jetzt gelesen hatte, aber Näheres war mir nicht bekannt. Und wenn laut Zahnlückeneule überhaupt keine Ergebnisse zu erwarten sind, die auf alle Menschen passen, für was braucht man dann eine Glücksforschung?

Den Begriff Glück gibt es in Deutschland erst seit dem Jahr 1160, er ist aus den Wörtern »gelucke« oder »gelücke« hervorgegangen, beide Formen bedeuten »gutes Ende«. Andere Kulturen waren da flinker, so hat man sich in Indien bereits seit 8000 v. Chr. mit Methoden zum Erreichen der »Glückseligkeit« befasst. Aber es ist ja nie zu spät, mit etwas anzufangen, gelle. In Deutschland verbindet man mit Glück meistens das Prinzip Zufall, bei dem das glückliche Ende von außen auf einen zukommt und man selbst wenig Einwirkung darauf hat. (Dass man aber schon etwas selbst tun kann, das zeigen wir dir mit unseren erprobten Glückstipps in diesem Buch.) Der Volksmund bezeichnet einen Menschen, der viel (Zufalls-)Glück hat, als Glückspilz. Im Gegensatz dazu gibt es im Lateinischen die Begriffe *fortuna,* der das äußere Glück bezeichnet, und *felicitas,* der auf das innere Glück abzielt. Auch die Engländer verwenden zwei verschiedene Begriffe: *to be lucky* bedeutet *jetzt gerade Glück haben,* was eine Momentaufnahme darstellt mit dem Faktor Zufall, so wie das Finden eines Zehneuroscheins, und *to be happy* beschreibt ein längerfristiges *Glücklichsein,* eines, das du selbst beeinflussen kannst und das etwas mit deiner Lebenseinstellung zu tun hat.[134] Hier wird geschaut, was man sich für sein Leben vorgenommen und welche Ziele man hat und was man bis jetzt davon umsetzen konnte. Ein guter Grund, seine zukünftigen Kinder Fortuna oder Felicitas zu nennen nach dem Motto »nomen est omen«!

Die Glücksforschung, die sich übrigens aus Wissenschaftlern der Bereiche (Positive) Psychologie, Philosophie, Medizin, Soziologie, Wirtschaftswissenschaften und anderer Disziplinen zusammensetzt, lässt das Zufallsglück außen vor und konzentriert sich auf das Lebensglück. Wenn man Romane liest und untersucht, was die Motivationen der handelnden Personen sind, stoßen wir immer auf das Glück, das angestrebt oder gesucht wird. Es ist so etwas wie der Sinn im Leben, da sämtliche Mühen, die wir auf uns nehmen, unserem eigenen Glück dienen. Ob wir das Glück in der Liebe suchen, in materiellen Anhäufungen, in der Zuneigung zu unseren Kindern oder indem wir auf Reisen gehen. Die Bäckerin Elisabeth ist tief in ihrem Herzen eigentlich Schneiderin und alles dreht sich darum, sich ihren Lebenstraum zu erfüllen? Das ist ihr persönlicher Glücksweg. Wenn dann noch so drei bis fünf Männer ihren Weg kreuzen, eine hitzige Affäre mit ihrem Angestellten und zehn Paar Schuhe mit reinspielen, haben wir Dramatik und Leidenschaft. Die Leidenschaft bezieht sich hierbei auf die Schuhe, is ja klar, oder?

Der Soziologe Gerhard Schulze definiert Glück 1 als ein Freisein von Leid und Mangel und sagt, dass darauf das eigentliche Glück 2, definiert als ein schönes Leben, aufbaut. Dass wir ausreichend Geld haben sollten, um unsere Grundbedürfnisse zu erfüllen, ist eine der Voraussetzungen für Glück. Daneben bilden Freundschaft, Beziehung, Kinder, ein zum gewissen Teil erfüllender Beruf und Gesundheit weitere Pfeiler. Einige davon will ich näher beleuchten.

Doch zunächst hätte ich gerne ein paar Fakten, die uns zu einem glücklicheren Leben verhelfen sollen, so rein wissenschaftlich betrachtet. Und zwar pronto. Dieses Rumeiern ohne Fakten macht mich hibbelig.

Es hat nicht nur etwas mit Genen zu tun, ob du glücklich sein kannst oder nicht, jeder Mensch kann tatsächlich etwas an seinem Glücksempfinden ändern und das bis ins hohe Alter. Wie du siehst, hat es durchaus Sinn, dieses Buch zu lesen! Da geht noch was in deinem Leben. Und zum Stichwort Gene: Es gibt Studien, die haben herausgefunden, dass es Länder gibt, in denen gehäuft Genmutationen vorkommen, die die Aufnahme von Serotonin erleichtern und somit schneller ein Glücksgefühl zustande kommen lassen.[135]

Es ist kein Automatismus, dass man glücklich wird, wenn alle negativen Faktoren um einen herum ausgeschaltet werden. Man kann auch glücklich sein, wenn das Leben nicht zu 100 Prozent in Balance ist. Denn es ist quasi deine Sicht der Dinge, wie du Ereignisse und Umstände bewertest, was glücklich oder unglücklich macht. Man kann glücklich als Müllmann sein oder als Chef einer Firma. Mit goldenem Löffel im Mund oder einem Gemeinschaftsplumpsklo. Die Glücksforschung bezeichnet das als »subjektives Wohlbefinden«, nur du selbst kannst beurteilen, was dich glücklich macht.[136]

Es kam bei Studien heraus, dass vor allem unsere Freundschaften und familiären Bindungen maßgeblich daran beteiligt sind, wie glücklich wir uns fühlen. Reich und einsam verliert gegen arm und geborgen.

Verschiedene Umfragen und Studien zur Lebenszufriedenheit hat der Soziologe Professor Jan Delhey von der Universität Magdeburg erstellt und ausgewertet. Als Fazit hat er eine Glücksformel entwickelt, die besagt, dass das Glücklichsein sich aus einem Drittel Haben, einem Drittel Lieben und einem Drittel Sein zusammensetzt. Das bedeutet, dass man ausreichend Geld zur Existenzsicherung braucht (Haben), vertrauensvolle Beziehungen voller Geborgenheit (Lieben) und einen Sinn im Leben (Sein). Die materiellen Bedingungen sehen in Deutschland im globalen Vergleich recht gut aus, Delhey legt seinen Finger auf den Punkt Liebe und Sein. Es reicht nicht, wenn wir finanziell abgesichert sind, denn ab einem gewissen Punkt gewöhnen wir uns an das Geld und unsere Wünsche steigen bei mehr Geld einfach nur automatisch mit an. Daher macht mehr Geld nicht glücklich, wir brauchen auch ein soziales Wohlfühlbecken und etwas, das uns ausfüllt und erfüllt. Ob Beruf, Hobby oder Familie.[137] Auf diese Aussage stieß ich bei meinen Recherchen immer wieder. Um richtig glücklich zu sein, bedarf es neben diesen drei Punkten auch der Möglichkeit, sich frei entscheiden zu dürfen. Viel Geld, gute Freunde und Lebensinhalt, wie zum Beispiel Kinder, machen den Kohl nicht so richtig fett, wenn man in einem goldenen Käfig eingesperrt ist und andere Menschen einem vorschreiben, was man zu tun hat oder was man nicht machen darf.

Sind die Erkenntnisse jetzt so neu? Eigentlich nicht, oder? Wir alle wissen eigentlich, dass man mit Geld nicht reden kann (lassen wir Dagobert Duck mal außen vor) und wir soziale Wesen sind, die in sich eine Ladung voller Emotionen, Wünsche und Talente tragen. Nur machen wir uns das auch so bewusst? Halten wir mal inne und denken darüber nach, wie unser Weg gerade so verläuft? Oft nicht!

Adilette bezeichnet das als »Dahinplätschern der Lebensenergie«. Phasenweise geht es nicht anders, da muss man einfach nur funktionieren, vor allem wenn man Beruf, Familie, Freizeit und Freunde unter einen Hut stopfen will. Da ist Frau manchmal mehr Roboter denn Mensch. Aber mal ganz ehrlich – verbringe mal bewusst einen Tag und check dein Verhalten. Nicht nur die Handy- oder TV-Nutzung, sondern ob du nicht zeitliche Inseln frei buddeln kannst! Auch die Gedanken brauchen Zeit, sich zu entfalten, und Auslauf. Der Glücksforscher Florian Langenscheidt bezeichnet die Ziele, die wir uns in unserem Leben setzen, als »funkelnde Wegmarken«. Ohne sie würden wir erst gar nicht losgehen und die ganzen Nebenglücksschauplätze mitnehmen. Erst wenn du deinen Po von der Couch bewegt hast, kannst du die Blumenwiese wahrnehmen und vielleicht sogar eine Begegnung mit einem anderen Spaziergänger haben. Das geht natürlich nur, wenn du auch offen für das kleine Glück unterwegs bist. Und du solltest das Handy vom Ohr nehmen, sonst siehst du vielleicht nur die Straße. Manchmal haben wir überhaupt keine Zeit dafür, über unsere Ziele nachzudenken, das ist aber wichtig! Es geht nicht einmal darum, sie auch zu 100 % zu erreichen, sondern sich auf den Weg zu machen und die Sinne geschärft zu benutzen. Wer weiß, was sich auf dem Weg so alles ergibt![138]

Eine der umfangreichsten Langzeitstudien hat die US-amerikanische Harvard University in Cambridge zu dem Thema »Wie ein glückliches Leben gelingt« durchgeführt, die sogenannte Grant-Studie. Unter der Leitung des Psychiatrieprofessors George Vaillant wurden seit dem Jahr 1937 insgesamt 268 männliche Harvard-Absolventen der Jahrgänge 1939 bis 1945 sowie ab einem späteren Zeitpunkt auch eine Gruppe von Bostoner Absolventen aus weniger privilegierten Verhältnissen befragt, und zwar über ihren Werdegang, ihre Karriere, Familie, Erfolge und Misserfolge. Begleitet von regelmäßigen medizinischen Untersuchungen führten die Fragen tief ins Privatleben und die Persönlichkeit. Die Befragten, unter denen sich auch der Schriftsteller Norman Mailer sowie der Präsident John F. Kennedy befanden, sollten nicht nur rückblickend Entscheidungen auf den Prüfstand stellen, sondern auch Intimes offenbaren, wie die Häufigkeit der Masturbation. Glücksfaktoren, die man bis jetzt ermittelt hat, sind allerdings eher ernüchternd: Treib Sport, iss und trink nicht zu viel, Finger weg von Kippen und Drogen, halt deine Birne fit und versuche, vor fünfzig in einer stabilen Beziehung zu landen. Wichtig ist natürlich die Gesundheit, etwas, das man nicht kaufen kann, und worum man sich schon relativ früh kümmern soll. Ja, ich geh wieder Joggen. Versprochen! Spätestens, wenn es hier in Schweden richtig warm geworden ist. Ein weiterer wichtiger Punkt ist die Bindung zu anderen Menschen.[139] Schieb deinen Po von der Couch und triff dich endlich mal wieder mit Freunden oder lade deinen Partner auf ein leckeres Kaltgetränk am Abend ein oder was Warmes zum Mittag oder so und zeig den Lieblingsmenschen um dich herum, dass du sie magst.

In der Literatur zur Glücksforschung[140] tauchen immer wieder diese bereits genannten Punkte auf. Vertiefend schauen wir uns die Gefühle an, die Indikatoren für Glück sind: Wie tief zieht dich ein Ereignis runter oder wie locker kannst du mit einem Schicksalsschlag umgehen? Das sind die Fragen der Fragen. Wenn du Nervendes locker wegsteckst, hast du definitiv bessere Chancen, glücklich durchs Leben zu tanzen. Und je älter du wirst, desto glücklicher kannst du dich wahrscheinlich fühlen, weil dir klar wird, dass es nicht nur das lautjauchzende Hoch geben kann, sondern dass es auch Wellenbewegungen nach unten gibt und du trotzdem ein gutes Leben führen kannst. Und das bringt uns auf die Achtsamkeit – achtest du überhaupt auf deine Gefühle? Aber lies dazu gerne mehr in Kapitel 10 »Achtsamkeit«.

Zahnlückeneule rief am nächsten Tag an, das Thema Glücksforschung schien ihr zu gefallen. »Wusstest du, dass es einen Glücksmuskel[141] gibt? Dr. Gerald Hüther, Professor für Neurobiologie an der Psychiatrischen Klinik der Universität Göttingen – sorry, das musste ich gerade ablesen –, hat die Entstehung von Gefühlen untersucht und ist auf ein neurophysiologisches System gestoßen, hat also was mit Nervenzellen und Hormonen zu tun, und das ist für die Entstehung der Gefühle zuständig. Es soll wie ein Muskel funktionieren, den man sogar trainieren kann. Ob es dann wohl auch einen Gefühlsmuskelkater gibt?«

Ich lachte. »Das nennt sich dann wahrscheinlich Liebeskummer.«

»Oder Migräne.«

»Weißt ˙ du, das erinnert mich an das Stichwort Wahrnehmung. Dazu hab ich schon was geschrieben.«

»Cool, dann lese ich das später nach. Aber vielleicht verrätst du mir ja auch was darüber, wenn ich dich in Stockholm besuchen komme.«

»Klar!«

»Übrigens hat die Positive Psychologie herausgefunden, dass wir umso erfolgreicher arbeiten, je glücklicher wir sind«[142], erklärte ich ihr. »Das ist doch, gerade auch für Arbeitgeber, ein höchst interessanter Aspekt.« Tatsächlich gibt es bereits Firmen, die sich so etwas wie einen Glücksbeauftragten leisten, um die Mitarbeiterinnen und Mitarbeiter happy zu stimmen und damit leistungsfähiger zu machen. Quasi eine Win-win-Aktion. Eine solche Glücksstrategie anzuwenden soll für das Unternehmen sogar entscheidend sein, wenn es wettbewerbsfähig bleiben will, denn die Lebenserwartung der Menschen steigt und parallel dazu der Anspruch, den die Angestellten an den Tag legen. Die Umsetzung erfolgt auf zwei Beinen: Zum einem soll der Einzelne lernen, was die Glücksforschung an Erkenntnissen gewonnen hat und wie man das für sich persönlich zur Glückssteigerung umsetzen kann. Das zweite Bein steht dem Arbeitgeber auf dem Schlips und zeigt mit dem Finger auf die Arbeitsbedingungen und die Work-Life-Balance sowie die Gestaltung des Arbeitsplatzes[143]. Leute, da geht noch was, oder? Also wenn ich an die Jobs denke, die ich bis jetzt hatte … da waren nette dabei und echt krasse, aber Überstunden wurden in Deutschland fast überall vorausgesetzt. Fangen wir doch hierbei an. Das ist übrigens eine der feinen Seiten in Schweden – hier arbeiten die meisten, um dann ihre Freizeit zu genießen und nicht anders herum, dass die Leute in der Arbeit ihre alleinige Erfüllung sehen. Nach 16 Uhr erwischst du hier übrigens fast keinen mehr.

Johannes Hirata, Professor für Volkswirtschaftslehre an der Hochschule Osnabrück, hat noch eine weitere Idee: »Ich bin der Überzeugung, dass es uns guttun würde, wenn wir in Vollzeitjobs weniger arbeiten würden, vielleicht 30 Stunden pro Woche. Wir hätten mehr Zeit füreinander, für unsere Kinder und für uns selbst, könnten die vielen Anforderungen besser unter einen Hut bringen und hätten so weniger Stress.«[144] Das unterschreibe ich sofort.

Vielleicht sollte man sich bei Harry Potter ein Scheibchen abschneiden und zusammen mit Harald Friedl ein Glücksministerium gründen. Friedl ist österreichischer Regisseur und hat mit der Kino-Dokumentation »What Happiness Is« eine Welle ausgelöst. Im Mittelpunkt steht das Glücksministerium des Königreichs Bhutan, das sich zur Aufgabe gemacht hat, das Bruttonationalglück für seine Bevölkerung zu steigern und die Wirtschaft hintanzustellen[145]. Eine exakte Definition dieses Bruttonationalglücks gibt es wohl nicht, aber folgende Zusammenfassung wird des Öfteren genannt: »Das Bruttosozialglück [Anm.: Hier ist das Bruttonationalglück gemeint.] steht [Anm.: im Gegensatz zum Bruttonationalprodukt] für die Idee, dass das Weiterkommen einer nachhaltig zusammenwachsenden Gesellschaft davon abhängt, dass eine Balance zwischen materiellem und emotionalem Wohlbefinden besteht. Ein ganzheitliches Zusammenspiel von spirituellen und kulturellen ebenso wie materiellen Inspirationsquellen fördert die positive Entwicklung der Menschen, die sich als Teil der Gesellschaft geschätzt und wahrgenommen fühlen. Dies macht die Qualität einer geistig gesunden Gesellschaft und dadurch auch starken Nation aus.«[146] Um dieses große Ziel umzusetzen, basiert die Regierung auf vier Punkten: dass die Regierung selbst einen guten Job macht, auf dem Schutz der Umwelt, der Bewahrung des kulturellen Erbes und einer nachhaltigen Entwicklung von Gesellschaft und Wirtschaft. Wobei natürlich auch hier nicht alles Gold ist, was glänzt. Die Regierung greift mit Regeln zum Glücklichsein, wie etwa die Tabakverordnung, in das individuelle Entscheiden ein, um so den Faktor Gesundheit positiv zu beeinflussen, und schränkt das Rauchen massiv ein.

Für den Regisseur Harald Friedl[147] bedeutet Glück, sich mit sich und der Welt verbunden zu fühlen. Entweder durch andere Menschen oder auch mit Büchern, Musik, Kunst oder Filmen. Er würde es begrüßen, wenn bei uns auch so ein Ministerium eingeführt werden würde, mit dem Ziel, sich mit den Werten unserer Zeit auseinanderzusetzen und zu schauen, wo unsere Zukunft liegt. An der Uni Mannheim wurde so ein Glücksministerium als Studentenprojekt angelegt und die selbst ernannte Glücksministerin hält Vorträge darüber.[148]

Zahnlückeneule rief mich einen Tag später wieder an: »Wusstest du eigentlich, dass der 20. März der Weltglückstag ist und uns daran erinnern soll, dass neben der Kohle auch Mitgefühl und Nachhaltigkeit wichtig sind?«

Klar wusste ich das. »Wusstest du, liebe Euli, dass Buthan …«

Euli erwiderte: »Klar wusste ich das, aber weißt du, dass eine Umfrage vom März 2019 besagt, dass sich zwei Drittel der Menschen in Deutschland als glücklich bezeichnen?«[149]

Ich so: »Das ist doch toll. Und weißt du, dass es tatsächlich ein Gen gibt, das das Hormon Serotonin in die Zellen leitet? Es heißt SLC6A4 und existiert in einer Kurzform und in einer Langform. Diejenigen Menschen, die die Langform haben, bekommen mehr Serotonin ab und sind dadurch glücklicher. Aber das beeinflusst nur zu 50 % unser Glücklichsein, 10 % sollen die Lebensumstände ausmachen, und es sind tatsächlich 40 %, die wir selbst lenken können.«[150]

Das heißt für dich: Du bist deines Glückes Schmied, such dir die für dich passenden Glückstipps aus und *do it*. Beim Stichwort *do it* bin ich bei meinen Recherchen auf was Nettes für Anja gestoßen: Wir können Glück trainieren. Die Wirkung von Glückstagebüchern ist durch die Glücksforschung erwiesen. Jeden Tag schöne Dinge aufschreiben, das macht was mit dir. Liebe Anja, schreibe in ein Glückstagebuch und guck, was es mit dir macht.

Die Glücksforschung bestätigt zum Glück all unsere Glückstipps in diesem Büchlein. Sie bestätigt außerdem: Glücklichsein beschenkt uns mit mehr Motivation, einem besseren Immunsystem, einem längeren Leben, man fühlt sich subjektiv besser, festigt seine Beziehungen, arbeitet produktiver und erhöht seine Lebenserwartung.[151] Es lohnt sich also, das Glück zu suchen, was sich dann sogar auf den Arbeitsplatz überträgt sowie auf alle Beziehungen, die der Einzelne so pflegt. Deshalb: Augen auf für Dinge, die glücklich machen!

Eine Langzeitstudie besagt, dass Freundschaften und positive familiäre Bindungen mit das Wichtigste sind. Hege und pflege sie, vielleicht ist die bucklige Verwandtschaft ja netter, als du dachtest.

Investiere dein Geld in schöne Erlebnisse: Geh mit Freunden ins Kino, unternimm eine Reise oder lade deinen Partner zu einem leckeren Essen beim Italiener oder Inder ein. Neben den schönen Dingen brauchst du etwas, das dich im Leben erfüllt, ob Beruf, Hobby, Ehrenamt. Lass deinen Talenten und deinem Herzen freien Lauf.

Umgib dich mit glücklichen Menschen, denn eine positive Sichtweise ist ansteckend. Und wenn du positiv denkst, steigert das deinen kreativen Horizont – du gelangst zu ganz anderen Lösungen, als wenn du nur negativ vor dich hinbruddelst.

Sport und Meditation kurbeln die Produktion der Glückshormone an und können relativ schnell für bessere Laune sorgen.

23.

ANJA: *DIE GLÜCKSTAGEBUCH-CHALLENGE*

Kurz in Stichworten notiert. Zur Not auch auf der Rückseite des Einkaufszettels

Was für eine hübsche Challenge, ich soll ein Glückstagebuch führen. Sofort sehe ich mein altes rosa Tagebuch aus meiner Kindheit mit den Blümchen und dem kleinen Schlüssel vorne dran vor mir. Als Mädchen habe ich mehrere Wochen Tagebuch geschrieben. So Dinge wie: »Liebes Tagebuch, bitte mach, dass Schnuppi (mein Kaninchen) nicht bald stirbt, Sonja hat mich heute so doof angeguckt, Papa war sauer, weil ich so lange ferngesehen hab.« Man konnte schon früh mein literarisches Talent als Schriftstellerin erahnen.

Seit ich ungefähr zehn war, habe ich kein Tagebuch mehr geschrieben, weil Schnuppi tot war und abschließbare Tagebücher ja immer die Gefahr bargen, von der Mutter oder

der Schwester gelesen zu werden. Die wirklich peinlichen Gedanken kann man also gar nicht aufschreiben. Aber hier soll es ja nicht um peinliche Gedanken gehen wie: »Wieso geht Timo mit Svenja Eis essen? Ich finde ihn doch süß, aber er beachtet mich gar nicht«, sondern um positive Gedanken, darum, die eigenen positiven Gefühle zu verstärken.

Seit ich zuletzt Tagebuch geschrieben habe, ist sehr viel in meinem Leben passiert und leider habe ich nichts davon aufgeschrieben. Schade irgendwie. Auch nicht meine Gefühlszustände habe ich irgendwo notiert, die von glückselig bis ganz schön traurig gereicht haben. Wie vermutlich bei jeder von uns phasenweise. Und genau die schlechteren Phasen, die jede Frau hat, wenn wir mal ehrlich sind, soll so ein Glückstagebuch verkürzen. Das ist der Plan.

Hattest du als Kind auch viel mehr positive Gefühle in dir als jetzt? Sie sind in dir, also lass sie raus. Mit einem Glückstagebuch kannst du dein Gehirn auf mehr positive Gefühle langfristig umprogrammieren. Das hat die Glücksforschung herausgefunden[152]. Und wie geht das? Na, mit der Amygdala im medialen Teil des Gehirns. Sie wird auch als Mandelkern bezeichnet und ist Teil des limbischen Systems. Vor allem analysiert dieser Teil Gefahren, steuert unsere Furcht und Aggressionen. Hier werden Erlebnisse abgespeichert. Miese, aber eben genauso auch gute.

Wenn du also täglich Glückstagebuch schreibst, programmierst du deinen Mandelkern auf positive Empfindungen, erhöhst dein Glücksgefühl. Dafür solltest du das Glückstagebuch am besten drei Monate täglich führen, noch besser ist natürlich länger, sagt die Forschung.[153] Aber sogar schon nach ein, zwei Wochen wurden in Studien erstaunliche positive Erfolge erzielt.[154]

Da ich mich immer schon gefragt habe, wie Gehirnwäsche funktioniert, freue ich mich, es in dieser Challenge an mir selbst ausprobieren zu können. Positive Gehirnwäsche, wohlgemerkt.

Mit gut duftendem Weichspüler und einem Happy-Hippo-Bild vorne drauf.

Das wäre doch wirklich ein großartiger Glückstipp, wenn Frau allein durch das ständige kurze Aufschreiben von schönen Gedanken langfristig zufriedener wird. Also auch großartig für den Mann, der natürlich genauso ein Glückstagebuch führen kann und sollte. Denn wer will schon einen Griesgram auf dem Sofa sitzen haben?

Okay, jeden Tag ein bisschen was aufschreiben kann ja nicht so schwer sein, denke ich. Tu ich als Autorin ja eh den ganzen Tag. Auch wenn nicht jeden Tag alles Geschriebene Sinn ergibt und am nächsten manchmal wieder seufzend gelöscht werden muss.

Du schreibst gar nie etwas auf, sogar bei WhatsApp nimmst du lieber die Sprachmitteilung?

Kein Problem, sofern du schreiben kannst. Aber davon gehe ich jetzt mal aus. Ein, zwei Sätze zu jeder Aufgaben- oder Fragestellung genügen. Wirklich! Du kannst auf alles schreiben, was dir zwischen die Finger kommt, sogar die Rückseite von Einkaufszetteln würde ausreichen. Kauf dir ein Glückstagebuch (falls als E-Book, kannst du ja auf einen hübschen Block oder eben den Einkaufszettel schreiben). In so einem Glückstagebuch werden dir jeden Tag Fragen oder Aufgaben gestellt, du wirst also schön ans Händchen genommen und stehst nicht vor einem leeren Blatt/Dokument wie ich als Autorin immer. Und glaube mir, das ist manchmal so hart wie als Pinguin allein auf einer Scholle. Bevor ich damit anfange, mache ich mich zu dem Thema noch schlauer.

Die Methode wird in der Psychotherapie recht häufig angewandt und stärkt anscheinend wirklich die positiven Gefühle, die positive Sichtweise. Eine Frau mit, wie sie selbst sagte, schlechtem Selbstbewusstsein, hat es an sich ausprobiert und ihr Selbstbewusstsein wurde wirklich besser. Die Autorin Gala

Darling hat 2012 das Prinzip der »Radical Self Love« vorgestellt und sich da vor allem an Frauen gewandt.[155] Toll, genau das Richtige für uns Frauen, die oft ein wackeliges Selbstbewusstsein haben, obwohl keinerlei Grund dafür besteht. Warum das so ist? Vermutlich wurden viele Mädchen nicht besonders gestärkt in der Erziehung, weil ihre Mütter das auch nicht wurden? Anders kann ich es mir nicht erklären. Und so mancher Mann, der keine zu selbstbewusste Frau erträgt, tut vermutlich sein Übriges. Aber wehret euch, ihr tollen Frauen. Jede von euch ist einzigartig. Vielleicht ist ein Glückstagebuch genau das Richtige für dich, um deinem Selbstbewusstsein noch mal einen kräftigen Schub zu geben und es aufzupimpen.

Komplimente sollst du übrigens auch hineinschreiben. Du bekommst keine? Mist. Dann fordere sie ein. Von deinem Mann, deinem Freund oder Arbeitskollegen. Zur Not vom Briefträger. Der Briefträger ist der Mann in deinem Leben, der dich schon in den erbärmlichsten Zuständen gesehen hat? Der macht dir sicher kein Kompliment? Stimmt, meiner musste auch schon einiges mitmachen. Ich denke da nur an lehmige Pflanzenhaarfarbe auf meinem Kopf. Ich ungeschminkt und mit Handtuch um den nackten Körper. Aber egal. Manchen Männern muss man einfach auf die Sprünge helfen. Wenn es uns durch ein Kompliment gut geht, geht es ihnen ja auch besser. Insofern sollten sie sich einfach angewöhnen, Komplimente großzügig, aber natürlich auch ehrlich zu verteilen. Du im Übrigen auch. Deine Freundin, dein Mann, deine Kinder, deine Nachbarin, die Verkäuferin in der Bäckerei, sie alle freuen sich darüber. Allein, dass ich dir dieses Bewusstsein dafür klargemacht habe, hat schon wieder etliche Menschen glücklicher gemacht. Eine wirklich wirksame Challenge. Und zur Not machst du halt dem Postboten ein Kompliment.

Es gab in Deutschland zwei Pilotstudien, die die Wirksamkeit von Glückstagebüchern getestet haben. Eine nur

244

eine Woche lang, die andere zwei Wochen lang. Und es kam trotzdem heraus, dass es wirkt, die depressive Gestimmtheit wurde reduziert, die positiven Effekte waren nicht zu übersehen.[156] Genial, sogar in so kurzer Zeit. Besser ist natürlich, länger dranzubleiben, wie es die Wissenschaftler empfehlen. Auch meine Freundin Maria, die – seit sie meditiert – sehr offen für alle Glückstipps ist, führt seit einiger Zeit Glückstagebuch und ist begeistert davon. Weitere Beweise liefern die vielen überzeugten Leser, die schon Glückstagebücher ausgefüllt haben und in ihren Rezensionen auf Amazon von der Wirksamkeit schwärmen.

Also, ran an den Speck. Weil Charly und ich so begeistert von der Idee waren, dich (und uns auch) mit einem Glückstagebuch langfristig zufriedener zu machen, haben wir passend zu diesem Glücksbuch ein Glückstagebuch als Begleit- und Geschenkbuch geschrieben: »Ich im Glück – Mein Glückstagebuch zum Selbstausfüllen«. Humorvoller, lockerflockig, also nicht zu dröge, damit es auch gleichzeitig Spaß macht. Du kannst es dir selbst schenken. Entweder als E-Book, dann leg einen Block oder ein hübsches Notizbüchlein daneben, auf das du die Antworten schreibst, oder als Taschenbuch beziehungsweise Hardcover, in das du deine Antworten hineinschreiben und später auch noch mal nachlesen kannst. Auch schön als Geschenk für deine Freundinnen und Freunde. Einen kleinen Auszug davon zeige ich euch hier schon mal und ich nehme es gleich her für meine Glückstagebuch-Challenge. Ich, das Versuchskaninchen sozusagen.

So, es geht los:

> »Ich im Glück – Mein Glückstagebuch zum Selbstausfüllen«
> *(von Anja Saskia Beyer und Charly von Feyerabend – ein kleiner Auszug)*

Glückwunsch! Mit diesem Tagebuch bist du deinem persönlichen Glück einen Schritt nähergekommen. Anstelle von Glückskleeblätter suchen oder Schornsteinfeger küssen brauchst du bloß deine Nase hier hineinzustecken. Somit sparst du dir nicht nur lästige Rückenschmerzen oder Rußflecken, sondern du packst das Glück am Schlafittchen. Wie heißt es so schön: Nicht an den Symptomen herumdoktern, sondern ursächlich arbeiten – und das passiert hier.

Stell dir dein Gehirn wie eine Festplatte vor, die man langfristig umprogrammieren kann. Und zwar so, dass es dir das Glück anzeigt, das dir jeden Tag vor die Flinte hoppelt. Zielen, abdrücken und bewusst wahrnehmen. Dankbar sein ist wichtig und man kann es lernen. Genießen natürlich auch noch. Die Stolpersteine auf dem Weg sind eingefahrene Denkmuster und Verhalten, die uns wie kleine, fiese Trolle in staubgraue Einbahnstraßen zerren wollen. Aber damit ist jetzt Schluss!

Pack deinen Superpoweranzug aus und lass die Muskeln spielen! Mit anderen Worten: Spitz deinen Bleistift an und tauch in das Buch ein.

Und das Beste daran: So lange, wie du für das Schlürfen einer heißen Tasse Tee brauchst, so lange dauert auch nur dein Tagebucheintrag. Es gibt also keine Faulbär-Ausreden, wie »Sorry, aber meine Hausmotte hat den Superpoweranzug gefressen«, du kannst sogar in der verkrümelten Pyjamahose dein Gehirn rauchen lassen. Denn das Glückstagebuch abends auszufüllen ist besser, dann kannst du den Tag Revue passieren

lassen. Du wirst bald sehen, wie sich negative
Gedanken ganz leicht in positive Happiness und
Zufriedenheit wandeln.

Klingt gut, oder? Ich überspringe mal ein paar Seiten im Glückstagebuch, weil ich ja schnell die Challenge starten will, und trage, während ich im Schlafanzug mit einer Tasse Ingwertee abends dasitze, ein:

> *Name:*
> *Wenn sich dieses Buch verlaufen sollte, dann bitte*
> *diese Telefonnummer kontaktieren. Mein Dank*
> *und vielleicht sogar eine Tasse Heißgetränk mit*
> *Keks sei dir sicher:*

Anja Saskia Beyer – ich schreibe meine Facebook-Seite auf, da kann man mich auch kontaktieren: www.facebook.com/ AnjaSaskiaBeyer

Ich lese weiter:

> *Warum ich mir das Buch gekauft habe oder*
> *warum es mir wohl geschenkt wurde (Letzteres*
> *nicht, weil ich immer so einen Flunsch ziehe, hoffe*
> *ich zumindest – sondern weil jeder weiß, dass ich*
> *ein weltoffener Mensch bin, der aus seinem Leben*
> *das Beste herausholen möchte. Und das in wenigen*
> *Minuten täglich, am besten abends mit Tee oder*
> *einem anderen Getränk in der Hand):*

Weltoffen bin ich, denke ich, und das Beste aus meinem Leben herausholen wollte ich schon immer. Und am besten natürlich im Pyjama, mit Ingwertee und gemütlich im Sitzen.

Ich schreibe auf, warum ich das Glückstagebuch ausfülle: »Weil Charly mir diese Challenge gestellt hat.« Mmhm, denke ich – suboptimal, klingt nicht wirklich hoch motiviert. Ich schreibe weiter: »Und weil ich unseren Lesern beweisen will, dass es wirklich etwas bewirkt, ein Glückstagebuch zu schreiben. Auch den Oberskeptikern. Und dass es nicht anstrengend ist, sondern sogar erfüllend – etwas auszufüllen.«

Wochencheck:

Was sagst du heute auf einer Skala von 1 bis 5, wobei 1 das niedrigste ist und »ganz schlecht« oder »trifft überhaupt nicht zu« bedeutet bis zur vollen Punktzahl 5 mit »sehr gut« oder »trifft total zu«.

Wie geht es dir heute? Fühlst du dich wie ein ausgewrungenes Küchenhandtuch oder eher wie eine Prinzessin? 1 2 3 4 5
Ich kreuze an: 2, denn ich fühle mich ausgelaugt und ausgequetscht, mein Krönchen ist heute ganz schön verrutscht.

Fühlst du dich so glücklich wie eine Amsel im Maul eines Hundes? 1 2 3 4 5
Ich kreuze an: 4, weil so ein bisschen armselig fühle ich mich.

Hast du in den letzten Tagen viel gelacht? (Schadenfreude bitte nicht mitzählen) 1 2 3 4 5
Ich kreuze an: 4, weil ich oft lache, auch wenn es manchmal ein verzweifeltes Lachen ist, wenn die Pubertiere zuschlagen, so wie heute.

Insgesamt bewegt sich meine Zufriedenheit also im oberen Mittelmaß. Aber wer will schon Mittelmaß? Das ist wie bei den Männern. Luft nach oben ist immer. Mittelmaß will keiner, oder wer will schon einen Traumschwiegersohn? Also ich will mehr vom Leben, schmökere weiter im Glückstagebuch und fülle fleißig aus, während ich meinen Tee weiter schlürfe.

Ich lese gespannt:
Motto der Woche: Lachfältchen generieren

Tag 1

Gedankenwolke
Was macht eine positive Lebenseinstellung mit dir – außer, dass du mehr Lachfältchen bekommst?

Du strahlst innerlich. Und das ist wie mit dem Licht, das die Nachtfalter, aber auch die schönen Schmetterlinge anzieht. Jeder will lieber mit einer innerlich strahlenden Frau zusammen sein (auch Kollegen oder Chefs), als mit einer griesgrämig dreinblickenden. Also lass uns zusammen dein Strahlen hervorkitzeln und langfristig festtackern.

Und wenn dir einer motzig kommt und dich runterziehen will?

Eine Freundin, wir nennen sie Klebeglitzernagel, sagt immer: »Wenn an mir einer rummeckert, guck ich ihn nur an und denke: Hattest letzte Nacht wohl keinen Sex, oder? Meistens passt doch etwas im Leben der Leute nicht, die an anderen rumkritisieren!«

Also: Nicht die Kritik von anderen ungefragt anziehen! Sie hat sehr oft nichts mit dir zu tun. Denn du bist besonders. (Okay, manchmal auch besonders chaotisch oder manchmal besonders schlecht drauf, aber das wollen wir ja ändern.)

Fühle beim Beantworten der Fragen in dich rein, höre auf dein Bauchgefühl, dann erst schreibe deine Antwort auf.

Jede Woche wiederholen sich Fragen, das ist gewollt und wichtig, damit sie auch langfristig positiv wirken.

Tag 1:

Welcher Wochentag ist heute _____, Datum: _____

> *Frage 1:*
> *Wofür bist du dankbar, auch wenn es nur die Tatsache ist, dass dir heute kein Vogel auf den Kopf geschissen hat? Fallen dir zwei Vogelschisse ein?*

Meine Antwort: Hey, yippie, ich hab die U-Bahn erwischt, obwohl ich im Sprinten in der Schule immer aus dem letzten Loch gepfiffen hab. Und ich hab mich diesmal nicht in der Tür eingeklemmt wie das letzte Mal.

> *Frage 2:*
> *Gab es heute eine Situation, in der du Gutes für jemand anderes gemacht hast? Kinderwagen hochtragen, ein Kompliment an einen besonders griesgrämigen Kollegen verschenkt oder etwas ganz anderes?*

Meine Antwort: Ich habe einen Käsekuchen gebacken und einen Großteil an die Nachbarskinder verteilt. Den Rest haben meine Familie und ich gefuttert und so habe ich sehr viele Menschen mit nur einem Kuchen sehr glücklich gemacht.

> *Frage 3:*
> *Was war heute ein besonderes Erlebnis? Nenne eine Winzigkeit, die die meisten anderen*

Menschen gar nicht registriert haben, weil sie
so klein war wie eine Ameise. Aber dir hat sie
ein Honigkuchenpferdgrinsen entlockt, vielleicht
auch nur innerlich.

Meine Antwort: Mein Hund hat so niedlich mit einem Welpen gespielt, dass ich selig danebenstand und froh war, so einen lieben Hund zu haben.

Glücksaufgabe des Tages:
Plan dir doch noch für heute oder morgen etwas
Zeit zur Entspannung ein! Was nimmst du dir
vor, damit du dich so gechillt fühlst wie ein
Murmeltier in der Sonne?

Meine Antwort: Bei Entspannung fällt mir sofort die Badewanne ein, die ich heute geschrubbt habe. Dabei hab ich mich nämlich gefragt, warum ich sie so selten benutze. Super Idee, ich bin ja eher eine Warmduscherin, aber gleich lege ich mich endlich mal wieder in die Wanne. Mit Lavendelöl, Orangenduftkerzen und guter Musik.

Mein Tee ist eh gerade leer geworden, ich stehe sofort auf, gehe direkt ins Bad und lasse das Wasser einlaufen, mit einem vorfreudigen, guten Gefühl beende ich den Tag mit Schaum im Gesicht, den ich fröhlich wegpuste.

Tag 2:

Wieder beantworte ich abends im Pyjama mit Tee fünf Fragen und am nächsten Tag wieder und dann wieder … Jeden Abend horche ich in mich hinein, lasse den Tag Revue passieren, grinse manchmal vor mich hin, denke an den Quatsch, den ich erlebt habe, aber auch die kleinen Highlights, bin dadurch auch am nächsten Tag echt schon viel achtsamer und merke mir schöne Erlebnisse, die mich glücklich machen.

So geht das die nächsten Wochen weiter und ich merke, dass ich zwar auch immer wieder meinen mistigen Schweinehund in den Schwitzkasten nehmen muss, um wirklich dran zu bleiben, dass aber auch mein Alltag irgendwie schöner wird. Und mein Mann merkt auch was. Ich fühle mich selbstbewusster, weil mir immer klarer wird, dass sich viele Menschen glücklich schätzen können, dass ich so bin, wie ich bin. Irgendeinen Grund muss es ja auch geben, warum mein Mann noch nicht schreiend davongerannt ist und meine Freundinnen immer wieder Mädelsabende mit mir verbringen wollen. Selbst meine Pubertiere wirken gechillter. »Chill mal, Mama«, kommt jedenfalls seltener.

Ich lebe bewusster und wundere mich, warum ich mich in dieses Glücksprojekt nicht schon viel früher geworfen habe. Da unser Glückstagebuch im Gegensatz zu den anderen (die ich kenne) lockerer und lustiger geschrieben ist, macht es Spaß, und es ist keine tägliche Folter, die kleinen Texte und täglichen Fragen zu lesen (mein Gedächtnis ist zum Glück so mies, dass ich mich an meine eigenen Ergüsse oft gar nicht mehr erinnere und beim erneuten Lesen nach einiger Zeit über meine eigenen Witze lachen muss).

Alles in allem macht diese Glückstagebuch-Challenge tatsächlich noch etwas anderes mit mir. Man sollte ja meinen, durch das Ausprobieren und Testen unserer ganzen Glückstipps in diesem Buch und durch die Challenges strotzten Charly und ich beide schon lange vor Glück. Aber wir sind keine Überfrauen, sondern nur Menschen, und Regenwetter, Erkältungen, kotzende Kinder oder wahlweise Hunde oder Katzen senken unser Zufriedenheitslevel auch immer mal wieder schlagartig. Deshalb ist es gut, immer wieder nachzujustieren, und dafür eignet sich unser Glückstagebuch perfekt.

Die Glückstagebuch-Challenge hat mich echt stärker gemacht. Selbst wenn der Hund kotzt, bin ich glücklich.

Im Pyjama abends mit einer Tasse Tee in der Hand jeden Tag drei Fragen beantworten krieg ich über längere Zeit hin – und du sicher auch.

Und das Tolle ist, die ständige positive Verstärkung wirkt wirklich. Du bist empfänglicher dafür, die Schönheit der Kleinigkeiten um dich herum wahrzunehmen, und dir wird bewusst, dass du allen Grund dazu hast, glücklich zu sein. Auch wenn sich mal Tage voller Schatten auf dein Gemüt legen. Das Genörgel und Gemotze der anderen prallt mehr an dir ab, du strotzt vor Selbstbewusstsein, irritierst damit deine Umwelt, bist ausgeglichener und happier. Was will Frau – und auch Mann – mehr?

Charly: Die Kunst, dankbar zu sein

Und warum das »Spieglein, Spieglein an der Wand, wer ist die Schönste im ganzen Land« bei Spiegelneuronen nur ein Gähnen erzeugt

Es ist ziemlich spannend, zu sehen, wohin uns die Reise nach dem Glück führt. Ich bin sehr dankbar dafür, in die verschiedenen Themen eintauchen zu dürfen. Denn mal ehrlich: Wann genehmigt man sich schon so viel Zeit für eine derartige Untersuchung? Obwohl Glück doch einen unübertroffenen Zufriedenheitsfaktor in unserem Leben darstellt und die Fähigkeit, es zu erlangen, unserer Meinung nach zum Pflichtfach in allen Schulen der Welt werden sollte! Immer wieder stoßen wir auf die gleichen Eckpfeiler, die uns guttun, und was Anja im Selbsttest mit dem Glückstagebuch herausgefunden hat, lässt uns doch mit einem fetten Grinsen auf dem Gesicht zurück, oder? Nichts ist für ewig in Stein gemeißelt. Das sagt ja auch die Glücksforschung. Wir können aus eingefahrenen Denkmustern rauskommen und tatsächlich unser Gehirn trainieren, dem Schönen und den kleinen Glücksmomenten mehr Beachtung zu schenken. Die Blume am Wegesrand wahrnehmen, die Hundekacke, in die man nicht getreten ist, und die lecker duftende Tasse Schokolade, die zudem noch die Hände an einem kalten Wintertag wärmt. Allerdings muss die Suche im Außen nicht haltmachen, man kann durch Achtsamkeit auch lernen, sich selbst so zu achten wie seine beste Freundin und somit auch sich selbst Gutes zu tun. Ein weiterer Schritt, sich für Glück zu sensibilisieren, ist die Dankbarkeit.

Wer auf sein Smartphone schaut, kann nicht gleichzeitig ein verführerisch duftendes Dreigängemenü kochen, wer lacht, kann nicht gleichzeitig voller Wut ins Kissen beißen, und wer dankbar ist, kann nicht gleichzeitig traurig sein. Worauf ich raus will? Dankbarkeit ist der beste Weg, der Unzufriedenheit die Zähne zu zeigen. Einfach nur aus dem Grund, weil sie sich auf dem Emotionenrad[157] gegenüberstehen. Nur eins von beiden kann gerade dran sein. Das hatten wir schon mit dem Beispiel, dass das Glas entweder halb leer ist oder halb voll. Wenn du dich dankbar fühlst, dann puscht das deine positiven Gedanken, du fühlst dich gut und lässt den kleinen schwarzen Teufeln gar keinen Raum, um mit dem Finger auf Negatives zu zeigen. Und ganz ehrlich: Wir alle haben genug Gründe, richtig dankbar zu sein.

Nur verdrängen wir das leider sehr oft. Lassen uns in einen Strudel aus Alltagsproblemchen und manchmal auch Missgunst ziehen, der ständig anwesende Stress tut sein Übriges und am Ende des Tages ist die Luft raus und die Dankbarkeit so klein wie eine ungeliebte Laus. Dazu glauben viele Menschen, dass große Dinge passieren müssen, um glücklich zu werden. Mindestens ein Lottogewinn oder der Sprung auf der Karriereleiter nach oben oder das große, fette Auto (auf das alle Nachbarn neidisch sein werden), das wir uns in zwei Jahren bestimmt leisten können. Dabei gibt es so viel mehr. Und es geht hierbei nicht darum, dir eine Lektion in Bescheidenheit zu geben (warum auch – Frauen an die Macht!), sondern nur darum, deine Sichtweise etwas zu verschieben. Augen weg von den Sternen, runter auf den Boden. Such dir die Ameisen in deinem Leben, lerne, diese wahrzunehmen, und dann ist immer noch genug Zeit für die Sterne. Dann kannst du dir sogar den einen oder anderen zum Frühstück pflücken!

Wie wäre es an dieser Stelle mit ein paar Tipps, um die Dankbarkeit wiederzuentdecken? Du tippst nicht einmal Lotto und findest das doof? Na, dann fange schon mal direkt mit dem Dankbarsein an, du kannst das Wort »Tipp« nur lesen, weil du das Lesen auch mal irgendwann gelernt hast. Du hast Zeit zum Lesen und wirst sehr wahrscheinlich in die morgendliche Gunst kommen, dir aus verschiedenen Kleidungsstücken ein tägliches Outfit zusammenstellen zu können. Kleidung auswählen macht keinen Spaß und alles ist doof? Dankbarkeit ist was für Schwache? Das sehen die Wissenschaftler der Positiven Psychologie[158] aber ganz anders: Wie wir bereits in Kapitel 22 »Glücksforschung« angemerkt haben, entsteht Glück vor allem aus dem Inneren – so wie du die Dinge wahrnimmst und deutest. Leider verschwinden öfters Dinge, die besonders sind und ein unsichtbares Krönchen tragen, in der aufklaffenden Spalte der Selbstverständlichkeit. Dummerweise sind es gerade die Dinge, für die wir besonders dankbar sein sollten. Und nun zurück zu den Tipps – schnapp dir einen Zettel und Stift und notiere dir die Antworten, die dir spontan durch den Kopf gehen, wenn du die folgenden Fragen liest:

1. Welche Menschen liegen dir besonders am Herzen und für was bist du ihnen dankbar? Wenn du mutig bist, dann lass sie daran teilhaben. Vielleicht hast du

Lust, ihnen das auf originelle Art und Weise mitzu-
teilen – mit selbst gemachtem Basilikumpesto oder
einem Gedichtvortrag? Ein einfacher Brief oder kurzer
Telefonanruf tun es natürlich auch.

2. Gibt es Dinge, die Freunde oder Familienmitglieder für
dich getan haben, für die du dankbar bist? Schreibe sie
auf und denke daran, dass du anderen auch Gefallen tun
kannst. Sogar Fremden – sie werden es weitertragen und
du wirst dich dabei gut fühlen.

3. Schreibe auf, welche Dinge, die du in deiner Wohnung
besitzt, dir besonders wichtig sind, und versuche heute,
bewusst alles wahrzunehmen, was dich umgibt und dir
gehört. Durchaus ein Grund, dankbar zu sein, oder?

4. Erweitere diese Übung und beachte, was du dir zum
Essen kaufst. Es geht nicht nur darum, dass du dankbar
dafür bist, dass du dir das leisten kannst, sondern um die
Aufmerksamkeit. Ernährung hat einen direkten Einfluss
auf dein Wohlbefinden. Bereitest du deine Speisen frisch
zu? Kaufst du aus Massentierhaltung oder achtest du
auf Herkunft und Inhalt? Gerade Zucker befindet sich
in mehr Lebensmitteln, als man sich ausmalen kann.
Schnapp dir mindestens einen Tag pro Woche und
koche dir selbst etwas mit Zeit und Liebe und verwende
dafür gute Zutaten!

5. Erinnerst du dich, dass du geübt hast, vor dem Spiegel
stehend dir selbst zu sagen, dass du dich wertschätzt?
Du hast schon eine Menge erreicht und schon viel Gutes
getan – schreibe es auf und sage deinem Spiegelbild
öfters mal, dass du eine ganz schön dufte Nummer

bist! Du kannst dich dabei auf deine Eigenschaften, auf Leistungen, auf Dinge, die du für andere getan hast, oder auch auf deinen Körper konzentrieren. Es gibt so viel, was dich ausmacht und wofür du dankbar sein kannst!

6. Raus mit dir in die Natur – tief ein- und ausatmen. Welche Plätze haben sich besonders tief in deine Erinnerung gebrannt und erfüllen dich mit glücklichen Gedanken? Hast du Fotos davon? Dann häng sie neben die Haustüre, denke daran, genieße das wohlige Gefühl und sei dankbar, dass du dort warst und vielleicht sogar mal wieder planst, dorthin zu reisen!

7. Wenn du auf Facebook oder sonst wo in den sozialen Medien unterwegs bist, dann verbreite Positives! Es gibt bereits Seiten, die sich auf die schönen Dinge im Leben konzentrieren – mache mit!

8. Wenn du morgen früh aufstehst, dann überlege dir beim ersten Kaffee, was am bevorstehenden Tag auf dich zukommt und wofür du dankbar sein kannst, und du wirst sehen, dass du sogar an einem kalten Wintermorgen beschwingter den Weg entlangschlittern wirst!

Man kann Dankbarkeit auch umsetzen. Schreibe auf einen Zettel das Wort »Danke«, grabe ein Loch, buddel ihn ein, dann wieder aus und grabe ihn an einem anderen Ort wieder ein. Das ist durchaus eine Möglichkeit, Dankbarkeit umzusetzen, wenn auch keine ernst gemeinte (grins), aber das Bedürfnis, Dankbarkeit zu zeigen und auszudrücken kennen wir eigentlich alle, oder? Wenn deine Eltern dir als Kind etwas geschenkt haben, das du dir schon seit fünf Trilliarden Jahren gewünscht hattest, dann fielst du ihnen um den Hals. Oder wenn dir etwas besonders gut geglückt ist, willst du es am liebsten sofort der ganzen Welt mitteilen.

Der Schriftsteller William Arthur Ward sagt dazu: »Dankbarkeit zu fühlen und sie nicht auszudrücken, ist wie ein Geschenk zu verpacken und es nicht zu verschenken.«[159] Nicht dass ich diesen Autor näher kennen würde (sorry), aber dieses Zitat passt perfekt zum Thema – wie der Schornsteinfeger aufs Glücksschwein.

Man fühlt sich ja dankbar für eine Sache, einen Zustand oder gegenüber anderen Menschen und wenn man etwas von seiner Dankbarkeit zurückgeben kann, dann tut das den anderen gut – klaro, aber auch einem selbst. Dazu weiter unten mehr unter dem Stichwort Spiegelneuronen.

Meine allerbeste Freundin Smokie ist eine begeisterte Geberin. Und zwar auf Gebieten, die ich ihr echt nicht zugetraut hätte. Als ich mit ihr am Telefon plauschte, meinte sie: »Ich geh ins Altersheim, aber verrate das nicht.«

Ich: »Bitte?«

Smokie: »Mensch, Charly, jetzt sei nicht so doof.«

»Hä?«

»Altersheim. Du hast doch gefragt, ob ich auch mal was Selbstloses mache, außer die männliche Welt mit meiner Gunst zu beglücken. Wobei das ja schon ziemlich toll von mir ist. Und selbstlos. Aber … ich geh ins Altersheim und lese dort vor.«

»Echt?«

»Weißt du, ich vermiss meine Omi so. Jetzt ist sie seit zwei Jahren tot. In ihren letzten Monaten hab ich ihr die halbe Bibliothek vorgelesen. Und die sind so dankbar. Also die alten Damen und Herren. Aber verrate es nicht den anderen. Ich habe keine Lust, meinen Ruf vom heißen Feger zur Omabelustigerin zu verschieben. Apropos selbstlos: Eine von der Arbeit kocht übrigens einmal im Monat auf der Krebskinderstation, stell dir das mal vor. Und …«

Ich war echt baff: Smokie, die ihre meiste Zeit im Fitnesstempel vor den Spiegeln trainierte, um genau zu beobachten, wie sich die Muskeln pro Sekunde veränderten, war eine Omaflüsterin.

Respekt!

Vor Kurzem las ich etwas über die reichsten Menschen, die gerade auf Erden wandeln und dem einstigen Mäzenatentum nacheifern. Sie verstehen sich als Förderer von Kunst und Kultur, ganz ihrem antiken Vorbild folgend, dem Römer Maecenas (70–8 v. Chr.), der die Dichter seiner Zeit, darunter Vergil und Horaz, unterstützte. Mäzene sehen sich in der Pflicht, etwas von ihrem Vermögen weiterzugeben, es sollen ohne direkte Gegenleistung vor allem diejenigen profitieren, die der Menschheit durch ihre Künste große Geschenke bereiten, diese jedoch ohne Unterstützung nicht ausüben könnten. Schade eigentlich, dass diese Geisteshaltung nicht weiterhin zum guten Ton in der betuchteren Gesellschaft zählt. Ich kenn da die eine oder andere talentierte Autorin, Künstlerin oder sozial Arbeitende, die etwas *mäzent* werden könnte.

Zum Stichwort Kunst fällt Klebeglitzernagel ein: »Kunst ist, wenn ich im verkrümelten Jogginganzug auf der Couch chille und das sogar noch genieße.« Aber unter uns gesagt, sie ist zwar träge, jedoch eine rege Leseratte und geht mit Genuss hin und wieder ins Theater. Was man inzwischen sogar im Jogginganzug machen kann, wie ich in Berlin schon gesehen habe.

Seit dem Jahr 2010 gibt es eine Vereinigung der reichsten Menschen der Welt, die einen großen Teil ihres Vermögens wohltätigen und fördernden Zwecken für das Allgemeinwohl zufließen lassen. »The Giving Pledge«[160] heißt die philanthropische Kampagne und wurde von den Milliardären Bill Gates und Warren Buffett gegründet. Dabei spenden die anderen

Milliardäre nicht etwa für bereits ausgesuchte Projekte, sondern versprechen einfach nur, dass sie so etwa die Hälfte ihres Vermögens spenden. Auch George Lucas ist einer von den 186 milliardenleichten Mäzenen und investiert in Bildung. (Es wäre natürlich interessant, nachzuforschen, wohin die Gelder fließen – vielleicht im Zusammenhang mit einem Buchprojekt!)

Wenn ich Straßenmusikanten sehe oder Obdachlose, die Zeitschriften verkaufen, dann gebe ich denen gerne auch ein paar Münzen. Und jetzt komme mir nicht mit: neben einem Straßenmusikanten sitzen und selbst musizieren. Meine selbst gebauten Gummizithern auf Klopapierrollen sind zwar Legende, aber eher im Kindergartenbereich[161].

Es gibt viele soziale, umweltmäßige und tierische Projekte, die förderungswürdig sind, und neben einer regelmäßigen Spende, die für ein Kinderprojekt ist, spende ich hin und wieder für andere Dinge. Interessant sind auch Crowdfunding-Portale, bei denen man sich ein Projekt aussuchen und unterstützen kann, hab ich auch schon gemacht. Und ich freute mich riesig, als der Film tatsächlich fertig wurde.[162]

Und ja – etwas zu geben stimmt mich selbst froh.

Nicht nur das, sondern auch zu erkennen, dass man superviele Gründe hat, um dankbar zu sein, macht dich glücklich! Innehalten und all das wahrnehmen, was dich umgibt, was du bis jetzt erreicht hast, wer du bist, dass du tolle Freunde hast, eine Familie, genug Geld, um nicht hungern zu müssen, und die Möglichkeit, in deiner freien Zeit Dingen nachzugehen, die dir Spaß machen und erfüllend sind! Als Jugendliche habe ich in einem Altersheim und in einer leichten Psychiatrie gearbeitet, wo sich ein Professor für Mathematik sein Gehirn weggesoffen hatte und eine Frau seit Jahren im Koma lag, deren Mann und Kind einmal die Woche vorbeikamen, um ihre Hand zu streicheln. Das hat mich bis heute geprägt und ich bin einfach dankbar dafür, gesund zu sein. Auch wenn ich im Wald spazieren gehe, bin ich dankbar, dass ich das genießen darf, oder einen schönen Abend mit netten Gesprächen, dafür, dass ich in einem Land lebe, in dem Frauen den gleichen Rechtsanspruch haben wie Männer, und dass ich selbst bestimmen kann, welche Medien ich konsumiere und kritisch hinterfragen darf.

Fang mal an, nachzudenken, wo du im Leben stehst, was dich umgibt, was du alles hast, und vergleiche deine Bedingungen mit denen von Menschen, die in armen Ländern unter katastrophalen Umständen leben müssen. Wir haben viele Gründe, jeden Tag dankbar zu sein! Wenn dich deine Hose zwickt, dann sei dankbar, dass du dir ausreichend zu essen leisten kannst; ärgerst du dich, dass du das Haus putzen musst, dann sei froh, dass du ein Dach über dem Kopf hast; und wenn dich deine Kinder auf die Palme bringen, dann führe dir vor Augen, dass sie irgendwann ausziehen und du vielleicht wehmütig an diese Zeit zurückdenkst – sei dankbar, dass du sie jetzt so hautnah erleben darfst. Und wenn dich etwas Bestimmtes immer wieder nervt, dann ändere es – man muss ja auch nicht für jeden Fliegenschiss dankbar sein. Wenn dein Chef dir das Leben zur Hölle macht, dann sei dankbar, dass du selbst entscheiden kannst, ob du für ihn arbeiten willst, zeig ihm den Stinkefinger und such dir eine andere Stelle.

So auch in einer partnerschaftlichen Beziehung. Wenn es grundlegende Baustellen gibt (ich nenne sie Ärgerkeimzellen), dann nicht einfach sagen: »Ich bin so dankbar dafür, dass wir zusammen sind« und über alles andere hinwegsehen. So funktioniert das nicht. Sondern steck die Baustelle ab und suche ein Gespräch.

Der nächste Schritt von Dankbarkeit und dem achtsamen Umgang mit sich und anderen ist die Vergebung. Ich will jetzt nicht in religiöse Bereiche abschweifen, aufgestauter Ärger und in sich hineingefressener Zorn schwächen dich selbst. Du bist es dann im Endeffekt, die darunter leidet. Es gibt den schönen

Spruch, dass man Dinge, die man ändern kann, verändern soll und Dinge, die man nicht ändern kann, einfach stehen lassen kann. Den möchte ich dir ans Herz legen. Verabschiede dich von negativen Emotionen – hast du ein Problem, sie loszulassen? Dann schreib doch einfach einen Brief, in dem du denjenigen, der dich mal verletzt hat, verzeihst. Abschicken musst du ihn nicht, aber du kannst die Gefühle loslassen.

Und worauf wir im Kapitel 10 »Achtsamkeit« bereits gestoßen sind: Lass es sein, ständig an die Zukunft zu denken. Klar sollte man sich mit Rente, Zukunftsplänen und Zielen auseinandersetzen, aber bitte nicht jeden Tag. Lerne es, im Jetzt zu leben. Ein Weg, um sich mehr mit dem Moment auseinanderzusetzen, wäre ein schönes Hobby. Dann fällt es auch leichter, Dankbarkeit zu entwickeln – wie du siehst, greifen unsere Themen alle ineinander wie bei einem funktionierenden Zahnradgetriebe.

Adam Phillips und Barbara Taylor[163], Psychoanalytiker und Historikerin, haben untersucht, welches Gefühl oder welche Leidenschaft die Menschen unseres Kulturraums am meisten unterdrücken. Es ist nicht Sex, Gewalt oder Geld, sondern tatsächlich Freundlichkeit. Eine interessante Frage ist natürlich, was Freundlichkeit ausmacht. Laut Phillips und Taylor sind es Eigenschaften wie Güte, Mitgefühl und Empathie, verbunden mit Wohlwollen, Großzügigkeit und einer Prise Altruismus. Die Wissenschaftler berufen sich auf Freud, wenn sie sagen, dass andere Menschen zu lieben ein »lustbetonter Ausdruck von Menschlichkeit« sei und wir das im Inneren spüren, aber oft zögern, hilfsbereit auf andere zuzugehen.

Zu diesem Thema passt auch, was der Wissenschaftsjournalist Stefan Klein[164] herausgefunden hat. Wir können eigentlich gar nicht anders, als Gesellschaft zu suchen. Im Laufe der Menschheitsentwicklung stand ein einzelner Homo sapiens ganz schön im Regen. Und das ohne Regenschirm. Ohne Supermarkt und Gewehr war wohl jeder Tag eine Herausforderung und das nackte Überleben oft die Leistung einer ganzen Gruppe. So entwickelte sich im Laufe von Millionen von Jahren das Bedürfnis, mit anderen zusammen zu sein, was auch seine Spuren im Gehirn hinterlassen hat.

Hat uns dieser wissenschaftliche Ausflug nun was gebracht? Nun ja, frag mich nicht in zwei Wochen nach den Namen der Forscher, aber Menschen können nicht ohne einander, und anscheinend würden sich die meisten (evolutionsbedingt) lieber in den Arm nehmen, als sich gegenseitig die Augen auszuhacken. Es steckt also eine ganze Menge Potenzial an Freundlichkeit in uns, die wiederum einen Sack voller Dankbarkeit nach sich zieht. Rosa Zeiten rollen auf uns zu!

Ich frage mich an dieser Stelle, wann ich in meinem Leben dankbar gewesen bin, und wie ich bis jetzt versucht habe, etwas davon zurückzugeben: Als Jugendliche gab ich mal tatsächlich Nachhilfe in Form von Klarinettenunterricht. Aber das tat ich vor allem wegen des Geldes. Ich wollte mir ja eine Stereoanlage kaufen (die dann über 25 Jahre bei mir blieb). Mal erklärte ich jemandem Biologie (nicht das, was du jetzt denkst) oder lernte im Studium mit anderen zusammen. So was wie ein Treffen der anonymen Erklärbären. Fühlt sich aber alles nicht so richtig nach Helfen an. Mir selbst wurde schon oft geholfen (ein dicker Dank besonders an meine Eltern) und ich hoffe, dass ich das auch zurückgeben kann. So etwas wie eine Hilfskette aufbauen. Ich helfe einem, der wiederum hilft einem anderen. Neben dem normalen Hilfswahnsinn, den alle Eltern ihren Kindern zugutekommen lassen, helfe ich zum Beispiel immer mal wieder Frischlings-Autoren, indem ich ihr Exposé durchgucke (Mir wurde auch geholfen! Danke an Katja und den Delias). Oder wenn ich eine Mutter mit ihrem Kinderwagen in Bedrängnis sehe, eile ich gerne tatkräftig hinzu, und auch älteren Herrschaften helfe ich hin und wieder, wobei ich inständig hoffe, sie auch richtig zu verstehen und dass sie nicht denken, ich wolle mich mit den Sonntagsbrötchen aus dem Staub machen oder sie in die falsche Richtung geleiten. Sonst belasse ich es bei einem spendierten Lächeln. Freundlichkeit zieht Freundlichkeit an, oder?

Das fühlt sich alles so banal an. Gerne würde ich von Heldentaten berichten, wie dass ich einmal ein kleines Ferkel aus einem brennenden Haus rettete oder jeden Tag Essen in einer Suppenküche an aus dem System gepurzelte Menschen verteile. Dass mir das Glück dann in solchen Strömen entgegenfließt, dass es schon fast wieder aus den Ohren herausquillt. Ist aber nicht so.

Aber schenkt nicht jeder Mensch jeden Tag etwas her? Ob man der Kollegin zuhört, die sich ihren Kummer von der Seele reden will, oder ob es der Euro ist, der in die Schale eines Obdachlosen wandert. Vielleicht sollte ich die Messlatte nicht höher als meinen Kopf hängen und die kleinen Gesten und Taten als das sehen, was sie sind: ein guter Weg!

Aber wusstest du schon, dass es ganz einfach sein kann, ein Ehrenamtler zu werden? Hierfür gibt es Online-Datenbanken oder regionale Hilfsinitiativen, falls du Zeit zu verschenken hast – bestimmt freut sich jemand über deinen Einsatz:

https://magazin.mein-erbe-tut-gutes.de/ratgeber/ratgeber-engagiert-im-ruhestand-wege-ins-ehrenamt/

https://www.aktion-mensch.de/was-du-tun-kannst/deine-moeglichkeiten/engagement-finder.html

https://www.aktion-mensch.de/was-du-tun-kannst/deine-moeglichkeiten/ehrenamt-finden.html

Warum machen Menschen so etwas überhaupt? Anderen helfen?

Gut, dass Zahnlückeneule heute Zeit für eine Tasse Tee hat. Sie ist oft mein letzter Quell an sinnvoller Inspiration.

»Wie, du kennst Spiegelneuronen nicht?« Zahnlückeneule konnte so fragend gucken wie ihre Namensgenossen. Große runde Kulleraugen.

Ich: »Ich hab schon mal davon gehört, aaaaber …«

Zahnlückeneule: »Kein Problem, ich weiß auch nicht alles. Das eine oder andere geschichtliche Ereignis zwischen dem Dreißigjährigen Krieg und …«

Ich: »Euli, komm zum Punkt.«

Zahnlückeneule: »Wenn du jemanden sympathisch findest, dann liegt das daran, dass der andere an dir Interesse zeigt und du dich auch von ihm verstanden fühlst. Dabei deuten wir die Blicke und Gestik des anderen. «

Ich: »Wie – Interesse zeigt?«

Euli: »Ja, halt Interesse haben – du schaust mich doch gerade an, gehst auf meine Worte ein und deine Körperhaltung zeigt mir, dass es dich interessiert, was ich sage.«

»Aha.«

»Nix aha. Nenn es von mir aus Empathie. Ich spüre, dass es dich interessiert, was ich sage.«

»Das tut es immer, Euli, auch wenn ich manchmal ein Glas Wein dazu brauche.«

»Haha. Mhm. Du kennst doch die typischen Flirtgesten, oder?«

Euli streicht sich eine Haarsträhne hinter ihr Ohr und lächelt mich von schräg unten an.

Ich: »Und?«

Euli: »Das war's doch schon. Der Hairflip. Beobachte mal in einem Café die Damen, dann wird dir das auffallen. Die Männer sitzen dafür breitbeinig auf ihrem Stuhl und machen sich körperlich groß, auch mit Armen hinter dem Kopf. Wenn sich beide mögen, kommt es übrigens zu einem Nachahmen der Körperhaltung des anderen. Schau, du hast dein Bein gerade so über das andere geschlagen wie ich. Das zeigt mir, dass du dich in der Unterhaltung wohlfühlst. Bei manchen Paaren sieht das aus wie Schattenspieler – sie spiegeln sich komplett und das fast zeitgleich.«

»Hast du jetzt einen Doktor in Körpersprache gemacht?«

»Charly, in dir lese ich doch wie in einem offenen Buch. Und wenn zwei sich lieben, dann tun sie das auch, sie spüren instinktiv, was im anderen vorgeht. «

»Ist das jetzt eine Liebeserklärung an mich?«

»Nur wenn du mir noch so einen leckeren Keks gibst. Und wie war das vorhin mit Smokie? Die geht ins Altersheim?«

Ich: »Ich weiß von nix.«

Spiegelneuronen sind die Schuldigen, wenn wir von einem Gähnen angesteckt werden oder bei einer traurigen Geschichte in Tränen ausbrechen. Es ist eine Art Resonanzsystem in uns, das mit den emotionalen Schwingungen unseres Umfelds mitschwingt. Quasi eine innere Gitarre, die sofort im Gleichklang mitschwingt, wenn außerhalb an etwas gezupft wird. Wir werden damit geboren, doch gehen die Eltern bis zum Alter von drei bis vier Jahren nicht darauf ein, verliert man die Fähigkeit. Jeder kennt die Situation, dass man ein Baby so lange angrinst, bis es zurückgrinst. Ist jemand glücklich und gut gelaunt, überträgt er das auch auf uns, was ein Punkt dafür sein kann, sich mit gut gelaunten Menschen zu umgeben. Denn wir fühlen quasi ein klitzekleines Stückchen mit, wenn wir anderen Menschen zuschauen. Also mache deiner Arbeitskollegin oder deinem Liebsten ein Kompliment und freue dich an der Freude mit, mache so lange Quatsch, bis deine Kinder lachen, oder geh ins Altersheim und lies dort den Menschen vor. Die dir entgegengebrachte Dankbarkeit wird auch in deinem Inneren kleine Glücksfunken losschlagen!

So viel zu den Abläufen im Körper, aber was macht das Helfen noch mit uns? Was hat die Dankbarkeit anderer Menschen für einen Einfluss auf mein eigenes Glücksempfinden?

Jeder kennt das gute Gefühl, das einen von innen erwärmt. Als Kind habe ich vom Musikverein aus jedes Weihnachten in einem Altersheim Weihnachtslieder für die älteren Damen und Herren gespielt. Ich hatte nie Bock drauf, aber wenn ich wieder nach Hause kam, war ich jedes Mal erfüllt und freute mich, mitgegangen zu sein. Als ich Artikel über das Helfen las, stieß ich auf eine Hauptaussage: Helfen steigert das Selbstwertgefühl. Man erfährt, dass man etwas bewegen kann, etwas verändern, und dass man wichtig ist. Wer fühlt sich nicht gerne wertvoll? Ich schon. Außerdem dankten die älteren Leutchen einem das nicht nur mit glücklichem Lächeln, sondern sie bedankten sich aus vollem Herzen. Als meine Familie und ich noch in Berlin in einem mittelgroßen Haus gewohnt haben, waren wir Teil einer der tollsten Hausgemeinschaften der Welt. Wirklich! Nicht nur, dass die Nachbarn allesamt sehr nette und interessante Menschen waren, sondern wir halfen uns gegenseitig. Egal ob was mit den Kindern war, jemand krank oder nur die berühmte Packung Salz gerade aus war. Es tat gut, Teil einer so großen Gemeinschaft zu sein und zu wissen, dass man den anderen nicht egal war. Das sich gegenseitig Helfen war ganz normal und wir wussten, dass wir uns aufeinander verlassen konnten. Schenken macht einfach glücklich!

Mit meinen vier besten Freundinnen fand früher kurz vor Weihnachten immer unser Mädchen-Weihnachtswichteln statt. Wir losten zunächst die Namen aus und überlegten uns dann nette Kleinigkeiten, die wir schließlich bei Punsch, Stollen und einem passenden Film auspackten. An einem solch stimmungsvollen, von Weihnachtsvorfreude durchtränkten Abend bekam ich einen Peniswärmer geschenkt. Aus »100 % Baumwolle«. Weil schon mein alter Bio-Leistungskurs-Lehrer beim Brettspiel

Therapy auf mich zeigte, als er eine Person aus dem Kurs wählen sollte, die am ehesten als Fremdenlegionär in Frage käme. Meine Freundin, die diese Geschichte in- und auswendig kannte, ergänzte das Geschenk mit dem Hinweis, dass ich am meisten Eier hätte. *Testículo* nannte sie es, als Spanischreisende. Allerdings ging mein Hinweis, dass ich eine Kuscheldecke für meine Eierstöcke zum gemeinsamen Couchen auch gut gefunden hätte, im allgemeinen Gelächter unter. Dass ich in den folgenden Wochen nur noch Kleider mit hochhackigen Schuhen, Lippenstift und Haarklammern trug, merkte auch keine. Und ja – mit Geschenken kann man sich auch vertun. Mein Bewegungsmelder am Klo gegen Stehpinkler kam bei meinem Mann auch nicht so gut an. Oder der Ausweis »Alte Schachtel«, den ich einer anderen Freundin schenkte. Manchmal sind Geschenke halt einfach ein Griff ins Klo. Is halt so. Da steht das Glück ganz nah am Unglück, ein prickelndes Lächeln neben einem Haufen Hundescheiße. Die Geschichte des Schenkens ist übrigens fast so alt wie Rom[165], und da bekannterweise alle Wege nach Rom führen, bleibt kein Schenker-Auge trocken. Die alten Römer waren zwar nicht gerade großzügig, was die Gallier anbelangte, aber sie schenkten sich gegenseitig bei der Neujahrsfeier Kleinigkeiten wie Zweige oder Früchte, was dem Schenkenden selbst Glück bringen sollte.

Eine Studie[166] der Harvard Business School untersuchte Schenkende. Was beeinflusst die Geberlaune? Sie stellten fest, dass Menschen, die sich bereits selbst als glücklich bezeichneten, mehr bereit waren, zu geben, als andere, und sie fühlten sich danach sogar noch glücklicher. Und um dieses Gefühl aufrechtzuerhalten, schenkten sie wieder und wieder und …

An dieser Stelle darf man sich die Frage stellen, was an meinem Klomelder eigentlich so doof war und auch, ob manche Leute eigentlich nur Geschenke machen, weil sie sich dadurch selbst glücklicher fühlen? Und wenn es so wäre? Das Stichwort Altruismus taucht in diesem Zusammenhang auf, was bedeutet, dass man für andere etwas macht, ohne selbst daraus einen Gewinn zu ziehen. Wobei wir zu diesem Thema gelernt haben, dass dem so ja nicht ist. Wir fühlen uns dabei gut, wenn wir anderen helfen. Man könnte einem Egoisten eigentlich raten, altruistisch zu handeln, weil unterm Strich der Gewinn ihm selbst zugutekommt. Also zück deine Gute-Taten-Schuhe und schau dich im Altersheim, auf der Straße oder in der Nachbarschaft um! Tu anderen Gutes und der beste Lohn werden ein Lächeln und ein gutes Gefühl sein. Das kannst du dir nicht basteln und nicht kaufen!

Ein paar Tage später kommt Euli mit einer neuen Information auf mich zu: »Wusstest du, dass die Anzahl der Menschen, die spenden, kontinuierlich abnimmt, aber der Einzelne gleichzeitig viel mehr spendet?«

Ich: »Hä?«

Euli: »Die größte Gruppe der Spender sind die über Siebzigjährigen und die spenden am häufigsten für die Kinder- und Jugendhilfe. Im Jahr 2017 waren das 5,2 Milliarden Euro. Schreibt zumindest der Deutsche Spendenrat.«

»Aha.«

»Aber das recherchierst du doch gerade, oder?«

Eigentlich war das ganz schön altruistisch, was Euli da für mich tat. »Lieben Dank, liebste Euli. Das ist sehr nett von dir. Soll ich dir auch was spendieren? Wie wäre es mit einem Ausflug zu unserer Lieblingsbuchhandlung?«

Euli war echt nett. Das musste ich ihr mal in Ruhe sagen! Sei auch nett und sprich auch gerne darüber.

In der Buchhandlung stolperte ich übrigens über das Werk der Glücksforscherin Maike van den Boom, die dreizehn Länder bereiste, in denen die glücklichsten Menschen leben. Ihr Ziel: herausfinden, was diese glücklich macht. Der vielleicht wichtigste Faktor, der sich dabei herauskristallisierte, war: bereit sein, anderen zu vertrauen. Manche Menschen vertrauen blind, zunächst Gott, Buddha oder anderen Göttern – was es damit auf sich hat, wird uns Anja verraten. Seid gespannt auf das nächste Kapitel, ich bin es!

Anderen Menschen etwas zu schenken, ob Zeit, Taten oder etwas Materielles, macht tatsächlich glücklich. Die Spiegelneuronen lassen grüßen.

Was ist mit dir selbst? Für was bist du dankbar und gibt es Dinge, für die du dir selbst dankbar bist? Welche sind es? Schreib sie auf und kleb den Zettel an den Kühlschrank! Und wenn du etwas angefangen hast, aber nicht beendet, dann erkenne den Mut, der hinter jedem Anfang steckt, und überlege, was du daraus gezogen hast. Und selbst wenn es ein »Hat halt nicht gepasst« war: Sei dankbar dafür! Schenkst du dir auch mal Zeit, lässt du es dir mal richtig gut gehen mit einem Buch und einer Tasse Tee oder kaufst du dir was Schönes?

Hier noch ein paar Anregungen, wie du Dankbarkeit in deinem Leben sichtbar machen kannst:

Hänge Notizen oder Fotos von Dingen und Menschen, für die oder denen du gerade sehr dankbar bist, an deinen Spiegel.

Nutze deinen Kalender, um jeden Abend eine Sache einzutragen, für die du dankbar bist.

Teile den Menschen, denen du sehr dankbar bist, mit, was sie in deinem Leben Schönes bewirkt haben – sie werden es zurückstrahlen.

Dankbarkeit für materielle Dinge kann durchaus bewirken, dass du feststellst, weniger zu brauchen. Mehr Platz im Schrank ist auch eine Form von Sichtbarkeit.

Schließlich verändert Dankbarkeit dich selbst – du wirst nicht nur genügsamer, sondern schätzt die Dinge und die Menschen um dich herum viel stärker, und im Idealfall lernst du sogar, dir selbst mehr Geduld und Liebe entgegenzubringen.

ANJA: GLAUBE ODER NICHT

Warum ein Schornsteinfeger auf einem Schwein mit Kleeblatt Glück bringen soll. Hat man es, wenn man glaubt, einfacher? Linse mit uns Buddha und Co über die Schulter.

Zu glauben ist ähnlich schwer, wie dankbar zu sein. »Danke, Chef, ich kann echt nicht glauben, dass dieses mickrige Gehalt schon alles sein soll. Vor allem weil Herr Müller-Großmaul, der exakt die gleiche Ausbildung hat wie ich, fast doppelt so viel verdient.«

Also mir fällt es unheimlich schwer, zu glauben. Egal was. Da setzt ein Schornsteinfeger, der Glück bringen soll, dem Ganzen schon die Krone auf.

»Ein gut gebauter, sexy, charmanter Kerl, wieso nicht«, sagt meine Freundin Sabine, als ich ihr beim Sporteln davon erzähle, und lacht. »Der kann schon glücklich machen.«

»Da hast du auch wieder recht.« Gleichzeitig frage ich mich, woher dieser Glaube an den glücksbringenden verrußten Kerl kommt und ob da vielleicht doch was dran ist? Wieder zu Hause mache ich mich schlau und erfahre, dass die Hamburger Schornsteinfegerinnung dies historisch erklärt. In den früher noch strohgedeckten Häusern haben ungereinigte Schornsteine öfter zu Bränden geführt. Derjenige, bei dem der Schornsteinfeger gerade erst war, hat also Glück gehabt.[167]

Okay, früher hat er Glück gebracht, aber heute? Wer glaubt schon ernsthaft an Glücksbringer? Aber wer weiß. Ich sehe Marzipanglücksschweine mit Kleeblättern zwischen den Zähnen vor meinem inneren Auge, wie sie gerne an Silvester verschenkt werden. Also ein Marzipanschweinderl würde mich schon glücklich machen, ich mag Marzipan. Aber wieso soll ein Schwein Glück bringen? Diese meist dreckigen rosa Quietschtiere? Ich bekomme heraus, dass Schweine seit Jahrtausenden als Symbole der Stärke und des Wohlstands gelten. Aha. Bei den alten Griechen wurden sie der Fruchtbarkeitsgöttin geopfert. Die Germanen sahen im wilden Eber ein heiliges Tier der Götter. In Japan symbolisiert das Wildschwein Stärke und in China ist es ein Zeichen für Zufriedenheit. Auch bei uns im Mittelalter galt es als Glückssymbol. Aber warum?

Ich werde fündig. Zumindest finde ich eine plausible Erklärung: Auf Jahrmärkten etwa, bei volkstümlichen Wettbewerben, bekam der Verlierer ein Ferkel geschenkt. Hohn und Spott waren ihm anfangs sicher, bis die Leute merkten, was für ein Glück so ein Ferkel bringen kann. Es frisst billige Reste, kann nach einem halben Jahr schon geschlachtet werden oder eine Sau kann mindestens zweimal im Jahr Ferkel bekommen. Jedes Mal um die zehn Stück. Der Verlierer hat also im Endeffekt wirklich Schwein gehabt.[168]

Und was ist das für ein Glücksglaube mit dem vierblättrigen Kleeblatt? Ich habe schon mehrere in unserem Garten auf der Wiese entdeckt. Ich Glückspilz ich. Aber hält das jetzt auch oder muss ich immer wieder Kleeblätter finden bis an den Rest meines Lebens? Ich sehe mich schon als Oma auf allen vieren auf unserer Wiese herumkrabbeln.

Meiner Freundin Conny hat ein Kleeblatt noch kein Glück gebracht. Sie hat sich kürzlich beschwert, dass sie jedes Silvester ein Töpfchen mit vierblättrigem Klee geschenkt bekommt, aber immer noch kein Glück mit den Männern hat. Ob ich das nicht mal herausfinden kann, woran das liegt, wo ich doch gerade über Glück recherchiere. Und tatsächlich, nach kurzer Nachforschung weiß ich, wieso Männer keine Beziehung mit ihr wollen. Die Töpfchen, die einem mit vierblättrigem Klee verkauft werden, sind Schmu! Es handelt sich nämlich meist gar nicht um Klee, sondern um Sauerklee, der streng botanisch genommen kein Klee ist. Kein Glücksklee. Sauerklee. Allein der Name, da kann es ja nichts werden mit den Männern. An dem dunkler werdenden Grund der Blätter kann man den Fake-Klee leicht erkennen. Und er ist noch nicht einmal verwandt mit echtem Klee. Also diese Glücksindustrie hat es ja faustdick hinter den Ohren. Und ich vermute mal, dass unser Klee auch kein echter Klee war, denn eigentlich gibt es nur ein vierblättriges unter 1000 oder 10 000, und da wuchsen jede Menge.[169] Mutanten durch den Biodünger? Offenbar bringt vierblättriger Klee dem Aberglauben nach sowieso nur Glück, wenn man ihn zufällig findet, bekomme ich heraus. Gekauft oder gesucht gilt nicht. Bringt also doppelt nichts, diese Klee-Mitbringsel zur Silvesterparty zu verschenken. Obwohl, kleine Geschenke erfreuen den Gastgeber, machen ihn dankbar und zufrieden. Immerhin. Ein bisschen glücklicher machen sie also schon.

Aber das große Glück scheinen Glücksbringer nicht zu bringen. Und trotzdem glauben viele Menschen daran. Wie auch viele glauben, irgendwann einmal beim Lottospielen großes Glück zu haben. Mein Mann zum Beispiel. Sonst glaubt er auch nicht viel, außer wenn die Kinder behaupten, dass ich was erlaubt hätte. Und dann eben beim Lottospielen. Er glaubt seit Jahren, dass er mal etwas gewinnen wird. Dabei lag sein größter Gewinn bei vier Euro achzig. Trotzdem spielt er immer mal wieder (nicht immer und dann auch noch mit den gleichen Zahlen, du ahnst das sich anbahnende Unglück!), und glaubt, irgendwann Glück zu haben.

Ich habe schon immer Menschen bewundert, die glauben können. Es macht das Leben leichter. Mag es daran liegen, dass ich stur und störrisch bin, dass ich es nicht kann, aber etwas zu glauben fällt mir schwer.

Dagegen Menschen, die an einen Gott (welchen auch immer) oder ein Leben nach dem Tod glauben, sehen in ihrem Leben vermutlich eher einen Sinn. Ist der religiöse Glaube ein Weg zu mehr Glück?

In den großen Weltreligionen bedeutet Glück, Gott nahe zu sein, ein gutes Leben zu führen, fern von selbstsüchtigen Wünschen (und sofort denke ich an all meine selbstsüchtigen Wünsche, die vermutlich fast jede Frau hat). Jede Religion beschreibt so ein gutes Leben etwas anders, aber fast alle sind sich einig, dass es das ewige Glück erst nach dem Tod gibt. Christen, Juden und Muslime sehen das größte Glück im Jenseits und nennen es Paradies. Für die Buddhisten und Hindus, die an eine Wiedergeburt glauben, bedeutet Glück, aus dem ständigen Kreislauf der Wiedergeburten erlöst zu werden.

Mmhm, denke ich, schön und gut, falls es stimmt, dass es das absolute Glück erst nach dem Tod oder nach den vielen Wiedergeburten gibt. Aber Frau will doch bitte schön auch im Hier und Jetzt ein möglichst glückliches und zufriedenes Leben führen. Wenn die absolute Glücksekstase danach kommt – ist ja auch schön.[170]

Schließlich finde ich noch etwas Spannendes, was sogar ich glauben kann: Der Buddhismus beschäftigt sich sehr mit der Frage nach dem Glück und das schon seit zweieinhalb Jahrtausenden. Das, was man aus diesen Lehren ziehen kann, ist, dass Glück weder eine subjektive Empfindung sein, noch von irgendeinem Lebenssinn abhängen soll.[171]

Wow. Glück soll keine subjektive Empfindung sein? Was denn dann, bitte schön? Ich soll doch in meinen Bauch hineinhorchen und fühlen, ob ich glücklich bin oder nicht. Buddha sieht das anders. Denn diese ganzen Schwingungen lassen einen nie ganz happy werden. Stimmt, mal ist man himmelhochjauchzend, dann wieder ganz schön down. Und selbst wenn man ganz high vor Glück ist, hat man fast schon wieder Angst, dass es nicht lange andauern könnte. Diese Hetzjagd nach nur positiven Empfindungen führt also zum Unglücklichsein? Klingt schon auch logisch, denn gerade wir Frauen sind ja nie Dauer-Grinsehonigkuchenpferdchen, sondern grübeln, denken wirres Zeug, interpretieren alles Mögliche in irgendetwas hinein. Nicht gerade gut für unseren inneren Frieden. Omm, unser Geist soll doch besser zur Ruhe kommen.

Buddha scheint uns ganz schön gut zu kennen und wirklich sehr weise zu sein. Ich stolpere über einen oft genannten Satz von ihm: »Es gibt keinen Weg zum Glück. Glücklichsein ist der Weg.«[172]

Da muss ich jetzt erst mal drüber nachdenken, mache mir einen Cappuccino. Heißt also wirklich, wir sollen dem Glück nicht die ganze Zeit hinterherhetzen, sondern einfach glücklich sein? Zufrieden mit dem, was wir haben? Chill mal, carpe diem und so? Ich trinke einen Schluck und lasse den Kaffeegeschmack auf der Zunge zergehen. Noch ein Schokolädchen dazu. Recht hat er. Das ist doch ein richtig guter Glückstipp! »Chill mal, Mama«, sagt mein Sohn auch immer. Und Kindermund tut Wahrheit kund.

Nach Buddhas Lehren gibt es drei Geheimnisse für Glück und Zufriedenheit (nein, reich werden gehört nicht dazu, das wurde bei Lotto-Millionären ja schon untersucht, dass viel Geld langfristig auch nicht glücklicher macht).[173] Also Buddha sagt, was er glaubt, was glücklich macht:[174]

1. Positives Denken (schieb die negativen Gedanken weg, husch, husch, und denke positiv)

2. Gute und entspannte Beziehungen wie tiefe Freundschaften und eine harmonische Ehe (das sagt der so leicht)

3. Flow (in einer Tätigkeit aufgehen). Such dir also eine Arbeit und/oder ein Hobby, das dich in einen Flow versetzt.

Also, chillen und sich in einen Flow versetzen klingt doch super. Das finden meine Freundinnen auch, als ich sie befrage. Ich glaube auch, das ist ein ultimativer Glückstipp von diesem schlauen Mann. Man könnte jetzt natürlich noch lange darüber philosophieren, aber das überlasse ich mal Charly im nächsten Kapitel, die weiß inzwischen, was die Philosophen meinen, wie Frau glücklicher wird.

Und hier noch ein paar tolle Glücksweisheiten-Zitate von Buddha (nehmt euch kurz Zeit, um über jedes eine Minute nachzudenken und es wirken zu lassen):[175]

»Lerne loszulassen, das ist der Schlüssel zum Glück.«

»Wir sind, was wir denken. Alles, was wir sind, entsteht aus unseren Gedanken. Mit unseren Gedanken formen wir die Welt.«

»Der Weg liegt nicht im Himmel. Der Weg liegt im Herzen.«

»Du wirst morgen sein, was du heute denkst.«

»Verweile nicht in der Vergangenheit, träume nicht von der Zukunft. Konzentriere dich auf den gegenwärtigen Moment.«

278

Wer an Schornsteinfeger und Schweinchen glaubt, darf kein großes Glück erwarten, aber Glücksbringer können immerhin ein bisschen zufriedener machen (vor allem die aus Marzipan oder Schokolade).

Glaubst du an ein Leben nach dem Tod (oder an das Ende der ständigen Wiedergeburten), dann glaubst du an das große Glück nach deinem Leben. Diese Gewissheit kann auch glücklich machen, du erlebst das Glück nur nicht hier im Jetzt.

Buddha weiß, was Frauen wünschen: Äußere Errungenschaften (wie Reichtum) machen nicht langfristig glücklich, die Hetzjagd nach guten Gefühlen aber auch nicht. Es gibt keinen Weg zum Glück, Glücklichsein im Hier und Jetzt ist angesagt. Wie das geht? Positiv denken, gute Beziehungen und sich in einen Flow versetzen (in der Arbeit und/oder im Hobby), das sind seine Glücksrezepte, und die finden wir gut. *Let it flow!*

26.

CHARLY: *DIE DENK-CHALLENGE*

Let's talk about luck, baby! Was die alten Griechen schon wussten. Ein erster Blick zum Ursprung und was er dir bringt

»Wahres Glück ist, seinen Geist frei zu entfalten.«
Aristoteles (384 v. Chr.–322 v. Chr.)

Zum Glauben hat Anja ja einiges herausgefunden und mir im Anschluss gleich eine Challenge aufs Auge gedrückt. Bestimmt nur, weil sie selbst zu faul war, über griechische Philosophie zu recherchieren (Was glaubt ihr, warum ich ihr die Glückstagebuch-Challenge gestellt habe!). Philosophie ist eh ein Fass ohne Boden, und zum Thema Glück? Mir fällt spontan kein einziger Philosoph ein, der das als Hauptbotschaft auf seine Fahne geschrieben hätte. Bis ich hier zum Schreiben komme, muss ich wohl mehrere Wochen erst mal lesen, lesen und lesen und hoffen, das Gelesene auch zu verstehen. Da fällt mir ein, dass eine meiner Lieblingsphilosophie-Richtungen, der Pantheismus mit seiner Begeisterung für die Natur, durchaus Frohsinn und damit Glück bescheren kann – oder die Kirche des Fliegenden Spaghettimonsters macht zumindest gute Laune und Lachfältchen, dumm nur, dass man beide nicht zu den alten Griechen zählen kann …

»Sagt man nicht *du alter Grieche*?«, entgegnete mir meine Freundin Zahnlückeneule am Telefon. Euli war ja mein Ass im Ärmel, wenn ich etwas planlos an ein Thema heranging.

»Nein«, stöhnte ich auf. »Es heißt *du alter Schwede* und hat was mit dem Dreißigjährigen Krieg und alten schwedischen Soldaten zu tun, die den Preußen Drill beigebracht haben. Außerdem meine ich mit den griechischen Einflüssen keine Redewendungen, sondern alte griechische Philosophie. Dazu soll ich gerade recherchieren.«

»Ah, Philosophie. Eine meiner Leidenschaften. Womit kann ich dienen?«

So eine Reaktion hatte ich mir erhofft. Ich grinste. »Liebste Zahnlückeneule, hab ich dir schon einmal gesagt, dass ich dankbar für deine Hilfe bin?«

Am anderen Ende der Leitung war für einen Moment Ruhe. »Charly, ist alles okay bei dir?«

»Ja, klar. Aber ich darf dir doch mal sagen, dass ich dein Wissen bewundere.«

»Is ja okay, ich helf dir ja. Also, spuck's aus und hör mit dem Schleimen auf.«

Ich seufzte erneut. »Nun gut, also, ich brauche was zum Thema Glück und dessen Anfänge in der Philosophie.«

»Ui.«

So eine Reaktion hatte ich mir nun wirklich gar nicht erhofft, aber ich habe ja Geduld.

Zahnlückeneule weiß eine Menge über Griechisches, auch wenn ich mich nach einer Weile fragte, was das mit Philosophie zu tun hatte. »Wusstest du, dass wir griechischer sind, als jeder von uns denkt? Schau dir mal die Sprache an, die wir verwenden, wenn wir eine schwierige Sache als Sisyphusarbeit bezeichnen oder wenn die Betriebsamazone mit ihrem Mentor eine platonische Liebe eingeht, dann ist das …«

»Sehr fragwürdig«, unterbrach ich. »Wer ist denn bei euch die Betriebsamazone?«

»Mensch, Charly, das war doch nur ein Beispiel. Amazone, Mentor und auch die platonische Liebe sind ebenfalls Begriffe aus dem Griechischen.«

»Dann habt ihr gar keine Betriebsamazone?«

»Na ja, es gibt da schon eine, die ganz schön kriegerisch daherkommt.«

»Und die hat was mit dem Chef?«

»Hä?«

»Du meintest doch die Amazone mit dem Mentor und Liebe.«

»Vergiss es einfach, okay! Ich wähle ein anderes Beispiel. Das Wort Philosophie kommt selbstverständlich auch aus dem Griechischen und bedeutet so viel wie *die Liebe zur Weisheit*. Griechenland ist nämlich nicht nur die Wiege dieser Geisteswissenschaft, sondern zugleich Eizelle und Spermium.«

»Da bist du ja schon wieder beim Sex, Euli.«

»Nein, bin ich nicht. Du bist echt schlimm, möchtest du jetzt was wissen oder nicht? Dann halt mal den Rand. Also, in unruhigen Zeiten konnte man sich an die Philosophen wenden, wenn man in verschiedensten Dingen einen Rat benötigte oder die Welt besser verstehen wollte. Die zeigten einem dann die Richtung, in die man weiterrennen konnte. Sie spuckten nicht nur hochtrabende Wolkengebilde aus, sondern gaben praktische Ratschläge, den Alltag zu bewältigen und wieder Halt zu finden. Etwas, was in unserer modernen Welt eigentlich gar nicht mehr stattfindet. Heute fragen ja alle Doktor Google und Professor Internet oder stecken ihren Kopf ins Handy und verdrängen einfach alle ungelösten Fragen in ihrem Leben. Und nein, ich würde das Internet nicht als philosophische Institution gelten lassen.«

Ich lauschte andächtig und erfuhr, dass die Urphilosophen sich der Naturbeobachtung gewidmet hatten, so gegen 600 v. Chr., wie Thales – ja genau, der Thales, der auch was mit dem Kreis und dem rechten Winkel zu tun hat –, der beobachtete das Element Wasser, andere kümmerten sich um das Feuer. Durch Beobachtung ergaben sich für sie allgemeingültige Schlüsse für das Leben und die Menschen.

Die ersten Philosophen, die sich schließlich als solche bezeichneten, waren Sokrates, sein Schüler Platon und dessen Schüler Aristoteles.

Nach Sokrates (469 v. Chr.–399 v. Chr.) sind alle Menschen auf der Suche nach dem Glück und versuchen dementsprechend, ein gutes Leben zu führen. Aber erst, wenn sie wüssten, was »gut« überhaupt sei, könnten sie versuchen, ein tugendhaftes und somit glückliches Leben zu führen. Dabei sollte man Annahmen und Handlungsweisen mit Logik hinterfragen, um zu überprüfen, welche Motivation tatsächlich dahintersteckt. Das war für Sokrates mit das Wichtigste. Dazu wanderte er durch die Straßen Athens und nervte seine Mitbürger mit Fragen. Er wollte auf den Grund der Dinge stoßen und die Leute dazu bringen, ihre Meinungen und Ansichten zu hinterfragen. Und er wollte sie dazu bringen, selbst ihre Handlungen zu ändern, wenn sie erkannten, dass ihre Motivation auf falschen Schlüssen begründet lag. Er prägte den Satz: »Ich weiß, dass ich nichts weiß.« Sokrates' Leben endete damit, dass er verurteilt wurde, den giftigen Schierlingsbecher zu trinken, weil er angeblich die Jugend aufgewiegelt hatte, allerdings munkelt die philosophische Gerüchteküche, dass er sich mit einigen Politikern angelegt hatte.[176] Obwohl er die Möglichkeit zur Flucht hatte, wollte er seiner Philosophie treu bleiben und sah seinem Schicksal aufrecht ins Auge.

Zahnlückeneule rief erneut an, ihr gefiel es nur zu gut, dass ich mich mit diesem Thema rumschlug. Ich vermutete, dass sie mich nur seufzen hören wollte, wie auch jetzt gerade: »Ich weiß echt nicht, welche Informationen ich alle in das Buch reinnehmen soll und welche nicht. Eigentlich sollte ich dicke Philosophiewälzer einfach abtippen oder nur Links einstellen. So viele Informationen, und es braucht immer so viele Sätze, bis man versteht, um was es eigentlich geht.«

Euli grinste so breit am anderen Ende des Telefons, dass es bis nach Stockholm strahlte. »Das nennt man Philosophieren, liebe Charly. Das braucht halt seine Zeit. Die Gedanken wollen sich erst formen und Gestalt annehmen.«

»Das geht auch in einem Satz.«

»Eben nicht. Aber du hast erwähnt, dass du gerade mit Sokrates um die Häuser ziehst. Kennst du schon die Geschichte, die sich um seine Frau Xanthippe rankt? Sie soll so streitsüchtig gewesen sein, dass Sokrates lieber draußen unterwegs war, als bei ihr zu Hause zu weilen. Vielleicht war das der Anlass für seine ganze Fragerei: Er wollte einfach nicht nach Hause gehen. Es gibt einen viel zitierten Spruch von ihm: ›Heirate auf jeden Fall! Kriegst du eine gute Frau, wirst du glücklich. Kriegst du eine böse, dann wirst du ein Philosoph.‹ Lustig, oder?«

Ich zögerte und spendierte ein »Mmh«.

Euli räusperte sich. »Vielleicht gefällt dir das hier von ihm besser: ›Wenn wir all unser Unglück auf einen gemeinsamen Haufen legten und dann jeder davon einen gleich großen

Teil wieder an sich nehmen müsste, so würden die meisten Menschen zufrieden ihr eigenes Unglück zurücknehmen und davongehen‹.[177]«

»Ja, besser.«

Platon (427 v. Chr.–347 v. Chr.), der ein Schüler von Sokrates war, musste vom Sklavenmarkt freigekauft werden, nachdem er versucht hatte, dem Tyrannen Dionysios seine Wertvorstellungen beizubringen. Platons Höhlengleichnis[178], mit dem er seine Ideenlehre veranschaulichte, erregte große Aufmerksamkeit. Stark verkürzt handelt es von Folgendem: In einer Höhle sind seit ihrer Geburt Menschen gefangen, die so gefesselt sind, dass sie auf dem Boden sitzend nur eine einzige Wand ansehen können. Hinter ihnen werden Gegenstände an einem Licht vorbeigetragen, sodass deren Schatten auf genau diese Wand fallen. Die Menschen wissen weder, dass hinter ihnen ein Licht existiert, noch dass es sich bei den Schatten um Schatten handelt, sondern halten diese für reale Wesen. Würde sich ein einzelner Mensch aus der Gefangenschaft befreien, die echten Gegenstände sehen, zurückkehren und dies den anderen begreifbar machen wollen, dann würden diese, so erklärt Platon, das nicht verstehen. Erst wenn sie sich ebenfalls entfesselten und die Realität sähen und begriffen, könnten sie unterscheiden, was Schatten oder der wirkliche Gegenstand wäre.[179] In meinen Worten formuliert: Zuerst hast du die Vorstellung von einer Sache im Kopf und davon muss man sich befreien, um sie auch wirklich erkennen und erfassen zu können.

Das ist doch ein guter Ansatz, oder? Auf unser Thema übertragen bedeutet das, dass du Glück zwar fühlen kannst, wenn du es spürst, und bestimmte Zusammenhänge werden auch klar erkannt, wie zum Beispiel, dass Sport ein gutes Gefühl gibt, aber erst wenn der gesamte Umfang offen vor einem liegt, erkennt man, wie die Glücksrädchen ineinandergreifen und sich verstärken können. Allein daraus geboren, weil man diesem breiten Spektrum an einzelnen Wohlfühlelementen und Zufriedenheitssymptomen die Überschrift »Glück« gegeben hat. Jetzt kannst du es ganz anders in dein Leben integrieren, ganz bewusst Methoden wie Yoga oder Achtsamkeit nutzen. Du besitzt dann eine Vorstellung von Glück, die du im Leben besser erkennen kannst, und du hast die Möglichkeit, dich darüber zu unterhalten. Diese Übertragung auf Glück entsprang gerade ganz allein meinem Gehirn, so eingerostet ist es doch noch gar nicht. Als Jugendliche hatte ich als freiwilliges Wahlfach Philosophie und ich fraß mich durch Camus und Sartre wie durch einen guten Käse, las etliche Sätze zwanzig bis dreißig Mal, bis ich sie verstanden hatte (oder dachte, ich verstünde das dann später), und spann eigene Gedankengebäude daraus. Warum mache ich das heute eigentlich nicht mehr? Kann es sein, dass, je älter man wird, man umso träger handelt? Der Alltag als Erwachsener frisst oft zu viel Energie. Doch sollte Denken nicht unter Luxus fallen, oder?

Zum nächsten Philosophen, zu Aristoteles (384 v. Chr.–322 v. Chr.), der dem Beispiel seines Lehrers Platon folgte und ebenfalls eine Schule für Wissbegierige und solche, die es werden wollten, eröffnete. Er kam mit heiler Haut davon, er musste nur ins Exil, als sein berühmtester Schüler, Alexander der Große, starb. Aber Aristoteles hat seinen Stempel sehr nachhaltig der Zeitgeschichte aufgedrückt. Als ich Literaturwissenschaft studierte, kam ich um Aristoteles nicht herum, wollte ich auch gar nicht, im Gegenteil. Ich empfand es als total spannend, dass Gedanken, die sich ein Mensch vor über 2300 Jahren gemacht hatte, bis heute gelehrt werden. Ob es seine Poetik ist, die wir im Studium als Grundlage verwendeten, seine Lehre der Logik oder seine Gedanken zur Politik.

Bei Aristoteles will ich gerne etwas in die Tiefe gehen, ich komme auch gleich zum Glück, versprochen. Wer darauf keine Lust hat, scrolle zum nächsten Absatz!

Nach Aristoteles streben alle Menschen nach Glück. Egal was sie machen. Gehen sie arbeiten, dann mit dem Ziel, glücklich zu werden, egal ob sie sich mit dem Geld dann ein Ruhekissen schaffen, etwas kaufen oder auf eine erfüllte Rente hinarbeiten. Wählen wir einen Partner, dann mit der Absicht, glücklich zu werden, und so weiter. Aber nicht alle erreichen dieses oberste Ziel alles Handelns. Der Weg dorthin besteht nach Aristoteles aus zwei Schritten: Zunächst muss der Einzelne sich sicher sein, dass er das wirklich will, und dann muss er nur ein tugendhaftes Leben führen, dass nicht nur ihm selbst gefällt und dient, sondern auch der Allgemeinheit von Nutzen ist. Hört sich relativ einfach an? Na ja, ist es aber nicht. Schauen wir uns mal die Tugenden näher an. Aristoteles unterscheidet im Wesentlichen zwei Tugenden – die dianoetische Tugend, die sich auf den Verstand bezieht mit Weisheit und Einsicht und erlernbar ist (auch im stillen Kämmerlein durch Lesen und Überlegen), und dann kommt die ethische Tugend daher. Diese bezieht sich auf den Charakter und man kann sie nur durch Ausüben schulen, wie zum Beispiel Tapferkeit, Besonnenheit und Gerechtigkeit. Das funktioniert nur im Miteinander mit anderen Menschen und dauert wohl ein paar Jährchen[180]. Die von Aristoteles hinterlassene Schrift »Nikomachische Ethik« bezieht sich auf diese zweite Tugend und will uns einen Leitfaden geben, wie man zu einem guten Menschen werden kann. Grundlegend geht er davon aus, dass jeder Mensch sein Leben frei wählen kann. In der »Nikomachischen Ethik« unterscheidet er zwischen dreierlei Gütern: Die äußeren sind vom Zufall abhängig und beziehen sich auf Reichtum, Herkunft, Ehre; die inneren Güter sind beeinflussbar durch Sport und Ernährung und ergeben die

Schönheit und Gesundheit; die seelischen Güter können nur gute Menschen erlangen. Das Maßhalten bei den Tugenden sei wichtig, ebenso, eine Mitte zu finden. Ängstlich verstecken ist nix, und ohne nachzudenken in eine Sache reinzustürzen, ist auch nix. Also ein maßvolles Hineinstürzen. Und wenn wir nun ein tugendhaftes Leben leben, dann stellt sich Glück ein.[181] Ha, er ist also wirklich ein Urvater des Nachdenkens übers Glück und hat für diesen Zustand den schönen Namen *Eudaimonia* kreiert.

Euli erklärte mir, was es mit der Tüchtigkeit so auf sich hat: »Nach Aristoteles sollte jeder Mensch seiner Bestimmung nachgehen und dabei tüchtig sein. Ein Flötenspieler kann gut sein, aber wenn er tüchtig ist, kann er sogar zu den Besten zählen. Verstehst du, Charly: Glück ist quasi die Folge deiner eigenen Handlungen. Wir haben ja alle Bedürfnisse und nein, ich erzähle diesmal nichts von einer Amazone, ich meine so etwas wie Hunger, Durst oder emotionale Bedürfnisse nach Sicherheit oder geliebt zu werden. Haben wir Durst, erleben wir einen Mangel, der durch Trinken beseitigt werden kann, und daraus folgt ein Glücksgefühl.«

»Du meinst damit Alkohol fürs Glück?«

»Charly!«

»Is ja okay, ich hab's schon verstanden. Kann man das auf anderes übertragen?«

»Klar, wenn wir uns selbst ein Ziel setzen, mit der Arbeit verknüpft oder im Privaten, und man erreicht es, fühlt man sich zufrieden.«[182]

»Das stimmt und danach kann man auch seinen Durst mit Sekt löschen, also nachdem man über die Ziellinie ist.«

»Ich höre zwischen den Zeilen heraus, dass wir uns mal wieder auf einen Mädelsabend treffen müssen.«

»Genau!«

Warum ist es den heutigen Menschen nur selten vergönnt, solche geistigen Höhenflüge zu erreichen? Ich meine damit jetzt nicht mich, sondern das, was die ersten Philosophen erreicht haben. Sind wir zu beschallt von medialem Müll und Unwichtigkeiten, sodass komplexe Überlegungen am Boden haften bleiben, oder findet Philosophie im Sinne der Urväter tatsächlich nicht mehr statt?

Ich habe erst mal genug damit zu tun, weiterzurecherchieren, was die Dinosaurier der Philosophie mit Glück zu tun haben und wie sich das weiterentwickelt hat. Dabei greife ich für dich die Bekanntesten heraus, die nachhaltig die Geschichte der Philosophie geprägt und durchaus eine Vorbildfunktion für aktuelle Glückstheorien haben. Es gibt bestimmt so einige, die sich mit der gleichen Thematik befasst haben. Ich bin bei meiner Suche auf den deutschen Philosophen Ludwig Marcuse gestoßen, der 1949 die »Philosophie des Glücks: von Hiob bis Freud« veröffentlichte und dabei herausfand, dass es so viele philosophische Ansätze für Glück gibt, wie es Philosophen gibt, die darüber geschrieben haben.

Über den Inhalt des Buches steht beim Verlag zu lesen: »Die Frage nach dem Glück ist so alt wie die Menschheit. Die Schulphilosophie hat nur aufgehört, sie zu stellen. Dabei ist das Streben nach Glück die eigentliche Beschäftigung des Menschen. Marcuse erzählt Geschichten der Suche nach dem Glück: von Hiob; von Hans im Glück; von den glücklichen Pessimisten Salomon, Seneca und Schopenhauer; von Thomas Morus, Robert Owen und anderen, die an eine bessere, glücklichere Gesellschaft glaubten, und von Epikur und seinen Nachkommen.«[183]

Puuh, ich stecke meine Nase in ein Buch und komme mit ungefähr 30-mal so vielen Ansätzen wieder daraus hervor. Dann recherchiere ich was im Netz nach und habe noch mal so viele Ideen, aber ich will dich hier ja nicht mit Infos zumüllen und verwirren. Ich bin ja schon verwirrt, das reicht für zwei, wenn nicht sogar für drei. Glaub mir!

Wie wär's mit der Ansage, dass du dir einfach das Buch von Marcuse kaufst und ich mir die Challenge hier spare? Ich bekomme keine Prozente von seinem Verlag, also daher weht die Karotte nicht. Aber nee, das würde meinen eigenen Ansprüchen nicht genügen. Eigentlich bin ich ja ein kleiner Philosophie-Fan. Ich picke daraus das Wichtigste für uns raus, ergänze und mache mir bewusst, dass es okay ist, wenn ich nur an der Haustüre von einigen wenigen anklopfen kann.

So, ich streiche meine fünf neuen grauen Haare hinters Ohr und weiter im Text. Ludwig Marcuse geht von beiden Seiten, vom Glücklichsein und vom Unglücklichsein, an das Thema heran und beschreibt mit dem grimmschen Märchen »Hans im Glück«, wie ein Geselle zum Ende seiner Gesellenzeit einen großen Klumpen Gold bekommt, den er auf seiner Wanderschaft nach Hause gegen alles Mögliche umtauscht, Pferd (weil er zu faul zum Laufen ist), Schwein, Gans, Schleifsteine, die am Ende in einen Brunnen fallen. Statt zu klagen, dass er alles verloren hat, freut er sich darüber und hüpft unbeschwert nach Hause. Was ist das Ende vom Lied? Na, was sagst du? Das Glück ist nicht im Außen zu suchen, sondern im Inneren. Unter uns gesagt, ist der Hans ein bisschen doof, aber glücklich, und darum geht es ja. Vielleicht sollten wir alle wieder einen naiven Blick auf materielle Luxusdinge bekommen und sehen, was sie eigentlich bewirken: Sie machen oft unzufrieden und können durchaus einen überflüssigen Ballast darstellen. Zurück zur Philosophie. Diese Aussage, dass Glück im Inneren wohnt, haben viele Gelehrte auf ihre Fahne geschrieben, wie Epikur, auf den ich bei meiner Recherche immer wieder stoße.

Meine Freundin Klebeglitzernagel rief mich an, sie wollte Rat für ihre noch relativ frisch glühende Beziehung, weil sie und ihr

Neuer sich nicht mehr viel zu sagen hatten. »Zumindest antwortet er nie, wenn ich ihm von meinem Schuheinkauf erzähle.«

Klar ließ ich mich mit gut gemeinten Ratschlägen nicht lumpen. »Liebste Freundin, da schwurbel ich dir gerne etwas zusammen. Du denkst, er interessiert sich nicht so für deine Themen? Das glaube ich nicht, denn ihr seid nun ja schon … ähm … über drei Monate zusammen, oder? Der erste Einbruch kommt wohl eh erst nach vier Jahren, laut irgendeiner wissenschaftlichen Studie habt ihr also noch Zeit. Haha.«

»Das ist nicht lustig.«

»Ja, sorry, heute Morgen hab ich wohl einen Clown gefrühstückt. Okay, mal ganz im Ernst, hast du schon mal daran gedacht, mit ihm über Philosophie zu reden, ich hätte da ein paar ganz interessante Links und … Glitzi? Hallo? Glitzi?«

Manchmal bin ich wohl auch etwas überleidenschaftlich für meine Themen, kommt vor. Aber seid versichert, dass ich mich bei ihr noch entschuldigen werde. Wobei ich den Tipp mit der Philosophie gar nicht so schlecht fand. Weiter mit der Glückssuche unter dem Scheinwerferlicht der geistvollen Disziplin. Die Challenge rock ich, wär doch gelacht.

Wir sind gerade bei Epikur vor Anker gegangen, ein weiterer Glücksphilosoph der Antike, der seinen Fokus auf die Lust legte. Damit hatte er den Ruf weg, eine Spaßgesellschaft anzustreben – das stimmte allerdings nicht, er war nur einer der am meisten missverstandenen Denker. Was er als Lust bezeichnete, könnte man heute mit Lebensfreude gleichsetzen. Er ermahnte seine Schüler dazu, nichts aufzuschieben, was Freude macht, weil man ja nicht wissen könne, was der morgige Tag bringe.[184] Dabei sei Wert auf Unerschütterlichkeit und körperliche Gesundheit zu legen. Mit einem Wort gesagt: Schmerzfreiheit. Ohne Schmerz wird es uns höchstwahrscheinlich gut gehen, womit er auf den Gegenspieler anspielt. Ohne Licht kein Schatten … ähm, ohne Schatten kein Licht. Schauen wir uns die Thesen mal noch etwas genauer an. Epikur soll ja auch ein Vorbild für Karl Marx gewesen sein oder für Schriftsteller wie Tolstoi und übte einen enormen Einfluss auf viele nachfolgende Philosophen aus. Er lebte von 341 v. Chr. bis 270 v. Chr. und gründete auch eine Schule. Schmerzvermeidung bedeutete für ihn eine Einschränkung der Lebensumstände. Wir suchen die Lust und versuchen, die Unlust zu vermeiden. Allerdings band er die Vernunft als höchste Tugend des Menschen mit ein, was einem ungehemmten Ausleben des Lusttriebes doch etwas entgegenläuft. Man braucht nicht fünf Pferde oder drei Eselskarren, um von A nach B zu kommen. Er sprach sich für das kleine Glück aus und genoss gutes Essen und Trinken, seine Freunde und die Liebe, wobei er auch die Gesundheit im Blick hatte. Ein Leben voller Lebensfreude ohne Angst vor dem Tod sei das Ergebnis und bedeutete für ihn Glück. Aber alles in maßvoller Form. Ein Hochsteigen würde nur ein Fallen nach sich ziehen – bewegt man sich in der Mitte, kann man nicht so tief stürzen. Luxusgüter trügen nicht zu einer Befriedigung bei, da man davon nie genug bekommen könne, aber die Freude an kleinen Dingen sei erfüllend.[185] Es wird erzählt, dass ein gutes Stück Käse ihn gut gelaunt stimmte. Nicht mehr und nicht weniger. Epikur trainierte seine Schüler regelrecht, indem er Geistesübungen einführte. Sie sollten sich immer wieder vorstellen, weit von sich selbst wegzurücken und dann aus der Ferne auf sich zu blicken, um zu erkennen, wie klein ihre Sorgen tatsächlich waren. Gelassenheit war das ersehnte Ziel, das so geübt wurde. Heutige Neurowissenschaften unterstreichen diese Vorgehensweise, denn sich etwas vorzustellen schult das Gehirn fast genauso, als ob man etwas in echt trainiert.[186] Besonders schön finde ich auch den Ansatz von Epikur, die Aufmerksamkeit auf das zu lenken, was bereits da ist, das bedarf durchaus der Übung, da wir evolutionär anders gepolt sind. Wir sehen nicht die Tomatensuppe, sondern die Fliege in ihr, und das verdirbt uns den Appetit für den ganzen Tag. Was ich damit sagen will? Esst mehr Tomatensuppe! Nein, Scherz, ich mag Gemüsekartoffelsuppe viel lieber (haha). Also – würden wir uns vorschnell mit Zuständen und Dingen zufriedengeben, könnte die Wirtschaft gleich einpacken. Dann gäbe es kein Streben mehr nach Besserem, Schnellerem oder Höherem und am nächsten Tag würden auch die Teller leer bleiben, denn gestern waren ja alle satt, warum hätte man da etwas zu Essen für den nächsten Tag besorgen sollen. Etwas zu wollen und sich zu wünschen liegt somit in jedem Menschen und ist so gewollt. Epikur unterscheidet zwischen drei Arten von Wünschen: Die notwendigen, die uns das Überleben sichern (wie Nahrung, Kleidung, ein Dach über dem Kopf), die nicht notwendigen (die die Sinne ansprechen, wie Musik und Kunst) und die unnatürlichen und unnötigen (wie den dritten teuren Sportschlitten und das fünfte Ferienhaus), diese sollten nach Epikur auch unerfüllt bleiben. Er sagte: »Der Reichtum, der keine Grenze hat, ist eine große Armut.« Rainer Grunert, der sich in seinem Buch »Anleitung zum wunschlosen Glück« auch mit Epikur beschäftigt hat, bringt es auf folgenden Punkt: »Wir sollten lernen, uns von dem Wunsch nach mehr frei zu machen.«[187]

Am konsequentesten hat ein weiterer griechischer Philosoph dieses Nichtwünschen umgesetzt und wurde mit seiner Tonne berühmt: Diogenes von Sinope (412–323 v. Chr.) forderte die Menschen dazu auf, nach ihrer Natur zu leben. Eine Voraussetzung dafür, glücklich zu werden, sei der Verzicht auf Besitztum. Nur dem, der nichts besitze, könne nichts genommen werden. Diogenes lebte in einer Tonne und besaß nur wenige Dinge: Außer dem Nötigsten, das er am Leib trug, weder Kleidung noch Schuhe, sogar seinen Trinkbecher und Teller soll er weggeschmissen haben, als er ein Kind aus der hohlen Hand trinken sah und dieses ein Stück Brot als Teller benutzte. Als ihn eines Tages Alexander der Große besuchte und ihm einen Wunsch schenkte, bat Diogenes darum, dass er ihm aus der Sonne gehen solle. Von Diogenes entstammt die Idee der Askese – der Verzicht auf alles Weltliche.[188] In einem Artikel wird er als »Ur-Hippie«[189] bezeichnet, weil er auf alle gesellschaftlichen Konventionen pfiff und einfach das machte, was ihm als richtig erschien. Diogenes zählt zu den Kynikern, wobei deren Gedankengut eher eine Lebensform beschrieb denn pure Philosophie. Aber ganz ehrlich – angewandte Philosophie ist ja um einiges schwerer. Diogenes war als Unruhestifter bekannt, der die »Normalbürger« als Sklaven ihrer Wünsche und des Materialismus sah und mit seinen Reden provozierte. Heute kennen wir den Kynismus als Zynismus, die Kunst, sich über andere spöttelnd lustig zu machen. Dabei bedeutet das griechische Wort *kyon* auf Deutsch Hund, was auch der Spitzname des gebildeten Diogenes war. Er lebte im Einklang mit der Natur und da alles Natürliche gut und richtig war, war auch sein eigenes Handeln somit gut und richtig. Angeblich soll er tatsächlich alle natürlichen Triebe öffentlich ausgelebt haben und so onanierte er auch ungeniert in der Öffentlichkeit.

In Deutschland wurde im Jahr 1990 ein Glücksinstitut vom Soziologen Alfred Bellebaum gegründet, der es bis zu dessen Schließung leitete. Auf die Frage, ob man heute schlauer sei, was die Suche nach dem Glück anbelangt, antwortete Bellebaum, dass sich eigentlich nichts geändert habe. Aristoteles bringt es mit der Aussage, dass jeder Mensch glücklich sein will, auf den Punkt. Und wie es schon die alten Griechen wussten – ein Glückserlebnis ist zeitlich begrenzt. Die Suche danach wird den Menschen wohl in allen Epochen begleiten, auch wenn sich der Name gewandelt hat und wir von Zufriedenheit oder Lebensqualität sprechen.[190]

Hat mir das jetzt was gebracht, dieser Diskurs über die Wurzeln der griechischen Philosophie? Ich fand es auf jeden Fall spannend, mir mal wieder viel Zeit für die Recherche zu nehmen, um in diese Gebiete abzutauchen. Wann macht man das schon einmal? Viel zu selten. Heutzutage gibt es kaum noch Raum für Philosophie. Müsste man das nicht auch zu einem Schulfach machen, vielleicht mit dem Glücksunterricht verknüpfen? Wir sind Menschen und damit denkende Menschen, die alle – ob sie wollen oder nicht – nach dem Glück suchen. Sich mit Philosophie und der Suche nach dem Glück auseinanderzusetzen ist in meinen Augen ein sinnvoller Weg, um spätere Katastrophen, wie Ersatzbefriedigungen in Form von Spiel- oder Alkoholsucht und dergleichen, abzuhalten. Ich werde definitiv meine Augen und Ohren nach aktuellen philosophischen Strömungen, die sich das Thema Glück auf die Fahne geschrieben haben, offen halten! Fängt das Glücklichsein doch meistens im Gehirn an, damit meine ich nicht die Hormone, sondern das Sich-bewusst-Machen.

Die alten Griechen wussten nicht nur, wie Moussaka und Zaziki geht, sondern auch, wie man glücklich wird. Und zwar so:

1. Hinterfrage gängige Denkmuster – so wie Sokrates es angeregt hat.

2. Versuche, eine Gemeinschaft, Freundesgruppe, einen gemütlichen Verein mit persönlichen Begegnungen zu finden. Auch die Glücksforschung sagt, dass man Freunde braucht und Tätigkeiten, die einen erfüllen.

3. Werde politisch aktiv, übernimm Verantwortung – du bist ein Teil der Gesellschaft, du darfst dich einbringen. Egal wie, auch gerne als friedliche Demonstrantin auf der Straße, schließlich geht es hier um dein Leben und die Zukunft deiner Kinder. Ich sag nur: Fridays for Future.

4. Überlege, welche Gedanken du bereits von einer Sache im Kopf hast, bevor du dich ihr näherst – sprich: Hast du schon im Vorfeld ein Urteil parat oder versuchst du wirklich, so gut wie neutral auf etwas einzugehen? Sei den Medien gegenüber kritisch, frage nach, hinterfrage.

5. Lass Aristoteles in dein Leben! Pflege eine friedliche Diskussionskultur, in der es nicht darum geht, am Ende als Gewinner dazustehen, sondern darum, Meinungen auszutauschen. Gespräche bringen einen immer weiter. Nicht nur die Rhetorik verbessert sich, sondern man lernt, auch andere Standpunkte nachzuvollziehen.

6. Setze noch eins drauf: Gründe deine eigene Quatschgruppe! Diskutiere mit anderen über die wesentlichen Dinge im Leben und damit meine ich nicht den Biernachschub oder was heute auf den Grill gepackt werden soll, zumindest nicht ausschließlich. Frauenkaffeeklatsch ist schon mal super.

7. Stell dir vor, du stehst an einer Weggabelung, folge der Straße mit dem Wegweiser »Glück«. Mach das bewusst und du wirst sehen, dass du viel mehr Energie in dir spüren wirst. Schenke – frei nach Aristoteles – ungeliebten kleinen Routinehandlungen (auch im Job) Zeit und Aufmerksamkeit und du wirst feststellen, dass auch das ein Glücksgefühl geben kann. Denke dabei aber auch daran, die schönen Künste in dein Leben zu lassen. Theater, Musik, Hobbys, Bewegung, all das macht auch glücklich.

8. Welcher griechische Glücksexkurs hat dich spontan angesprochen? Keiner? Nicht schlimm, denn es gibt noch Tausende andere Bücher über Philosophie. Lass dich vom Buchhändler deines Vertrauens beraten und folge den Links in den Anmerkungen!

9. Realistische Erwartungen: Sowohl Unter- als auch Überforderung sorgen für Unzufriedenheit, eine ehrliche Einschätzung wäre wünschenswert. Soweit das eben geht. Epikur und auch die Positiven Psychologen legen den Finger an dieser Stelle auf »positive Gedanken«, die man auch sich selbst einreden kann, mit einem bloßen »Ich bin jetzt gut drauf« kann man diesen Zustand durchaus erreichen.[191]

ERPROBTE GLÜCKSTIPPS ZUM NACHBACKEN UND ANRÜHREN

VON GURKENMASKEN, SCHOKOKUCHEN, GUTE-LAUNE-MUSIK UND WELLNESS-CREMES

27

ANJA & CHARLY: WAS SCHÖNES HÖREN, SEHEN, LESEN

Unsere liebsten Glückssongs, Glücksfilme und Glückszitate

Wenn man Freundinnen und Bekannte fragt, welche Musik, Filme oder Zitate sie glücklich machen, muss man damit rechnen, die nächsten Wochen nicht mehr aus seinem Bett zu kommen. Zu viele Tipps, zu viele schöne Dinge, aber kann man davon wirklich zu viel haben? Wir glauben nicht. Um allen gerecht zu werden, haben wir uns Kategorien überlegt, in denen du nach Lust und Laune herumstöbern kannst und dir eine gute Zeit machen! Etliche Tipps stammen auch aus der Umfrage, die wir über Glück gestartet haben.

Kategorien-Übersicht:

FÜR DEN HERZSCHMERZ MIT EINER PACKUNG TASCHENTÜCHER UND SCHOKOPRALINEN

Musik

Whitney Houston – *I Will Always Love You*
Céline Dion – *My Heart Will Go On*
REM – *Everybody Hurts*
Sinead O'Connor – *Nothing Compares to You*
Pink Floyd – *Wish You Were Here*

Filme

Titanic – Kate Winslet und Leonardo DiCaprio leben uns vor, dass Konventionen für andere sind und Liebe (fast) alles überwindet.

Sissi – Der Film stammt zwar aus dem Jahr 1956, aber wir zücken immer noch unsere Taschentücher, wenn die junge Sissi (Romy Schneider) Kaiserin wird und dem galanten Franzl (Karlheinz Böhm) ihre Hand und ihr Herz reicht.

Love Story – Ein Film von 1970 mit Ali McGraw und Ryan O'Neal, die sich als junge Studenten kennenlernen, und ich wette mit dir, dass du diesen Film nicht ohne Taschentücher überstehst.

Vom Winde verweht – Auch ein Klassiker, aus dem Jahr 1939 mit Vivien Leigh und Clark Gable, die sich in einer fast vierstündigen Verfilmung streiten und lieben.

FÜR STUNDEN ZU ZWEIT VOLLER LEIDENSCHAFT

Musik

Lana Del Rey – *Love*
John Paul Young – *Love Is in the Air*
James Blunt – *We Are Young*

Filme

Twilight – Darf hier natürlich nicht fehlen, eine prickelnde Liebesbeziehung zwischen Kristen Stewart und Robert Patterson, die an Drama und Erotik nicht spart.

William Shakespeares Romeo + Julia – Claire Danes und Leonardo DiCaprio sind die beiden Königskinder, die ohne einander nicht sein können, aber aufgrund von familiären Streitigkeiten nicht zusammenkommen dürfen. Großartig! (Charlys Lieblingstipp)

Dirty Dancing – Die alte Verfilmung bitte mit Frances »Baby« Houseman (Jennifer Grey) und dem Tänzer Johnny Castle (Patrick Swayze). Als der Film rauskam, liefen wir alle mit verzücktem Blick ins Leere durch die Gegend. Es gibt doch noch den Glauben an die große Liebe!

Australia – Nicole Kidman erbt eine Farm im australischen Outback und verliebt sich in Hugh Jackman, während um sie herum der Zweite Weltkrieg ausbricht.

Bodyguard – Eine unerwünschte Liebe zwischen dem Bodyguard und dem großen Star, gespielt von Kevin Costner und Whitney Houston.

Shakespeare in Love – Im Jahr 1590 hilft die Adelige Viola De Lesseps (Gwyneth Paltrow) dem Dichter William Shakespeare (Joseph Finnes), eine Schreibblockade zu überwinden. Und nicht nur das.

Pretty Woman – Richard Gere und Julia Roberts in einer romantischen Liebesgeschichte, die an gesellschaftlichen Vorgaben kratzt.

Schlaflos in Seattle – Eine Radiosendung, die Distanz von 3000 Meilen und die Liebe zwischen Meg Ryan und Tom Hanks.

Wie ein einziger Tag – Arm trifft Reich, eine Kombination, die für eine Menge Dramatik sorgt mit Ryan Gosling und Rachel McAdams als leidenschaftliches Paar.

FÜR MEHR LACHFALTEN UND GUTE LAUNE

Musik

Anderson .Paak – *I think I luh you, fuck that! I know I do!*
Bosse – *Dein Hurra*
Rex Orange County – *Loving is Easy*
Marshmello – *Happiness*
Mojo-Club – *Vol. 12 (Feeling Good)*
Robbie Williams – *She's the One*

Filme

Harry und Sally – Eine Liebesgeschichte, die als Freundschaft zwischen Billy Crystal und Meg Ryan beginnt und nach unendlichen Streitereien auch tatsächlich im Bett landet. Der vorgespielte Orgasmus ist legendär.

Moonrise Kingdom – Im Jahr 1965 spielt der Film, auf einer kleinen Insel vor der Küste Neuenglands. Jared Gilman und Kara Hayward verlieben sich zwischen Pfadfinderlager und sonstigen Widrigkeiten.

10 Dinge, die ich an dir hasse – Heath Ledger und Julia Stiles streiten und lieben sich in der Highschool.

Ziemlich beste Freunde – Die Geschichte einer bewegenden Freundschaft zwischen einem reichen, kultivierten Mann, der vom Hals an abwärts gelähmt ist, und einem Knasti, der vor allem eins ist: cool. Übrigens mit Musik von Ludovico Einaudi (Charly liebt ihn!).

Tatsächlich Liebe – Zehn unterschiedliche Liebesgeschichten verweben sich und treffen am Weihnachtsabend aufeinander. Mit Hugh Grant und Emma Thompson. Etwas zum Lachen und fürs Herz.

FÜRS HERZ UND DEN KOPF, ETWAS ZUM NACHDENKEN

Musik
John Legend – All of Me
Max Herre – Wolke 7
Coldplay – The Scientist

Filme

Casablanca – Der Film stammt aus dem Jahr 1942 und ist noch in Schwarz-Weiß gedreht. Ingrid Bergman und Humphrey Bogart verlieben sich inmitten der Wirren des Zweiten Weltkrieges. Ein Klassiker!

Stolz und Vorurteil – Keira Knightley und Matthew Macfadyen spielen ein Liebespaar, das erst einen Berg voller Hindernisse überwinden muss, bevor … na, selbst schauen.

Liebe mich, wenn du dich traust – Marion Cotillard und Guillaume Canet sind von Kindesbeinen an miteinander befreundet und erkennen später, dass da auch etwas Liebe mit im Spiel ist.

Brokeback Mountain – Heath Ledger und Jake Gyllenhaal spielen zwei Cowboys, die sich den Konventionen entgegenstellen und sich ihre Liebe gestehen.

Overboard – Unbedingt ansehen! Kurt Russell rettet die verwöhnte und egoistische Goldie Hawn aus dem Wasser und nutzt ihren Gedächtnisverlust dazu, zu behaupten, dass sie seine Frau sei und zu Hause für Kind und Haus zu sorgen habe.

Schindlers Liste – Die Geschichte von Oskar Schindler, der sein Leben für das Leben von vielen eingesetzt hat.

Erin Brockovich – Eine starke Frau setzt sich für Gerechtigkeit ein.

Joy – Die alleinerziehende Joy glaubt an ihre Idee und wird von der einfachen Putzkraft zur Millionärin.

Drei Farben Blau – Julie versucht nach dem Tod ihres Mannes einen Neustart.

GLÜCKSZITATE

»Die meisten Menschen geben vor, für sich selbst auch, dass sie glücklich sind. Weil nämlich, wenn man unglücklich ist, dann ist man ein Misserfolg. So muss man also die Maske des Glücklichseins tragen, denn sonst verliert man den Kredit auf dem Markt, dann ist man ja kein normaler Mensch, kein tüchtiger Mensch. Aber Sie müssen sich doch nur die Menschen ansehen: wie hinter der Maske eine Unruhe, Gereiztheit, Ärger, Depression, Schlaflosigkeit liegt.«
Erich Fromm

»Tanze, als würde niemand zusehen.
Liebe, als seist du noch nie verletzt worden.
Singe, als ob niemand dich hören könnte.
Lebe, als sei der Himmel auf Erden.«
Mark Twain

»Wie du am Ende deines Lebens wünschest gelebt zu haben,
so kannst du jetzt schon leben.«
Mark Aurel

»Sei dankbar für das, was du hast; warte auf das Übrige und
sei froh, dass du noch nicht alles hast. Es ist auch ein Vergnügen, noch auf etwas zu hoffen.«
Lucius Annaeus Seneca

»Nach den Gesetzen der Physik kann eine Hummel nicht
fliegen.
Die Hummel weiß das aber nicht – sie fliegt einfach.«
Mary Kay Ash

»Wirklich zu leben, das ist das Allerseltenste auf der Welt.
Die meisten Menschen existieren nur, sonst nichts.«
Oscar Wilde

»Das Geheimnis des Glücks liegt nicht im Besitz, sondern
im Geben.
Wer andere glücklich macht, wird glücklich.«
André Gide

»Glück ist Liebe, nichts anderes. Wer lieben kann, ist
glücklich.«
Hermann Hesse

»Die höchste Form des Glücks ist ein Leben mit einem gewissen Grad an Verrücktheit.«
Erasmus von Rotterdam

»Glück ist Selbstgenügsamkeit.«
Aristoteles

»Glück ist kein Geschenk der Götter, sondern die Frucht innerer Einstellung.«
Erich Fromm

»Bedenke, dass die menschlichen Verhältnisse insgesamt unbeständig sind, dann wirst du im Glück nicht zu fröhlich und im Unglück nicht zu traurig sein.«
Sokrates

Anja & Charly: Glück to go — Praktische Tipps für den Alltag

Vom Wiederverwertungsbecher und Streicheleinheiten für die Seele. Unsere Glücksrezepte für Wellness-Cremes und -Lotions aus Kokosöl, Quark und anderen Küchenhütern

To go klingt so gar nicht nach Glück und Happiness, oder? Eher nach Müll durch Kaffeebecher, Verpackung vom Sandwich oder dem Plastik, in das die gesunden Karotten eingetütet sind.

Für uns beide bedeutet *Glück to go* gelebte Achtsamkeit. Es soll dich vom Müll befreien und Ballast abwerfen lassen und Achtsamkeit dir selbst gegenüber, deinen Freunden und der Umwelt schenken. Es macht glücklich und zaubert ein Lächeln auf dein Gesicht, wenn du es dir selbst gut gehen lässt (und dein Lächeln verursacht ein Lächeln bei deinem Mann. Okay, anfangs vielleicht ein müdes Lächeln, wenn er hört, dass du dir neuerdings die Haare mit Mehl wäschst, aber so hübsch wie du danach aussiehst und so zufrieden du dann bist, wird dein Mann ganz sicher auch bald happy sein.). Im Einklang mit der Umwelt zu leben, so weit das eben möglich ist, macht einfach zufrieden. Und keine Sorge: Perfekt ist kein Mensch. Aber wir können jeden Tag etwas tun. Wie war das mit dem Schmetterlingsflügelschlag, der am anderen Ende der Welt einen Orkan auslöst? Wenn jeder etwas für sich selbst zum Glücklichsein beiträgt, fällt es umso leichter, auch seinen Nachbarn und Freunden gegenüber offen und hilfsbereit entgegenzutreten, und zusammen kann man schon eine Menge rocken – auch die Welt retten! Ein bisschen zumindest … Also, let's rock!

Wetten, dass bei den folgenden Tipps mindestens das eine oder andere dabei ist, das dich spontan anspricht?

Wir präsentieren dir erste Anregungen für:

Natürliche Pflegeprodukte für Haare, Haut und das Klo
Glücksquickies to go

Probier es aus!

GLÜCK TO GO UND NATÜRLICHE PFLEGE- UND VERWÖHNPRODUKTE

Dann fangen wir mal mit dem Wichtigsten an: mit dir! Schließe die Augen, fühl dich wie Kleopatra.

Durch natürliche Pflegeprodukte, mit denen du dich selbst und auch deinen Liebsten verwöhnen kannst. Allesamt natürlich ohne jegliche Chemie oder sonstigen Mist, verdammt effektiv, schnell und einfach mit Zutaten aus dem heimischen Schrank gezaubert. Die Frau – eine Göttin!

Es gibt einige verschiedene Ansätze, wie man Haare natürlich pflegen kann. Mit Shampoo und Spülung aus der Küche – ein paar Rezepte stehen unten – oder Haarseifen aus dem Geschäft. Mittlerweile ist in Deutschland der Markt für Haarseife schon recht gut gewachsen! In den Bioläden und einigen Drogeriemärkten gibt es sie auf jeden Fall. Am besten kaufst du welche, die nur pflanzlich zusammengesetzt sind, das heißt, du verstehst in der Regel, was unter »Inhaltsstoffen« steht, und es sind keine Abkürzungen oder irgendwelche unverständlichen Namen drauf. Viele bestehen nur aus zwei oder mehreren Ölen. Preislich ist die Spanne natürlich sehr unterschiedlich, aber du kannst schon ein 200 g schweres Seifenstück für 2,08 Euro haben und so etwas hält bei mir viele Monate.[192] Spülungen, Haarkur, Gesichtsmaske, Abschminke – alles schnell und einfach zubereitet –, ohne Witz, traut euch! Ihr werdet staunen, wie viele Plastikflaschen ihr in Zukunft sparen und wie voll und schön eure Haare aussehen werden. Denn ihr spart nicht nur Müll und Geld, sondern tut euch auch was Gutes, da in den meisten Shampoos Duftstoffe, Silikone und Konservierungsstoffe enthalten sind, die Haare und Haut irritieren können und austrocknen. Nicht zu vergessen die Tenside, die dafür zuständig sind, dass Schmutz und Fett aus den Haaren gespült werden. Oft sind diese chemisch stark aufbereitet und schaden dir und Mr Nemo.

Haarseifen kommen ganz ohne dieses fiese Zeug aus – die natürlichen Tenside der Öle übernehmen die Reinigungsfunktion – passt![193] Falls du also vom gängigen Shampoo aus dem Supermarkt auf unsere Haarseifen oder selbst gemachte umstellst, kann es sein, dass deine Haare zunächst mit Entzug reagieren. Tatsächlich! Sie können schneller fettig werden, aber sei geduldig – es lohnt sich! Und spätestens nach ein paar Bad-Hair-Weeks oder -Days (wir empfehlen coole Käppis oder Burkas – nein, so schlimm ist es nicht!) ist es geschafft und die Haare werden es dir mit mehr Fülle und Gesundheit danken und dein Geldbeutel mit mehr Inhalt. Und schau dir den Abschnitt über Haltbarmachung der selbst hergestellten Produkte an!

SHAMPOO SELBST MACHEN!

Zunächst eine Grundsubstanz, die du für alle folgenden Shampoos brauchst: die Seifenlauge.[194]

Zutaten:
15 g geriebene Seife oder Seifenflocken (Es soll eine neutrale sein, also ohne Duft, wie zum Beispiel Kernseife, oder noch besser eine einfache Bioseife, zum Beispiel aus Olivenöl. Achte darauf, dass sie kein normales Palmöl beinhaltet.)

250 ml destilliertes Wasser

Gefäß für die fertige Seifenlauge (egal was, schön ist allerdings eine Glasflasche, oder du nimmst eine alte ausgewaschene Shampooflasche)

Du löst die Seife unter Rühren im kochenden destillierten Wasser auf, lässt sie dann abkühlen, dabei auch ab und an umrühren und fertig ist die Seifenlauge. Sollte sie nach 24 Stunden immer noch so flüssig sein wie Wasser, dann erwärme sie nochmals und gib noch etwas Seife dazu (je nach Seifensorte braucht es manchmal etwas mehr; die Konsistenz sollte schmierig-schleimig werden, wie bei einem Shampoo aus dem Supermarkt). Ist die Seife zu fest, dann einfach wieder erwärmen und etwas Wasser daruntermischen. Diese wird dann mit natürlichen Zusätzen angereichert und du bist stolze Besitzerin der besten Haarpflege der Welt. Im Netz kannst du auch zig verschiedene Rezepte[195] finden, wir haben ein paar praktische für dich ausgewählt.

Geschenktipp, um deine Freundinnen happy zu machen:

Übrigens kannst du mit diesem Grundrezept auch ganz einfach Handseife herstellen und schön verpackt verschenken. Du kannst zu den Grundzutaten dann noch etwas Pflegendes geben, wie einen Teelöffel Honig, Sesamöl, Olivenöl, Kokosöl, Walnussöl oder irgendein anderes Öl. Dann mit einem Mixer alles gut verrühren, am besten auf niedriger Stufe, sonst stehst du gleich in einem Schaumbad, und ab in einen alten Seifenspender oder in ein Glas mit der Aufschrift »Handseife zum Auffüllen« – denn einen Seifenspender haben ja echt die meisten zu Hause. Schleife drum, Küsschen drauf und ab dafür.

KAMILLEN-SHAMPOO FÜR CLEVERE BLONDINEN ODER BEI JUCKENDER KOPFHAUT

Wenn du juckende Kopfhaut oder blondes Haar hast, das du auf natürliche Weise noch etwas aufhellen willst, dann bietet sich Kamille an. Entweder frisch oder als Teebeutel. Kamille wirkt als Tee entzündungshemmend und ist nicht nur bei Erkältungen das Mittel der Wahl.

Hier wird die Seifenlauge anders hergestellt, weil von der Kamille noch viel Flüssigkeit dazukommt. Schau dir einfach die Zutaten an:

125 ml Seifenlauge aus 15 g Seife und 125 ml destilliertem Wasser (Zubereitung wie oben – einfach die Seife in das sehr heiße destillierte Wasser einrühren)
2 EL Kamillenblüten (oder etliche Kamillenteebeutel)
250 ml heißes Wasser
Sieb
Gefäß für 400 ml Shampoo

Du brühst die Kamille mit dem heißen Wasser auf wie einen Tee und lässt das Ganze dann für gut eine Stunde stehen. Danach lässt du den Kamillensud durch das Sieb in ein Gefäß laufen, wo es mit der Seifenlauge vermischt wird, und dann ab in ein Gefäß und fertig ist dein echtes Kamillenshampoo. Dagegen kann jedes aufhellende Shampoo aus dem Supermarkt abstinken! Versprochen!

Tipp:

Übrigens eignet sich dieser Kamillensud auch gut als Badewannenzusatz, wenn man seine Haut pflegen will, und es duftet so gut! (Dann ohne Seifenlauge, gelle!) Vielleicht mal den Partner damit überraschen?

HAARSHAMPOO MIT ROGGENMEHL (UND NEIN, DU HAST DANN KEINEN BROTLAIB AUF DEM KOPF) – GEGEN SCHUPPEN, SPENDET FEUCHTIGKEIT UND FÜLLE

Charly schwört darauf, ihr solltet aber Zeit haben, die Haare in Ruhe trocknen zu lassen, dann gibt es ohne Ende Fülle auf dem Kopf! Versprochen! Charly hat eine Getreidemühle und mahlt den Roggen sogar frisch dafür, aber es geht natürlich auch Roggenmehl aus dem Supermarkt – gerne auch Vollkorn (gibt's im Biomarkt).

Zutaten:
4 EL Roggen(vollkorn)mehl (Wenn man sich zunächst an diese ungewohnte Haarpflege gewöhnen will, dann kann man für die erste Anwendung auch gerne halb Roggenvollkornmehl und halb Roggenmehl nehmen.)
Etwa 3–4 EL lauwarmes Wasser

Du verrührst beides, bis ein mehlig-pampiger Brei entstanden ist, den lässt du dann mindestens zwei Stunden lang stehen (ich mache ihn mir morgens für abends oder abends für den nächsten Morgen, es gibt aber auch Leute, die rühren das zehn Minuten vorher an) und dann ab in die handtuchnassen Haare. Gut in die Kopfhaut einmassieren und am besten mit einem Haargummi die Haare oben auf dem Kopf festpappen. Dann einwirken lassen, mindestens 5 Minuten, gerne auch länger, nur irgendwann wird es trocken und du musst nach dem Auswaschen Reste vom Ohr kratzen. Aber geht auch!

Im Roggenmehl sind Vitamin E, B-Vitamine wie Folsäure und Pantothensäure (die sich im Wasser lösen, deshalb ist es besser, wenn der Haarbrei etwas steht) und Mineralstoffe wie Eisen und Zink, die perfekt deine Haare pflegen – du brauchst nicht einmal mehr eine Spülung danach!

Tipps:

1. Wenn du unter der Dusche stehst und es einwirken lässt, dann kannst du den Rest einfach auf den Körper geben und ins Gesicht – eine babyzarte weiche Haut wird dich belohnen und deinen Partner entzücken!

2. Keine anderen Mehlsorten verwenden, da diese mehr Gluten haben und alles verkleben würden. Nur mit Roggen bleibt nichts in der Dusche hängen und du brauchst den Scheuerschwamm nicht.

3. Im Kühlschrank hält das Shampoo ein bis zwei Tage, wobei Charly es immer frisch anrührt.

4. Wenn du zuvor eine klebrige Haarpackung auf dem Haar hattest, dann füge dem Roggenshampoo einfach noch 1 EL Reetha (Waschnusspulver) hinzu.

HAARSPÜLUNGEN SCHNELL SELBST MACHEN – FÜR FIXE FRAUEN

SAURE RINSE MIT ESSIG ODER ZITRONE

Die schnellste und einfachste Haarspülung ist kaltes Wasser mit einem Spritzer Essig oder Zitrone. Auf einen Liter Wasser sind das circa 2 EL Apfel-, Kräuter- oder Balsamicoessig oder 2 EL Zitronensaft. Zitrone riecht besser (auch wenn der Essigduft nach dem Trocknen verfliegt). Einfach nach dem Haarewaschen mit einem natürlichen Shampoo die Spülung über die Haare kippen und ab dafür. Und wenn du danach Appetit auf Salat bekommst, umso besser.

Das gute an der sauren Rinse ist, dass sie die Haarstruktur, die oft nach dem Waschen angeraut ist, wieder glättet und somit den Haaren zu Glanz verhilft. Für einen Duft kannst du auch gerne ein paar Tropfen ätherische natürliche Öle oder von deinem Parfüm mit reingeben – für Duftjunkies (das gilt natürlich für alle Haarprodukte hier).

HAARKUR SELBST MACHEN. KÖSTLICHES AUS DER KÜCHE ALS SCHÖNHEITSBOOSTER

Für trockenes Haar: Avocado-Olivenöl-Kur
Wenn Haare trocken sind und die Spitzen schon brechen, dann ist es Zeit für einen Feuchtigkeitsschub!

Zutaten:
2 EL Olivenöl oder Jojobaöl
1 Avocado
1 Spritzer Zitronensaft

Alle Zutaten zusammen vermischen und dann nicht aufs Brot schmieren, sondern ab in die Haare. Wichtig dabei: Spare die Kopfhaut und den Ansatz aus und massiere die Masse in die Länge bis zu den Spitzen. Einwirken lassen, gerne bis zu 15–20 Minuten, und dann ausspülen und mit einem selbst gemachten Shampoo auswaschen.

HAARSPITZENPFLEGE MIT KOKOSÖL

Zum Auswaschen: Massiere 20–30 Minuten vor der Haarwäsche eine haselnussgroße Menge Kokosöl in die Spitzen und wasche es nach der Einwirkzeit gründlich aus. Wenn du es über Nacht einwirken lässt, empfiehlt es sich, lange Haare zusammenzubinden, ein Handtuch auf das Kopfkissen zu legen und am nächsten Morgen die Haare eventuell zweimal mit einem natürlichen Shampoo zu waschen.

Variante zum Drinne-Lassen: Einfach eine winzige Menge natives (Bio-)Kokosöl in den Händen verreiben und in die Spitzen massieren. Damit es nicht zu arg fettet, versuche es erst einmal mit einer mikroskopisch winzigen Menge und nimm dann in kleinen Portionen mehr.

PFLEGE FÜRS GESICHT – DAMIT DU WIRKLICH ZUR KLEOPATRA WIRST

QUARK-ZITRONEN-MASKE FÜR MISCHHAUT

Für ein feineres Hautbild hilft diese Maske mit:
2 EL Quark
1 TL Zitronensaft

Die beiden Zutaten verrühren, ab aufs Gesicht, 15 Minuten die Augen schließen (gerne auch mit Gurkenscheiben abdecken), Hörbuch an und entspannen. Danach die Quarkreste mit einem Waschlappen abtupfen und mit warmem Wasser abspülen.

ABSCHMINKEN MIT NATIVEM BIO-KOKOSÖL

Charly schwört auf Kokosöl – einfach eine winzige Menge auf ein Tuch geben und die Schminke von Augen und Gesicht entfernen. Alternativ kannst du das Öl auf deinem Handrücken schmelzen lassen, denn Kokosöl wird ja immer etwas fester. Dann im Gesicht verreiben und mit einem Tuch abtupfen. Da das Kokosöl Vitamin E enthält, spendet es Feuchtigkeit und soll sogar hautstraffend wirken. Ergo: Du sparst eine Menge Kohle, weil diese ganzen teuren Spezialabschminkeprodukte im Regal versauern können. Und du pflegst natürlich beim Abschminken. Was braucht Frau mehr?

Tipps:

1. Benetze dein Gesicht mit etwas Wasser und tupfe mit den Fingerspitzen etwas Kokosöl auf die Haut (vorher auf dem Handrücken schmelzen lassen) – fertig ist die lecker duftende Nachtcreme!

2. Kokosöl erspart auch den Rasierschaum – einfach mit etwas Kokosöl die Beine oder Achseln oder was du auch immer rasieren willst einölen und dann den Rasierer tanzen lassen, aber mach es nicht zu nass, ist nämlich schon rutschig.

VON DER HALTBARMACHUNG VON SELBST GEMACHTEN PFLEGEPRODUKTEN – ODER WANN SCHIMMELT DAS OBST AUF MEINEM KOPF?

Wenn man frische Zutaten verwendet, sind die Produkte natürlich nicht unbegrenzt haltbar, aber das ist nicht schlimm. Dank Kühlschrank und kleineren Mengen muss nichts weggeschmissen werden.

1. Deine Arbeitsfläche und benutzte Arbeitsgeräte sollten alle sauber sein und die Behälter gründlich gereinigt.

2. Ein paar Spritzer Zitronensaft verlängern die Lebenszeit deiner Produkte, da sie antibakteriell wirken.

3. Wenn du hier Blut geleckt hast und in Zukunft einen Großteil an Cremes, Haarprodukten et cetera selbst herstellen willst, dann folge doch dem Link in der Anmerkung[196], er ist sehr ergiebig und hält noch viel mehr Tipps zur Haltbarmachung parat.

SOGAR PUTZMITTEL KÖNNEN GLÜCKLICH MACHEN

Es gibt eine Fülle an Büchern auf der Welt zu jedem noch so ausgefallenen Thema – gut, dass ich zufälligerweise über »5 Hausmittel ersetzen eine Drogerie«[197] gestolpert bin. Es reichen tatsächlich wenige Mittel aus, um einen kompletten Korb Putzmittel zu ersetzen. Und dabei sind diese natürlich und belasten die Umwelt nicht. Macht das glücklich? Uns schon – allein zu sehen, dass es auch natürlich geht, und Tiere und Kinder den Boden abschlecken können. Übrigens kannst du mit diesem Wissen bestimmt den oder die eine beeindrucken. Die fünf magischen Zutaten sind: Essig, Natron, Zitronensäure, Soda und pflanzliche Biokernseife. Hier auch ein Link[198] zum Thema.

DIE SACHE MIT DEM ABFLUSSREINIGER UND WIE MAN WIEDER ZUM KIND WIRD

Charly hat vor Kurzem das Glück gehabt, an einem verstopften Duschabfluss die Funktion von Soda plus Essig zu testen. Und was soll sie sagen: Es klappte! Sie hat einfach 3 EL Soda in den Abfluss gekippt und dann Essig draufgeschüttet – und wie bei jedem Kinderexperiment, bei dem man einen Vulkan zum Sprudeln bringt, blubberte hier der Abfluss erst vor sich hin, rülpste und zack – war er frei. Mit Wasser nachspülen, gelle! Und anstelle von Soda (das Pulver sollte man weder einatmen noch groß in Hautkontakt damit kommen) kann man auch Natron oder Backpulver nehmen.

Tipp:

Für einen schnellen Aha-Effekt und große Kinderaugen kann man ganz einfach einen Vulkan basteln. Da Essig mit Natron (was auch im Backpulver enthalten ist, also geht auch eine Tüte Backpulver) reagiert, nimm einen Unterteller, häufe einen kleinen Berg Mehl auf, drücke eine Mulde hinein, in die du das Backpulver oder Natron füllst (für Special Effects kannst du noch ein paar Tropfen

Lebensmittelfarbe draufgeben oder farbigen Saft). Dann stelle das an einen Platz, den du gut putzen kannst, und gib circa 1–2 Esslöffel Essig darüber (ich schütte Essig immer in einen Becher und kippe es dann darüber aus) – der Effekt tritt sofort ein und der Vulkan sprudelt los.

WIE SOGAR KALKLÖSEN UND KLOREINIGEN SPASS MACHEN KÖNNEN

Die Kraft, die in der Zitrone steckt! Da kann Meister Proper einpacken, gegen den gelben Wonneproppen hat er verloren. Zitronensäure kann man in Pulverform im Supermarkt oder in der Drogerie kaufen. Löse einfach 1,5 EL Pulver in einem Viertelliter warmem Wasser auf und ab auf die Kalkflecken. Einwirken lassen, abspülen mit klarem Wasser und abtrocknen. Übrigens eignet sich auch Essig als Kalklöser (Essig oder Zitrone dürfen allerdings weder auf Natursteinfliesen noch auf Silikonfugen). Zum Kloreinigen das Zitronensäurepulver in der Kloschüssel verteilen, einwirken lassen, bürsten und Spülung drücken.

DAS UNIVERSALPUTZMITTEL NATRON – DER MEGATIPP UNTER DEN GEHEIMTIPPS

Du brauchst dazu:
2 TL Natronpulver
2 TL fein geraspelte Kernseife
500 ml warmes Wasser
etwas Zitronensaft
eine leere Flasche

Du löst die Kernseife im warmen Wasser auf, dann den Rest dazu, abkühlen lassen und ab in die Flasche. Auch hier gilt – der dufte Typ darf gerne mit ein paar Tropfen ätherischen Ölen nachhelfen.

GLASREINIGER – UND WIE DU ENDLICH WIEDER DEN DURCHBLICK KRIEGST

Essig zu Wasser im Verhältnis 1:1 mischen, ab in eine alte Sprühflasche und auf zum Fensterputzen. Für Duftpoeten seien ein paar Tropfen ätherische Öle gestattet.

Und da man nicht den ganzen Tag seinen Kopf in Cremes oder Shampoos stecken kann, gibt es hier noch weitere Glücksdinge, die einem den Alltag versüßen oder die man sich bewusst machen kann.

JETZT NOCH EIN PAAR GLÜCKSQUICKIES TO GO FÜR JEDEN TAG

GLÜCKSQUICKIE 1: MEIN ALUBECHER UND ICH

Kürzlich saßen wir gemütlich in einem Café in Berlin, um Ideen für Glücksgeschenkebücher zu brainstormen, da beobachteten wir, wie die Leute im Minutentakt hereinhektikten und Kaffee to go in Wegwerfbechern hinaustrugen und ausschlürften. Die Ersten hatten sie bereits ein paar Meter weiter ausgetrunken und den Becher im nächsten Mülleimer entsorgt.

»Das ist nicht nur krass, das ist eine Riesenschweinerei«, motzte Charly sofort.

Sie ist da etwas rigoros. Wenn sie ihren Alubecher nicht dabeihat, dann kauft sie sich unterwegs auch kein Heißgetränk, höchstens sie hat Zeit, sich hinzusetzen und aus einer normalen Tasse das heiße Gebräu ihre Kehle hinuntergluckern zu lassen. »Es ist seit Jahren in den Medien zu lesen, dass stündlich in Deutschland 320 000 Becher weggeschmissen werden. Stündlich! Das macht im Jahr 2,8 Milliarden und das ist nicht einfach Pappe, sondern so ein Verbunddingens. Also nix mit leichtem Recyceln. Wenn jeder einen Mehrwegbecher hätte, könnte man im Jahr fast 40 000 Tonnen Müll vermeiden. Ist natürlich nur ein kleiner Stein im gesamten Müllberg, aber immerhin.«[199]

Anja nickte beeindruckt und beschloss insgeheim, schnell einen Alubecher zu kaufen. Vor Charly wollte sie sich keine Blöße geben. Zu ihrer Verteidigung muss aber auch gesagt werden: Als Schreibtischtäterin im Arbeitszimmer kommt es so gut wie nie vor, dass sie einen Kaffee to go trinkt.

Charly wetterte weiter: »Du als Hundebesitzerin hast ja hoffentlich Biokacktüten, oder?«

Anja atmete erleichtert aus. »Na klar. Nur *strange* ist, dass es nirgends Bio-Kacktütenmülleimer im Park gibt. Hattest du mir nicht was über Schweden und Biomüll erzählt?«

»Jepp, im Pippi-Langstrumpf-Land wird der Biomüll gesammelt, verbrannt und das Biogas dient als Treibstoff für die Busse.[200] Es gibt ja so vieles, was schon möglich ist, zig Ersatzstoffe[201] für Plastik, aber es sickert nur langsam an die Öffentlichkeit und soweit ich weiß, wird davon fast nix vom Staat subventioniert.«

»Typisch«, stellte Anja fest und beide schauten sich nickend an.

»Gut, dass jeder Einzelne was tun kann«, fügte Charly kämpferisch an.

»Klar. Leute, die ihre Mehrwegbecher verteidigen, sagen mittlerweile, dass man wohl besser überhaupt keinen Kaffee trinken sollte, auch keinen Fair Trade, da ja 140 Liter Wasser verbraucht werden, um einen einzigen Liter Kaffee herzustellen.[202] Das stimmt, aber mal ganz ehrlich – dann müssten wir alle als Selbstversorger in die Berge ziehen und uns auch noch die Klamotten selbst klöppeln«, fing Charly wieder an.

»Klamotten klöppeln«, wiederholte Anja mittelbegeistert.

Aber Charly war gerade wieder in Fahrt: »Jeder hinterlässt Fußspuren und wie schon gesagt: Keiner ist perfekt. Aber das darf nicht als Ausrede dafür dienen, unseren Planeten als riesigen Müllberg anzusehen und dass jeder nur mit einem Ziel durch sein Leben rennt, und zwar dem, zu konsumieren. Man kann zum Beispiel auch zum Einkaufen eine Dose mitnehmen und sich die an der Frischetheke befüllen lassen, in Unverpackt-Läden[203] einkaufen oder eine Blumenwiese für Insekten anlegen, Second-Hand-Klamotten kaufen, Klamottentausch oder recycelte Dinge besorgen, wie im schwedischen Recyclingkaufhaus[204] und, und, und. Laut der Philosophie, wie ich sie in meinem Kapitel behandelt habe, färbt ein glücklicher Mensch auch auf seine Umwelt ab und geht damit bewusst und schonend um.«

Anja sah sie beeindruckt an. »Das stimmt, jeden Tag eine Winzigkeit für die Umwelt tun, ist echt ein super Glückstipp. Und heute fang ich damit an, noch mehr zu machen.«

Charly redete weiter: »Etliche Hygieneprodukte sind wahre Müllhochstapler, so die Wattestäbchen. Ohren säubern sich eh am besten allein, also Finger weg von Wattestäbchen.« Lest gerne beim Link[205] weiter. »Noch eine kuriose Sache dazu – wusstest du, dass Ohrenschmalz so zusammengesetzt ist, dass der Geruch und der Geschmack Insekten abhält?«[206]

GLÜCKSQUICKIE 2: HÖR AUF DEIN BAUCHGEFÜHL UND STEH DAZU

Denke jeden Tag daran: Deine Meinung ist wichtig. Und halte mit deiner Meinung nicht hinter dem Berg. Wie oft passiert es dir, dass du aus einer Situation herausgehst und ein mulmiges Gefühl im Bauch hast, nur weil du dich nicht getraut hast, zu deiner Meinung zu stehen. Schluss damit. Überlege, was du sagen willst, bleibe freundlich, bringe tolle Argumente (oder weniger schlagkräftige, egal) und höre auch dem anderen zu. Aber steh zu dir selbst! Bewerte nicht – wenn du gerade Stress mit deiner besten Freundin hast, dann überlege nicht, was sie falsch gemacht hat, sondern bleib bei dir selbst. Fühl in dich rein, was denkst du gerade? Wir neigen dazu, uns schnell ablenken zu lassen, auch um Gefühle zu vermeiden, das ist aber falsch. Und Sätze, die mit »Ich fühle gerade …« anfangen, kann dir dein Gegenüber auch nicht sofort umdrehen – weil, es sind ja deine Gefühle.

GLÜCKSQUICKIE NR. 3: DEINE WORTWAHL IM ALLTAG KANN HAPPY MACHEN

Glück to go kann auch schon im Kleinen passieren – mit Glückswörtern. Sprache macht eine Menge mit uns. Bei Kindern lernt man, dass man positiv formulieren soll, da sie das »nicht« einer negativen Formulierung einfach ausblenden. So soll man »Lass die Finger bitte weg« sagen statt »Geh nicht dran« – und die Aussage auf den Punkt bringen. Charly und Anja meinen, dass das nicht nur bei Kindern, Hunden, sondern auch bei Männern funktioniert.

Überlege dir Wörter, die dich glücklich machen. Glückswörter sind solche, die bei dir ein schönes Gefühl anklingen lassen – mach doch einmal eine Sammlung und häng sie dir neben den Computer oder das Bett. Charly liebt das norwegische Wort *sommerfugl* – was Schmetterling heißt, aber exakt übersetzt Sommervogel bedeutet. Bei dem Wort »Rügen« steigen bei Charly gleich Feriengefühle auf und bei »Pfannkuchen« ein heimeliges. Bei Anja sind es »Meer«, »Latte macchiato« und »Afrika«. Erfinde deine eigenen!

GLÜCKSQUICKIE NR. 4: EINFACH MAL IN DEN HIMMEL STARREN

Wann hast du das letzte Mal auf einer Parkbank gesessen und Kindern beim Spielen oder den Vögeln zugeschaut? Gönn dir das heute – raus mit dir ins Grüne und nutze den Augenblick. Starre in den Himmel, auch wenn dich alle schräg anschauen.

Wenn du glücklich sein willst, sei es! Entspann dich.

GLÜCKSQUICKIE NR. 5: STYLE DICH OHNE GRUND EINFACH MAL AUF

Hast du einen Lieblingslippenstift, ein Lieblingsparfüm oder Lieblingskleid, das du für besondere Gelegenheiten aufsparst? Heute ist so eine! Schaff dir selbst besondere Tage, einfach so!

GLÜCKSQUICKIE NR. 6: MACH ES DIR ZU HAUSE GEMÜTLICH

Gestalte dein Zuhause so, dass du dich richtig wohlfühlst. Ob IKEA, Second Hand oder Möbelluxusladen – es geht darum, dass du deine Kuschelecke hast und Bücherregale oder was auch immer du magst. Und was macht dich noch besonders? Hänge Lieblingsbilder auf, hol dir eine Rolle Papier und mal dir dein eigenes Meisterwerk, das du vom Boden bis zur Decke aufhängen kannst. Magst du Kakteen? Dann gestalte dir deine Fensterbank mit den Stachelfreunden und Mini-Gartenzwergen – oder bau dein Schuhregal aus. Zur Not stell einfach mal alles um. Ergibt eine neue Sicht auf die Dinge.

GLÜCKSQUICKIE NR. 7: ERINNERE DICH VOR DEM EINSCHLAFEN AN DIE HIGHLIGHTS DES TAGES

Wenn du mit Nachtcreme im Gesicht müde im Bett liegst, halte inne und überlege, was heute schön war und wofür du dankbar bist. Wetten, dass du mit einem Lächeln einschlafen wirst?

Charly & Anja: Unsere Glücksrezepte zum Nachbacken

Charlys Yummi-Schokoladenkuchen (bringt dich zum Honigkuchenpferdgrinsen), Anjas französische Aprikosentarte mit Lavendel (beruhigt und entspannt wie in einem Spa) und etliche Glücksleckereien mehr

GLÜCKSREZEPT NR. 1

Ich sag nur: Käsekuchen. Spürst du, wie dir das Wasser bei diesem Wort im Munde zusammenläuft? Du bist nicht allein. Es ist das ultimative Glücksrezept, das jedes Frauenherz höherschlagen lässt. Also Männer, wenn ihr eine Frau erobern/zurückerobern/

besänftigen wollt: Backt (kaufen geht zur Not auch) ihr einen Käsekuchen. Am besten mit Schlagsahne, auch wenn sie sagt, dass sie keine möchte, wegen der Hüften. Frauen sind irrationale Wesen, das weißt du doch. Sie wollen Käsekuchen mit Schlagsahne, ich schwöre. Zumindest fast alle – und ich.

Selbst gemachter Käsekuchen ist natürlich der Hammer und rettet vermutlich deine Beziehung. Und das Beste: Hier kommt ein Rezept, das ungeschlagene 10 Minuten dauert (plus Backzeit im Ofen eine Stunde natürlich). Also: 10 Minuten, um die Laune aus dem Keller zu holen (wirkt auch bei schlecht gelaunten Männern), na, ist das was?

Also schnell Zutaten shoppen gehen:
1 kg Magerquark
6 Eier
100 g Mehl
250 g Margarine oder Butter
200 g Zucker
½ Pck Backpulver
2 Pck Vanillezucker
ein Schuss Zitronensaft
200–250 ml süße Sahne (zum Schlagen als Topping, kommt nicht in den Teig)

Dann alles (außer der Sahne) in eine Schüssel, schön durchmixen und fertig. Backform einfetten/mit Backpapier belegen, reinschütten. Einfacher geht's nicht, oder? Das ist nämlich ein Käsekuchen ohne Boden oder sonstige Kinkerlitzchen. Obst kann natürlich noch hineingeworfen werden (Aprikosen oder Kirschen aus dem Glas zum Beispiel).

Ab in den vorgeheizten Ofen. Bei 170 °C eine Stunde backen lassen (dann kurz im Ofen auskühlen lassen) und so lange gemütlich die Sahne schlagen. Kann danach direkt verputzt werden. Ganz Tapfere lassen ihn abkühlen.

GLÜCKSREZEPT NR. 2

Noch ein Super-Yummi-Glücksrezept, das dich direkt in die Provence befördert, dir den Honigduft und Lavendel um die Nase wehen lässt, dich beruhigt und entspannt. Aprikosentarte mit Lavendel (auch zu finden in Anja Saskia Beyers Roman »Träume der Provence«[207]). Die Geschmacksexplosion mit dem Lavendel und dem Honig ist etwas ganz Besonderes. Also für besondere Frauen, besondere Männer, besondere Glückstage.

Für den Teig benötigst du: (Tarteform Ø 26 cm):
250 g Mehl
200 g Butter
100 g Zucker
1 Prise Salz
2 Eigelb
½ TL gemahlene Vanille

Alle Zutaten für den Teig vermengen, zu einer Kugel formen und in Frischhaltefolie circa 20 Minuten in den Kühlschrank stellen.

Den Teig ausrollen und eine gebutterte Tarteform damit auslegen. Achtung: Da der Teig weniger Mehl als ein klassischer Mürbeteig enthält, muss er besonders zügig verarbeitet werden, weil er sehr schnell weich und klebrig wird. Den Backofen auf 200 °C vorheizen und den Boden 15–20 Minuten mit Hülsenfrüchten blindbacken, das heißt, ein Backpapier auf den Teig legen, Hülsenfrüchte darauf und damit backen.

Anschließend den Boden aus dem Backofen herausnehmen. Den Ofen angeschaltet lassen.

Für den Belag:
800 g frische Aprikosen
1–2 EL Lavendelblüten
3 EL Thymianhonig
2 EL Butter
3 EL Aprikosenkonfitüre
1 EL Wasser
1 Ei
200 g Crème fraîche

Die Aprikosen waschen, halbieren und die Steine entfernen. Honig mit der Butter in einer Pfanne schmelzen, zwei Drittel der Blüten und die Aprikosen zugeben. Das Ganze bei schwacher Hitze circa 3–4 Minuten garen. Anschließend die Aprikosen wenden, weitere 3 Minuten garen, dabei aufpassen, dass die Früchte nicht zerfallen oder zu weich werden.

Crème fraîche mit dem Eigelb vermengen und die Eimasse auf dem vorgebackenen Teig verstreichen. Dann die Tarte mit den Aprikosen belegen und mit der Honigsoße beträufeln. Anschließend die restlichen Lavendelblüten darüber verteilen (nicht zu viele). Alles noch einmal etwa 20 Minuten bei circa 160 °C backen. Die Tarte auf einem Kuchenrost etwas abkühlen lassen.

Die Aprikosenkonfitüre mit dem Wasser verrühren und damit die noch warme Tarte bestreichen.

GLÜCKSREZEPT NR. 3

Charlys Schokoladenkuchen – ein Genuss ganz ohne Zucker!

Zutaten:
200 g Softdatteln ohne Stein
200 ml Sahne (gerne auch Pflanzensahne)
80 g weiche Butter
3 Eier
5 gehäufte EL Kakao
100 g Mehl (gerne Dinkelvollkornmehl)
1,5 TL Natron
Zimt und/oder Vanille

Alternativ noch gehackte Mandeln oder was ihr noch so an knackigen essbaren Dingen dahabt (gemahlene Nüsse, geriebenen Apfel, Kardamom, Ingwer, Schokoladenstückchen – was dir so schmeckt)

Backofen auf 170 °C Umluft vorheizen.

Die Datteln mit der Sahne pürieren. Mit dem Handrührgerät die Eier mit der weichen Butter schlagen, dann die Dattelsahne dazu, Kakao, Mehl, Natron, Vanille und/oder Zimt (plus die gehackten Mandeln) nach und nach auch dazu, rein in eine Backform und für 30 Minuten backen (je nach Formgröße). Stäbchenprobe wird empfohlen.

GLÜCKSREZEPT NR. 4

Du liebst lauschige Grillabende, kannst aber keine fettigen Würstchen und Fleisch mehr sehen? Ein echter Grillabendretter-Glückstipp für Frauen: Veganer Quinoa-Burger mit Roter Bete. (Dass er vegan ist, musst du deinem Mann und den anderen Steakvernichtern ja nicht erzählen, falls sie für gewöhnlich bei dem Wort »vegan« Pickel bekommen. Hauptsache, dir schmeckt's! Achte auf dich!)

Shoppingliste für 4 Personen:
100 g Quinoa
½ Dose weiße Bohnen
1 kleine Rote Bete
1 kleine rote Zwiebel
50 g Walnusskerne
1 EL Sonnenblumenöl
Salz, Pfeffer

Zwiebeln schälen, fein würfeln. Rote Bete schälen und mit einer Reibe zerkleinern. Dann die Walnusskerne zerkleinern, Quinoa waschen und nach Anweisung auf der Packung kochen und dann abgießen. Die Bohnen abgießen, waschen, abtropfen lassen.

Öl in der Pfanne erhitzen, die geriebene Rote Bete und Zwiebeln rein und anbraten, mit Salz und Pfeffer würzen. Etwa 5 Minuten andünsten und umrühren.

Bohnen pürieren, Quinoa, Rote Bete und Zwiebeln dazu, mischen. Dann die Walnüsse dazumischen, mit Salz und Pfeffer abschmecken.

Burger-Patties formen, ab auf den Grill (in der Pfanne geht auch).

In einer Burgersemmel (gerne Vollkorn), mit Salat und Avocado garnieren. Statt Roter Bete gehen auch Möhrchen.

GLÜCKSREZEPT NR. 5

Was Süßes vom Grill gibt's nicht? Doch! Marshmallow-Sandwiches vom Grill (zu finden auch in Charly von Feyerabends Buch »Müritz, Mord und Mückenstich«[208]) sind mal was anderes als nur Marshmallows vom Holzspieß.

> Zutaten für 8 Stück:
> 16 runde Kekse
> 8 mittelgroße Marshmallows
> eventuell Schokocreme
> Öl
> Alugrillschale oder Alufolie

Die Grillschale oder ein Stück Alufolie mit Öl einpinseln, die Marshmallows darauf von beiden Seiten grillen (geht schnell, also nicht zwischendurch Bier trinken), acht Kekse auf einer Seite mit der Schokocreme einstreichen. Wenn die Marshmallows bräunlich, klebrig – also genau richtig – sind, auf die Schokocreme setzen, Keksdeckel drauf und den nicht nörgelnden Kindern servieren. Wenn man Kinder beschäftigen will, lässt man sie in althergebrachter Weise die Marshmallows an einem Holzstock über einem Lagerfeuer weich rösten. Ältere Kinder können dies auch mit einem Schaschlikspieß über dem Grill machen.

GLÜCKSREZEPT NR. 6

Für den gemütlichen Couch-Potato-Fernsehabend statt ungesunder BMI-emporschnellen-lassender Chips: geröstete Parmesan-Möhren

Zutaten:
250 g Möhren
60 ml Olivenöl
1 Knoblauchzehe
3 EL geriebener Parmesan
2 EL Pankomehl (asiatisches Paniermehl)
4 Stängel Petersilie
Salz, Pfeffer

Klein geschnittene Möhren mit Öl, Knoblauch, Parmesan und Pankomehl vermischen, eine Viertelstunde bei 200 °C backen und ab damit auf die Couch zum Chillen.

GLÜCKSREZEPT NR. 7

Saftige Hüttenkäsetaler mit dreierlei Kräutern – ein toller Tipp
für den kleinen Hunger zwischendurch oder unterwegs

Zutaten für 6 Taler:
80 g Mehl
200 g körniger Frischkäse
100 g Kirschtomaten
1/2 Bund Schnittlauch
4 Stängel Petersilie
2 Zweige Rosmarin
1 EL Pflanzenöl
1 Schalotte
Salz, Pfeffer

Alles mischen, Frischkäse-Kleckse auf ein Backpapier/
Backblech, 20 Minuten bei 220 °C backen.

GLÜCKSREZEPT NR. 8

Charly hatte dir doch versprochen, noch etwas auf Lebensmittel
einzugehen, die einen direkten Einfluss auf die Hormone haben!
Bitte schön – hereinspaziert und Platz genommen.

Hat der Partner schlechte Laune? Dann muss es nicht
immer die Tafel Schokolade sein (kann aber), sondern
koch doch mal was Leckeres mit braunem Reis, Bananen,
Haferflocken und grünem Blattgemüse! Das erhöht rucki-zucki
den Serotoninspiegel und los gehts mit der besseren Laune.[209]

Wie war das noch mal mit der Tafel Schokolade? Greif am
besten zur 70 % kakaohaltigen Tafel oder es gibt ja auch das

Kakaopulver und Kakaonibs mit 100 % Kakaogehalt – das ist dann komplett zuckerfrei. Zum Kuchenbacken, für eine heiße Trinkschokolade (mit Honig gesüßt) oder unters Müsli und Smoothie ist das lecker und … tatata … hat ebenfalls Einfluss auf deinen Serotoninspiegel, und das Grinsen fällt dann plötzlich viel leichter (vorausgesetzt es war nicht das letzte Stückchen Schoki) und deine Konzentration steigt.[210] Dazu noch eine Prise echte Vanille und aus Miesmuscheln werden Happymuscheln.

Kombiniere die Schoki mit Datteln und Cashewkernen und deine Laune ist unschlagbar, denn alle drei beinhalten den Stoff Tryptophan, eine Vorstufe von Serotonin. Das ist quasi so was wie der Hopfen beim Bier. Und bei manchen Menschen gibt es ab und an tatsächlich einen Mangel an Serotonin, die müssen dann quasi Schoki essen. Müssen!

Heißer Ingwertee gefällig? Die Schärfe des Inhaltsstoffs Gingerol wird im Gehirn als Schmerz empfunden und verursacht damit ein Losrollen von Glückshormonen. Die Wissenschaftler haben diesem Phänomen den schönen Namen »Pepper-High-Effekt« gegeben. Ähnliches passiert beim Genuss von Chili, nur heißt hier der scharfe Stoff Capsaicin.

Für die Ausschüttung von Dopamin sorgt Mozzarella. Also am nächsten Salatbüfett bitte Tomaten-Mozzarella bestellen und dann allen schön die Zähne zeigen.

Direkten Einfluss auf Adrenalin und Noradrenalin haben Beeren – die ultimativen Stressblocker! Ein voller Terminplan? Iss ein Stück Erdbeer-Schokoladenkuchen und du schmeißt, ohne mit der Wimper zu zucken, den Planer in den Müll – wirkt schon![211]

Wie du siehst, kann man eine ganze Menge mit Lebensmitteln ausrichten. Dein Glück ist also nicht nur vom Sonnenschein abhängig – du kannst es auch essen!

30

Anja & Charly: Auswertung der Glücksumfrage mit 103 Teilnehmerinnen

Wenn wir uns schon mit dem Thema Glück beschäftigen, dann auch richtig, dachten wir und starteten einen Aufruf in den Social Media: Wer hätte Lust, einen Glücksfragebogen auszufüllen?

Ein herzliches Dankeschön an die Teilnehmerinnen! Wir werfen eine Handvoll Glückskleeblätter in die Luft und pusten sie in eure Richtung!

Wir präsentieren dir einen Auszug aus unseren Originalfragen und stellen dann in Prozenten (gerundet) die Antworten daneben, einige Fragen waren offen, da sammeln wir die häufigsten Angaben. Viel Spaß beim Durchschnuppern!

Zunächst die üblichen Verdächtigen, um die Antworten auch einordnen zu können:

A) Wie viele Geburtstage hast du schon gefeiert? Bitte nur die eigenen mitzählen:

15–25: 8 %
26–35: 16 %
36–45: 34 %
46–55: 31 %
56–65: 7 %
über 66: 4 %

B) Auf einer Skala von 1 (kreuzunglücklich) bis 5 (himmelhochjauchzend): Wie glücklich schätzt du dich gerade ein? (Die Zwischenwerte 3,5 und 4,5 kamen zustande, weil einige sich nicht entscheiden konnten.)

1: 0 %
2: 3 %
3: 21 %
3,5: 13 %
4: 38 %
4,5: 5 %
5: 10 %

C) Welches Wort fällt dir spontan zu GLÜCK ein (manche haben gleich zwei Wörter genannt):

Familie (36), Kinder (12), Garten (4), Gesundheit, Liebe, Rente, Urlaub (je 4), Bücher, Hund (je 3), Freude, Katze, Meer, Sport (je 2), Afrika, Aperol Spritz, Berge, Blumenduft, Dankbarkeit, Entspannen, Feierabend, Freizeit, Freund und Sex, Glaube, Glückelchen (wenn ich ein bisschen Glück hab), Kegeln, Kochen, Krücken weg, machen können, was man will, medikamentenfrei,

Möwenkrächzen, Pferd, Reisen, Scheidung, Selbstversorger, Skateboardfahren, Sommer, Sonne, Sportauto, Trennung, Wandern, Wohlbefinden (je 1).

SEX UND LIEBE

1. Bist du in einer Beziehung?
   Zum Glück nicht: 16 %
   Zum Glück schon: 84 %

2. Auf einer Skala von 1 (eher unglücklich, könnte ihn/sie auf den Mond schießen) bis 5 (superglücklich): Wie glücklich fühlst du dich mit deinem Partner/deiner Partnerin? (Auch hier haben unsere Damen in Eigenregie Zwischenwerte eingeführt, interessanterweise wieder 3,5 und 4,5.)
   1: 1 %
   2: 4 %
   3: 13 %
   3,5: 21 %
   4: 42 %
   4,5: 6 %
   5: 13 %

3. Was müsste sich ändern, damit du glücklicher in der Liebe wirst? (Hier gab es ein paarmal keine Angaben.)
   mehr Zeit zusammen (13)
   Gesundheit; gar nix (je 12)
   Er sollte mehr Spaß am Leben haben; er ist so langweilig/sollte aktiver werden (je 7)
   gemeinsame Hobbys/Aktivitäten/Ausflüge (6)
   mehr Aufmerksamkeit/auf Kleinigkeiten achten (5)

sich besser unterhalten können/gute Gespräche (5)

ich hasse seine Freunde; er sollte treu sein; das Vertrauen; er sollte mich so akzeptieren, wie ich bin; ich weiß es nicht (je 4)

Er sollte mehr im Haushalt machen/mehr putzen/überhaupt aufräumen (4)

ein Kind (3)

öfters Sex (3)

persönliche Veränderung; vieles (je 2)

mehr Zärtlichkeit (2)

Strom sollte für ein Jahr ausfallen inklusive Smartphone; er sollte mehr auf seine Gesundheit achten; Rauchen aufhören; er sollte mit dem Dauerkiffen aufhören; er sollte nicht so viel Party machen (je 1)

4. Hast du Kinder oder Haustiere oder sogar beides? (Du Wahnsinnige … :))

Wie viele Kinder?

1 Kind: 26 %

2 Kinder: 38 %

3 Kinder: 10 %

4 Kinder: 3 %

5 Kinder: 1 %

Keine Kinder: 22 %

Was für Haustiere? (Einige hatten mehrere Tiere.)

Katze: 36

Hund: 27

Hase: 6

Hamster: 6

Wellensittich: 5

Meerschweinchen: 5

Schildkröte: 4

Fische: 4

Ratte: 2
Papagei: 1
Nymphensittich: 1
Bartagame: 1
Schafe: 1
Kühe: 1
Hühner: 1
Schlange: 1
keine Haustiere: 41

5. Was macht dich glücklicher? (Es sollten maximal 2 angekreuzt werden.)

Ein Tag am Meer: 56
Ein paar Stunden nur für dich ganz allein mit Buch und Badewanne: 49
Candle-Light-Dinner mit deinem Schatz: 44
Ein Abend mit guten Freunden: 38
Shoppen für 100 Euro, die du gefunden hast: 6

KOPFNUTZUNG UND LEBEN AUSMISTEN

6. Räumst du gerne auf? Auf einer Skala von 1 (Nenn mich Chaos-Queen) bis 5 (Ich hab einen Putz- und Aufräumfimmel):

1: 21 %
2: 42 %
3: 23 %
4: 11 %
5: 3 %

7. Grübelst du viel? Brauchst du lange, um dich für etwas zu entscheiden? Auf einer Skala von 1 (Um mir eine Eissorte auszuwählen dauert es schon mal eine Stunde) bis 5 (Ich grüble nie):

1: 9 %
2: 15 %
3: 28 %
4: 39 %
5: 9 %

8. Ob es ein Nein zu Überstunden ist oder ein Nein zu nervigen Bekannten und buckligen Verwandten, die sich bei dir auf ein Abendessen einladen – bist du gut darin, anderen eine klare Ansage zu machen? Auf einer Skala von 1 (Ich kann keinem etwas abschlagen) bis 5 (Ich hab die klare Ansage quasi erfunden):

1: 7 %
2: 32 %
3: 32 %
4: 23 %
5: 6 %

9. Gibt es etwas in deinem Leben, was dich dankbar macht? Sodass es dir Sonne ins Herz und ein Lächeln ins Gesicht zaubert! Meine Nichten und Neffen (1), mein/e Kind/er (65), Urlaubsbilder (5), Ferienerinnerungen (4), meine Katzen/Haustiere allgemein (15), mein Hof (1), mein Leben (3), mein Beruf (15), meine Hobbys (24), mein Haus (11), mein Liebster/Partner/Ehemann (37), Gesundheit (55), finanzielle Abgesichertheit (2)

10. Wenn du dir *eine* Sache zum Glücklichsein wünschen dürftest, etwas das sofort eintreten würde, was könnte das sein? Gesundheit (24), sofortiger Urlaubsbeginn/Ferien/mehr Freizeit/mehr Zeit für Hobbys (22), Lottogewinn/Reichtum/

großes Los/mehr Geld (9), sichere Jobs für meine Kinder (8), Kinder/mehr Kinder (4), ein eigenes Häuschen/Ferienhütte (in Schweden, in Frankreich, am Meer) (4), eine größere Wohnung (3), einen besseren/neuen Job (3), ein sorgenfreies/schuldenfreies Leben (3), nur noch Teilzeit arbeiten gehen (2), nix (2), dass die Bevölkerung politisch mitentscheiden darf, dass ich Bundeskanzlerin werde, ein Einhorn, Frieden, sofortiger Klimawandel, ein Pferd, ein neues Skateboard, einen Partner/glückliche Partnerschaft/erfüllte Liebe/romantische Liebe/Seelengefährte/Lebensabschnittsgefährte (je 1)

WAS TUST DU IN DEINER FAULBÄRZEIT?

11. Treibst du regelmäßig Sport?
    Ja: 67 %
    Nein: 26 %
    Ich gucke gern Tennis und mein Mann neben mir auf dem Sofa Fußball, zählt das auch?: 7 %

12. Wenn ja, wie oft?
    Jeden Tag: 12 %
    Zweimal oder mehrere Male die Woche: 19 %
    Einmal die Woche: 31 %
    Einmal alle 14 Tage: 14 %
    Weniger als einmal alle 14 Tage: 24 %

13. Warum machst du Sport (Mehrfachnennung möglich):
    Abnehmen/Figur halten: 18
    Der Trainer ist so knackig: 6
    Weil ich schlecht drauf bin und meine Laune aus dem Keller holen will: 23

Für die Fitness/Gesundheit: 78
Weil ich ohne Sport einfach wahnsinnig werde: 12

14. Ob es die Pflichtrunde mit dem Hund ist oder ein Familienausflug – bist du gern draußen in der Natur?
Nein: 11
Jein/kommt drauf an (diese Antwortmöglichkeit haben uns die Befragten reingeschummelt :)): 14
Ja: 78

15. Wenn ja, wie oft:
Öfter als einmal die Woche: 27
Einmal die Woche: 33
Weniger als einmal die Woche: 43

16. Hast du Pflanzen auf dem Balkon/im Zimmer oder im Garten, die nicht verdorrt sind?
Ja: 94
Nein: 9

17. Was macht dich an deiner Familie oder deinem Haustier glücklich?
Dass man Zeit mit ihnen verbringen kann/gemütliche gemeinsame Stunden (51), dass sie gern kommen (34), gemeinsames Lachen/Kinderlachen (21), an den Kuscheltieren das Kuscheln/Schmusen (21), dass sie gesund sind (11), an der Familie die Liebe (6), dass es sie gibt (3), die Treue (3), gemeinsame Hobbys (2), Blick in die Zukunft, dass sie einfach da sind, dass man sie mit Kleinigkeiten glücklich machen kann, glückliche Kinderaugen, dass meine Haustiere die Klappe halten, gemeinsames Spielen, Vertrauen, die Zuneigung (je 1)

18. Wie oft triffst du dich mit Freunden oder Freundinnen?
    Mehr als einmal die Woche: 6
    Einmal pro Woche: 21
    Einmal alle 14 Tage: 14
    Einmal im Monat: 20
    Weniger als einmal im Monat: 38

19. Fühlst du dich in deinem Zuhause wohl? Nimm dir Zeit und schau dich um. Puste dabei in die Tasse Heißgetränk vor dir und vergiss auch nicht, daraus zu trinken. Auf einer Skala von 1 (Am liebsten würde ich hier ausziehen) bis 5 (*My home is my castle.*):
    1: 2 x
    2: 4 x
    3: 7 x
    4: 37 x
    4,5: 2 x
    5: 31 x

20. Nimmst du dir jeden Tag wenigstens kurz Zeit für dich, um schöne Dinge zu machen oder einfach zu lauter Musik zu tanzen? Auf einer Skala von 1 (Ich habe keine Zeit, mir Zeit zu nehmen) bis 5 (Ich nehme mir an jedem verdammten Tag etwas Zeit und wenn es nur 10 Minuten für die Badewanne sind):
    1: 11 x
    2: 23 x
    3: 4 x
    4: 19 x
    5: 46 x

21. Empfindest du deine freie Zeit als ausreichend?
    Ja: 56 x
    Nein: 47 x

22. Hast du Hobbys, die dich glücklich machen?

Ja: 72 x

Nein: 31 x

23. In welchem Bereich sind deine Hobbys angesiedelt (Mehrfachnennung möglich)?

Mit Büchern: 69

Kulinarischer Genuss: 51

Sport und Schwitzen: 50

Reisen: 37

Musik und Gesang: 36

Kultur in vollen Häusern oder auch bei einem Privatkonzert: 32

Badewanne und Wellness: 28

Kunst: 12

ZUM GENIESSEN, NACHBACKEN UND ANRÜHREN

24. Wie wichtig ist Musik für dich? Auf einer Skala von 1 (Musik ist Lärm) bis 5 (Ohne Musik geht gar nix):

1: 0 %

2: 3 %

3: 10 %

4: 54 %

5: 36 %

26. Willst du uns deine Lieblingsmusikrichtung verraten (Mehrfachnennung möglich)?

Rock- und Popmusik (59), Schlager (35), Tanzmusik (33), Hardrock (28), Heavy Metal (23), Oldies (23), Jazz (21),

Klassik (21), Hip-Hop (19), Musicals (18), Techno (15), House (13), Reggae (13), Oper (11), Country (6), Blasmusik (5), Chansons (3)

27. Hast du schon einmal eine Gurkenmaske gemacht und damit deine Umgebung erschreckt?

Ja: 72 %
Nein: 28 %

28. Noch mal die Frage: Auf einer Skala von 1 (kreuzunglücklich) bis 5 (himmelhochjauchzend): Wie glücklich schätzt du dich jetzt ein? Ohne das Ergebnis oben zu verändern. Auch nicht spicken, was du da eingetragen hast.

1: 1 %
2: 3 %
3: 8 %
3,5: 1 %
4: 51 %
4,5: 0 %
5: 36 %

29. Haben die Fragen etwas daran verändert, dein Glück wahrzunehmen?

Ja: 28 %
Nein: 72 %

30. Wenn ja – welche Fragen haben dies verursacht? Und jetzt sage nicht, die Frage nach der Wahl des Heißgetränks!

Frage nach der Liebe (5), nach der Familie (3), nach meinen Hobbys (7), nach meinem Partner (1), Kinder (2), Freizeit (2), was mich glücklich macht (3)

UNSERE GLÜCKSUMFRAGENERKENNTNIS:

Als repräsentativ kann man unsere Erhebung nicht betrachten, da wir ansonsten die Fragen bewusst durch alle Gesellschaftsschichten hätten streuen müssen und mehr auf die Altersverteilung hätten achten müssen. Wie uns erst später aufgefallen ist, haben wir auch komplett vergessen zu fragen, welchen Beruf unsere Beantworterinnen ausüben, was auch eine interessante Information darstellt. Aber vielleicht war das auch nicht unsere letzte Erhebung! Seid gewarnt, wir klopfen wieder an!

Was wir aus der Umfrage gezogen haben?

Sich mit den Fragen über das eigene Glück zu beschäftigen hat immerhin 28 % dazu gebracht, nochmals über die Eingangsfrage – wie glücklich diejenige ist – nachzudenken. Manchmal sieht man nicht nur den Wald vor lauter Bäumen nicht, sondern auch das, was man hat. Vielleicht gaben die Fragen auch den letzten Kick, sich über Freizeit, Freunde, Familie oder Hobbys Gedanken zu machen und vielleicht etwas zu ändern – aber um das zu erfahren, bräuchten wir Rückmeldungen. Mehr Rückmeldungen! Vielleicht hast du ja auch Lust, uns zu schreiben, ob dieses Glücksbuch etwas mit dir gemacht hat. Wir würden uns über Feedback riesig freuen!

31.

Anja & Charly: Nachwort der Autorinnen – und was das Buch mit ihnen gemacht hat

Zum Glück (k)ein Ende

Der alte Goethe wusste schon:

>»Willst du immer weiter schweifen?
>Sieh, das Gute liegt so nah,
>Lerne nur das Glück ergreifen,
>Denn das Glück ist immer da.«

Einerseits ist es wichtig, auch mal zum Punkt zu kommen, andererseits könnten wir mit diesen kunterbunten Glücksthemen wohl noch weitere zwanzig oder dreißig Jahre verbringen, so viel Spaß haben sie uns gemacht. Dann wären wir ein paar Runzeln älter, aber auch noch weiser. Aber ganz viel hat uns die Glücksbuch-Recherche jetzt schon gelehrt: Du kannst gar nicht dauerglücklich sein. Wahrscheinlich würden sonst die Grinsfalten im Gesicht platzen oder der Endorphin-Ausschütter im Körper würde die Rote Karte heben. Und das ist auch gut so. Also entspannen wir uns alle. Wir brauchen auch Momente der Ruhe, des Nachdenkens und des Grübelns, Jammerns und des Kreuzunglücklichseins, um unser Glück schätzen zu können. Auch der Autor Florian Langenscheidt hat das festgestellt: Jeden Tag Schokolade geht nicht (wirklich nicht, uns wird da irgendwann schlecht). Das Glück kommt oft auf Umwegen zu uns, oft auch, wenn wir uns um die Bedürfnisse anderer kümmern, ob Kinder, Nachbarn, Freunde. Je mehr wir es jagen, desto eher verjagen wir es, denn das Glück ist kein Osterei. Aber wir können unser Leben so gestalten, dass es Lust hat, öfters mal vorbeizuschauen![212]

Lass uns Glücksmomente-Sammlerinnen werden! Und solche Momente gibt es fast jeden Tag ein paar, schnapp dir ein Schmetterlingsnetz und schließe dich uns an! Und dann gibt es noch die dauerhafteren Methoden, um zufriedener zu werden. Zum Glück gibt es auch die. Und wenn wir trotzdem mal wieder stolpern oder sogar auf die Schnauze fallen, du weißt, in welche Richtung du sehen musst! Nach vorne, oder nach oben, rück deine Krone zurecht und steh auf!

Was wir außerdem gelernt haben: noch dankbarer zu sein. Unser Dank geht einmal an unsere Freundinnen! Ohne euren Input und eure witzigen Ideen wäre dieses Buch zwar immer noch amüsant, aber definitiv um einige Facetten blasser. Danke auch an unsere Familien, unsere Männer, Kleinkinder und Pubertiere, die augenrollend den einen oder anderen Glückstest und Glücksweisheiten über sich ergehen lassen mussten, und an all die lieben Teilnehmerinnen unserer Umfrage! Eine eigene Studie zu fälschen … ähm, zu erstellen und auszuwerten, ist aufschlussreich und sagt nicht nur etwas über die Fragestellerinnen aus, sondern tatsächlich auch über das Glücksverhalten in der Gesellschaft. Danke, dass ihr mitgemacht habt.

Und jetzt Butter bei die Fische: Hat sich jetzt etwas bei den Autorinnen und ihrem Glücksverhalten geändert?

Charly nickt und lacht: »Auf jeden Fall! Wenn ich alles detailliert beschreiben wollte, könnte ich ein neues Buch damit füllen. Oft hatte ich schon Ansätze, war quasi auf dem richtigen Weg, aber diese Recherchen und Erkenntnisse gaben mir dann quasi den letzten Tritt in den Allerwertesten. Wenn ich das so unverblümt sagen darf. Auch die Challenges waren manchmal zwar nervig, aber die Ergebnisse ließen auch mich staunen. Yoga und Fitness gehören nun auch zu meinem Alltag dazu – darüber habe ich früher nur die Nase gerümpft und mich (unter uns gesagt) sogar etwas amüsiert. Also über die Yogadamen mit ihren zusammengerollten Matten, die die Prenzlauer Cafés bevölkern. Ich renn zwar nicht frisch geduscht in Sportleggings und Hochsteckfrisur nebst Matte in ein Café, aber ich verstehe nun zumindest, was hinter dem Yogakult steckt. Oder Achtsamkeit – dieses *für sich selbst sorgen, wie man sich um eine beste Freundin kümmert.* Das macht man doch wirklich viel zu selten. Ich bin nicht nur stärker, unpickeliger und wissender aus dieser Recherche gegangen, sondern tatsächlich glücklicher. Ich habe ja auch allen Grund dazu! Genauso wie du, lieber Leserin, lieber Leser – auch ein herzliches Dankeschön an dich an dieser Stelle –, ohne dich könnten wir nicht solche tollen Bücher schreiben! Vielleicht lesen wir uns ja bald mal wieder! Ich würde mich freuen.«

Anja kann dem nur glückselig beipflichten: »Ein riesiger Dank geht an unsere Leser, die uns nämlich wirklich glücklich machen. Meistens zumindest. Und für die grauen Tage haben wir jetzt so viele gute Glückstipps in einer Schatulle gesammelt, dass wir immer, wenn es uns mal dreckig geht oder einfach nur mau, in die Glückstippskiste greifen können und wissen, welchen wir davon am besten für uns anwenden könnten.«

Das gilt auch für dich. Glückstippskiste auf (also Buchdeckel auf oder E-Book-Reader an) – und such dir den für dich passenden oder am besten gleich mehrere raus.

Yoga allein ist meist auch keine Lösung und Sex ohne Ende macht nur kurz happy.

Dank der Challenges weiß Anja, wie sie am besten meditiert, ist ihr Kleiderschrank endlich aufgeräumter und ihr Keller auch einigermaßen (wenn ihr Mann nur nicht immer neues Werkzeug und Bretter kaufen würde). Seitdem genießt sie ihren Garten noch mehr, sogar wenn es regnet, seitdem schreibt sie ihr Glückstagebuch weiter, weil es Spaß macht und guttut. »Wenn ich mal geknickt bin, backe ich mir einen Käsekuchen in zehn Minuten oder mache der Briefträgerin ein Kompliment. Ihr strahlendes Gesicht solltet ihr sehen.«

Und wir hoffen, dass ihr auch ganz viel lächelt, denn das ist eine indische Weisheit: »Das Lächeln, das du aussendest, kommt zu dir zurück.«

Abschließen und uns von euch verabschieden wollen wir gerne mit einem Zitat. Die Zeilen soll Charlie Chaplin im Jahr 1959 an seinem 70. Geburtstag niedergeschrieben haben (den Originaltext[213] findet ihr in der letzten Anmerkung am Ende des Buches):

Als ich mich selbst zu lieben begann …
habe ich verstanden, dass ich immer
und bei jeder Gelegenheit
zur richtigen Zeit am richtigen Ort bin
und dass alles, was geschieht, richtig ist –

von da an konnte ich ruhig sein.
Heute weiß ich: Das nennt man
SELBST-BEWUSST-SEIN.

Als ich mich selbst zu lieben begann,
konnte ich erkennen, dass
emotionaler Schmerz und Leid
nur Warnungen für mich sind, gegen
meine eigene Wahrheit zu leben.
Heute weiß ich: Das nennt man
AUTHENTISCH SEIN.

Als ich mich selbst zu lieben begann,
habe ich verstanden, wie sehr es jemand
    beleidigen kann,
wenn ich versuche, diesem Menschen
meine Wünsche aufzudrücken,
obwohl ich wusste, dass die Zeit nicht reif war
und der Mensch nicht bereit,
und auch wenn ich selbst dieser Mensch war.
Heute weiß ich: Das nennt man
RESPEKT.

Als ich mich selbst zu lieben begann,
habe ich aufgehört, mich nach
einem anderen Leben zu sehnen,
und konnte sehen, dass alles um mich herum
eine Einladung zum Wachsen war.
Heute weiß ich: Das nennt man
REIFE.

Als ich mich selbst zu lieben begann,
habe ich aufgehört,

mich meiner freien Zeit zu berauben,
und ich habe aufgehört,
weiter grandiose Projekte für die Zukunft zu
   entwerfen.
Heute mache ich nur das, was mir Freude und
   Glück bringt,
was ich liebe und was mein Herz zum Lachen
   bringt,
auf meine eigene Art und Weise und in meinem
   eigenen Rhythmus.
Heute weiß ich: Das nennt man
EINFACHHEIT.

Als ich mich selbst zu lieben begann,
habe ich mich von allem befreit, was nicht
   gesund für mich war,
von Speisen, Menschen, Dingen, Situationen
und von allem, das mich immer wieder
   hinunterzog,
weg von mir selbst.
Anfangs nannte ich das »Gesunden Egoismus«,
aber heute weiß ich: Das ist
SELBSTLIEBE.

Als ich mich selbst zu lieben begann,
habe ich aufgehört, immer recht haben zu
   wollen,
so habe ich mich weniger geirrt.
Heute habe ich erkannt: Das nennt man
BESCHEIDENHEIT.

Als ich mich selbst zu lieben begann,
habe ich mich geweigert,

weiter in der Vergangenheit zu leben
und mich um meine Zukunft zu sorgen.
Jetzt lebe ich nur noch in diesem Augenblick,
wo ALLES stattfindet,
so lebe ich heute jeden Tag,
Tag für Tag, und nenne es
BEWUSSTHEIT.

Als ich mich zu lieben begann,
da erkannte ich, dass mich mein Denken
behindern und krank machen kann.
Als ich mich jedoch mit meinem Herzen verband,
bekam der Verstand einen wertvollen
    Verbündeten.
Diese Verbindung nenne ich heute
HERZENSWEISHEIT.

Wir brauchen uns nicht weiter vor
    Auseinandersetzungen,
Konflikten und Problemen mit uns selbst und
    anderen zu fürchten,
denn sogar Sterne knallen manchmal
    aufeinander
und es entstehen neue Welten.
Heute weiß ich:
DAS IST DAS LEBEN!

32

ANJA & CHARLY: BÜCHER, DIE NICHT IN DEN ANMERKUNGEN VORKOMMEN, DIE WIR DIR ABER ANS HERZ LEGEN WOLLEN

Maria Bachmann: Bin auf Selbstsuche – Komme gleich wieder. Ludwig Buchverlag.

Max Otto Bruker: Zucker, Zucker. emu-Verlag. (zum Thema Ernährung)

Martin Brune: Zum Glück: Wie das Leben uns findet. BoD.

Mihály Csíkszentmihályi: FLOW und Kreativität: Wie Sie Ihre Grenzen überwinden und das Unmögliche schaffen. Klett-Cotta.

Epikur: Über das Glück. Diogenes Verlag.

Hans-Ulrich Grimm: Aus Teufels Topf – Die neuen Risiken beim Essen. Droemer Knaur. (über Ernährung – die krank machen kann …)

Rick Hanson: Denken wie ein Buddha: Gelassenheit und innere Stärke durch Achtsamkeit – Wie wir unser Gehirn positiv verändern. Irisiana Verlag.

Ulrike Hartmann: Liebe geht durch den Garten. Diana Verlag. (Roman)

Hermann Hesse: Über das Glück: Betrachtungen und Gedichte. Suhrkamp Taschenbuch.

Paul Maar: Sams im Glück. Oetinger Verlag. (Roman für Kinder und Erwachsene)

Dieter Moor: Was wir nicht haben, brauchen Sie nicht: Geschichten aus der arschlochfreien Zone. Rowohlt Tb. (über die Dinge, die man zum Leben nicht braucht, den Drang, immer mehr haben zu wollen und ob Dinge glücklich machen können)

Richard David Precht: Warum gibt es alles und nicht nichts? – Ein Ausflug in die Philosophie. Goldmann Verlag.

Susanne Schaller: Lagom – Lebe glücklich wie die Schweden – Inspirationen und Ideen für ein Leben in Balance. Naumann und Göbel Verlagsgesellschaft.

Wolf-Dieter Storl: Mein Gartenwissen. Reihe: Der Selbstversorger. Gräfe und Unzer Verlag.

Kristina Valentin: Garten der Wünsche. Diana Verlag. (Roman)

Paul Watzlawick: Anleitung zum Unglücklichsein. Piper Tb.

Paul Watzlawick: Wenn du mich wirklich liebtest, würdest du gern Knoblauch essen – Über das Glück und die Konstruktion der Wirklichkeit. Piper Tb.

Irvin D. Yalom: Die Schopenhauer-Kur. btb. (Roman)

Irvin D. Yalom: Und Nietzsche weinte. btb. (Roman)

Anmerkungen

Kapitel 2

[1] Maria Auer: Schnapp dir die Karotte – schnapp dir dein Glück. Goldegg Verlag, 1. Auflage (2016), S. 70.

Kapitel 3

[2] https://www.gesundheitswissen.de/liebe-und-partnerschaft/lust-und-leidenschaft/so-gesund-ist-sex-10-gruende-fuer-mehr-zeit-zwischen-den-laken/

[3] https://www.gofeminin.de/leidenschaft/liebesleben-aufpeppen-s2033746.html

Kapitel 4

[4] Barelds, D. P. H. und Kollegen (2011). An assessment of positive illusions of the physical attractiveness of romantic partners. Journal of Social and Personal Relationships. 28 (5). 706–719.

Murray, S. & Holmes, J. G. (1997). A leap of faith? Positive illusions in romantic relationships. Personality and Social Psychology, 23, 586–604. Bei https://www.edarling.de/ratgeber/beziehung/rosarote-brille

[5] Rebecca Niazi-Shahabi: Nett ist die kleine Schwester von Scheiße. Piper Verlag, 1. Auflage, Kapitel 4.

[6] https://www.focus.de/gesundheit/gesundleben/partnerschaft/krise/tid-8095/liebe_aid_144504.html

[7] Ajahn Brahm: Die Kuh, die weinte. Lotos Verlag, 31. Auflage (2006), S. 97.

[8] https://www.zeit.de/online/2009/12/liebe-richard-david-precht. Hinweis auf: Richard David Precht: Liebe. Ein unordentliches Gefühl. Goldmann Verlag.

Kapitel 5

[9] https://www.haz.de/Nachrichten/Wissen/Uebersicht/Jeder-dritte-Deutsche-ist-auch-ohne-Kinder-gluecklich

[10] https://www.fr.de/wissen/paradox-elternschaft-11706484.html

[11] http://www.kinderprojekt-arche.eu/

[12] https://www.das-gesundheitsportal.com/sites/innerekind.html

[13] http://roadheart.com/das-innere-kind-heilen/

Kapitel 6

[14] Jean Liedloff: Auf der Suche nach dem verlorenen Glück, C. H. Beck´sche Verlagsbuchhandlung, 7. Auflage.

[15] https://worldhappiness.report/ed/2019/

16 Betrachten wir diesen »World Happiness Report« mal etwas genauer. Kann ja sonst jeder kommen, irgendeine komische Abkürzung ins Leben rufen und dann einen Hokuspokus veranstalten. Wie wäre es denn mit einem »GKA«? Einem Glückskäfer-Award, der jedem vorbeifliegenden Brummer verliehen wird, der spontan fünf Witze erzählen kann?

Es gibt ein amerikanisches Markt- und Meinungsforschungsinstitut (https://www.gallup.com/home.aspx), das für Europa in Brüssel sitzt und 2019 in 156 Ländern Daten und Meinungen sammelte. Dieses Institut arbeitet mit einem zweiten zusammen, das auch die Pisa-Studie verzapft hat, und zusammen erarbeiten sie diese Rangliste über das weltweit empfundene Glück. Auf der Seite des World Happiness Reports (https://worldhappiness.report/ed/2019/) kann man übrigens die einzelnen Reports einsehen. Neben dem Bruttoinlandsprodukt werden unter anderem auch die Lebenserwartung, die Selbstwahrnehmung der Einwohner, Arbeitslosigkeit, das individuelle Vertrauen in die Regierung, geistige Gesundheit und das soziale Umfeld unter die Lupe genommen. Die Skandinavier scheinen also ihre private sowie die gesellschaftliche und politische Situation als ziemlich gut einzuschätzen. Da wundert es mich ja sogar, dass wir Deutsche auf Platz 16 sitzen und nicht irgendwo nach der 30 kommen.

17 https://www.sprakochfolkminnen.se/om-oss/kontakt/sprakradet/auf-deutsch.html

18 Wenn wir Lagom mit etwas Positivem verknüpfen, wird übrigens offensichtlich etwas Negatives draus. Wenn einer fragt: »Är hon snygg?« (»Ist sie hübsch?«), antwortet ein zweiter vielleicht: »Lagom« (was dann: »Na ja, so mittelmäßig« bedeutet).

19 https://www.theguardian.com/commentisfree/2017/feb/06/lagom-sweden-hygge-lifestyle-trends

20 Lola Åkerström: In der Mitte liegt das Glück. 1. Auflage, S. 7.

21 https://soundcloud.com/vonfeyerabend

22 Aksel Sandermose: Ein Flüchtling kreuzt seine Spur, Guggolz Verlag, 1. Auflage.

23 Was ich noch zum Stichwort Köttbullar ergänzen muss: Im Sommer 2018 machte ein Aufschrei die Runde: Die Köttbullar stammen gar nicht aus Schweden, sondern aus der Türkei. Der offizielle Account sweden.se tweetete: »Schwedische Fleischbällchen basieren auf einem Rezept, das König Karl XII. Anfang des 18. Jahrhunderts aus der Türkei mitgebracht hat« und stürzte damit Tausende IKEA-Essensliebhaber in eine tiefe Krise. Aber Ehrlichkeit ist natürlich auch lagom.

Kapitel 7

24 https://www.psychisch-ausgeglichen.de/7-tipps-wie-du-das-gedankenkarussell-stoppen-kannst/

Kapitel 8

25 https://www.dgppn.de/_Resources/Persistent/1d064ad694a050f6ace4a1b84ddee6ff92e2a270/2017-05-04_3Themendienst_Faktenblatt.pdf

26 https://www.neurologen-und-psychiater-im-netz.org/psychiatrie-psychosomatik-psychotherapie/erkrankungen/angsterkrankungen/was-sind-angsterkrankungen/

27 Maria Bachmann: Bin auf Selbstsuche – komme gleich wieder. 20 Jahre auf dem Weg zum Glück. Ludwig Verlag, 1. Auflage, Kapitel 1.

28 https://www.bszonline.de/artikel/selbsttherapie-%C3%A0-la-goethe

29 Ajahn Brahm: Die Kuh, die weinte, Lotos Verlag, 31. Auflage, S. 57.

30 Irvin D. Yalom: Und Nietzsche weinte. btb.

31 Maria Auer: Schnapp dir die Karotte – schnapp dir dein Glück. 1. Auflage (2016), S. 18.

32 https://www.gesundheitstrends.com/a/schlaf-und-psyche/wie-sie-eine-panikattacke-in-10-sekunden-bekaempfen-9068

33 Martina Kahl-Scholz: Mensch! Erstaunliches über den Körper. Springer Verlag, 1. Auflage, S. 17.

34 https://www.angst-panik-hilfe.de/panikanfall-umgang.html

Kapitel 9

35 https://www.computerwoche.de/a/wie-das-glueck-bei-uns-bleibt,2552862,2

36 https://www.sueddeutsche.de/karriere/job-talent-erfolg-glueck-1.4247114

37 https://www.sueddeutsche.de/wirtschaft/nahaufnahme-macht-gruenden-gluecklich-1.3715307

Marcus Börner: Managing Happiness. Mit nur 20 % Aufwand 80 % glücklicher. Redline Verlag.

38 https://www.rundschau-online.de/ratgeber/familie/krisenerprobt-und-konfliktfaehig-warum-muetter-die-besseren-mitarbeiter-sind-1279814

Kapitel 10

39 https://www.medipresse.de/psychologie/die-multitasking-luege-037.html

40 http://www.mihuppertz.de/ist-achtsamkeit/

41 http://www.achtsamkeit-lernen.de/achtsamkeit-uebungen/achtsames-atmen/index.php

42 http://www.mihuppertz.de/ist-achtsamkeit/

43 https://www.achtsamkeitindernatur.de/

44 https://meditierenlernen.org/meditation-im-wald/

45 http://www.mihuppertz.de/achtsamkeitsbasierte-therapie/

46 https://www.umassmed.edu/cfm/

47 http://mindfullivingprograms.com/mbsr_background.php

48 https://dfme-achtsamkeit.de/was-ist-achtsamkeit-wirkung/

49 https://www.youtube.com/watch?v=yNi5m14QMFU

50 https://www.researchgate.net/publication/279014835_Mindfulness_Meditation_Surprisingly_Ineffective_in_Treating_High_Blood_Pressure

51 https://www.researchgate.net/publication/279014835_Mindfulness_Meditation_Surprisingly_Ineffective_in_Treating_High_Blood_Pressure

52 Dabei ist das Wort für Herz in allen asiatischen Sprachen dasselbe wie für Geist. Der deutsche Begriff »Achtsamkeit« hat diese Bedeutung übrigens überhaupt nicht.

53 https://www.mbsr-verband.de/mbsr-mbct/mbsr.html

54 http://www.ard.de/home/themenwoche/Matthias_Dhammavaro_Jordan/408472/index.html

55 Brigitte Röthlein: Anleitung zur Langsamkeit. Piper Verlag, 1. Auflage, S. 180.

56 https://dfme-achtsamkeit.de/achtsamkeits-uebungen-alltag/

https://www.fachausbildung-stressbewaeltigung-achtsamkeit.de/achtsamkeitsuebungen-im-alltag/

57 https://arbeitsblaetter.stangl-taller.at/TEST/SAT/selbst-achtsamkeit-uebungen.shtml

58 https://www.gutzitiert.de/zitat_autor_meister_eckhart_thema_liebe_zitat_13680.html

Kapitel 11

59 https://de.wikipedia.org/wiki/Meditation

60 https://www.lernen.net/artikel/meditation-mit-diesen-10-tipps-und-5-uebungen-lernst-du-meditieren-1111/

61 https://www.lernen.net/artikel/meditation-mit-diesen-10-tipps-und-5-uebungen-lernst-du-meditieren-1111/_

62 https://www.tomaten.de/schimmel-an-tomaten/

Kapitel 12

63 https://www.wissenschaft.de/geschichte-archaeologie/bekanntenkreis-mit-fliessgleichgewicht/

64 https://platinnetz.de/magazin/leben/psychologie/freundschaften-hat-man-dem-zufall-zu-verdanken/

65 http://home.wtal.de/WUW/titelseite.html

66 https://www.zeit.de/2012/05/Freundschaft-Essay/seite-2 (Übrigens gab es solche Studien bereits in den Neunzigern, in denen das Gleiche herauskam (Barbara Winstead (1986))

67 Maria Auer: Schnapp dir die Karotte – schnapp dir dein Glück. Goldegg Verlag, 1. Auflage (2016).

68 https://ze.tt/laut-harvard-studien-brauchen-wir-genau-eine-sache-fuer-ein-erfuelltes-leben/

69 https://journals.plos.org/plosone/article?id=10.1371/journal.pone.0151588

70 Florian Illies: Anleitung zum Unschuldigsein. Argon Verlag, 1. Auflage.

71 https://www.welt.de/gesundheit/psychologie/article13617499/Wie-notorische-Ja-Sager-das-Nein-sagen-lernen.html

72 https://www.gesundheitstrends.com/a/schlaf-und-psyche/
nein-sagen-fuer-anfaenger-7986

https://www.psychotipps.com/selbstsicher-nein-sagen.html

https://www.zeitzuleben.de/5-tipps-zum-nein-sagen/

73 https://www.beste-freundin-gesucht.de/

https://www.welt.de/icon/partnerschaft/article175290342/Online-Portal-Kann-man-im-Internet-eine-beste-Freundin-finden.html

https://www.apfelpage.de/news/freunde-finden-per-app/

74 https://kurier.at/leben/
wissenschaft-gute-freundschaft-ist-eine-frage-der-zeit/400018708

Kapitel 13

75 http://www.haz.de/Nachrichten/Wissen/Uebersicht/
Marie-Kondo-auf-Netflix-Funktioniert-die-Aufraeumtechnik-KonMari-wirklich

76 https://www.welt.de/icon/service/article172146541/Aufraeumen-Die-besten-Methoden-richtig-auszumisten.html

77 https://www.ndr.de/ratgeber/verbraucher/Ordnung-schaffen-mit-der-KonMari-Methode-Co,aufraeumen156.html

78 https://www.zeitblueten.com/news/richtig-aufraeumen-10-zaubertipps/

79 https://www.ndr.de/ratgeber/verbraucher/Ordnung-schaffen-mit-der-KonMari-Methode-Co,aufraeumen156.html

80 Dieter Moor: Was wir nicht haben, brauchen Sie nicht. rororo Verlag, 1. Auflage.

Kapitel 14

81 Mihály Csíkszentmihályi: Flow, das Geheimnis des Glücks. Klett-Cotta Verlag, 5. Auflage.

82 https://www.anja-niekerken.de/blog-details/
kreative-entfaltung-ist-ein-grundbeduerfnis-und-jeder-mensch-ist-kreativ

https://www.welt.de/print/wams/wissen/article110893740/Jeder-ist-kreativ.html

83 https://www.stern.de/gesundheit/psyche--kreative-hobbys-foerdern-unser-wohlbefinden-7221780.html

84 https://www.woman.at/a/studie-nichtstun-macht-gl%C3%BCcklich-und-gesund

85 https://www.sueddeutsche.de/karriere/
aus-misserfolgen-lernen-nicht-am-boden-liegen-bleiben-1.364496

Kapitel 15

86 https://www.pinterest.de/couchmagazin/
urban-jungle-wohnen-mit-pflanzen/?lp=true

87 https://www.brigitte.de/woman/gesundheit/gesund-bleiben/gartenarbeit--warum-uns-buddeln-gluecklich-macht-10182478.html

88   https://www.brigitte.de/woman/gesundheit/gesund-bleiben/gartenarbeit--warum-uns-buddeln-gluecklich-macht-10182478.html

https://www.ggut.org/index.php

https://www.iggt.eu/startseite.html

Kapitel 16

89   https://www.ndr.de/ratgeber/gesundheit/Gesund-abnehmen-mit-Intervallfasten,fasten224.html

90   https://if168.de/intervallfasten-welche-formen-gibt-es/

91   https://www.vital.de/gesunde-ernaehrung/ernaehrungs-tipps/artikel/intervallfasten-so-geht-das-kurzzeitfasten

92   https://if168.de/intermittierendes-fasten-und-seine-auswirkungen-auf-unser-gehirn/

93   https://www.fitforfun.de/news/intervallfasten-das-sind-die-pros-und-contras-302618.html

94   https://www.swr.de/odysso/zuckerkonsum-in-zahlen/-/id=1046894/did=18581030/nid=1046894/17x5mpm/index.html

95   https://eatsmarter.de/ernaehrung/gesund-ernaehren/tagesbedarf-zucker

96   www.ohnezucker.ch

97   https://www.projekt-gesund-leben.de/2017/02/40-tage-ohne-zucker-das-passiert-im-koerper-projekt-zuckerfrei/

98   https://simplyketo.de/

99   https://www.tribecaicecream.com/

Kapitel 17

100 https://www.zeit.de/zeit-wissen/2012/03/Werbung-Manipulation-Kaufrausch/seite-3

101 https://www.zeit.de/zeit-wissen/2012/03/Werbung-Manipulation-Kaufrausch/seite-3

102 https://www.welt.de/wissenschaft/article2241902/Wie-Kaufsuechtige-sich-zuegeln-lernen.html

Kapitel 18

103 https://yogawithadriene.com/

104 https://www.traumatherapie.at/ibt-integrative-bewegte-traumatherapie/

105 https://www.runnersworld.de/gesundheit/acht-tipps-fuers-richtige-joggen.274632.htm

106 https://www.antenne.com/tipps/service/tiere/studie-belegt-haustiere-machen-gluecklich-id158659.html

107 https://www.antenne.com/tipps/service/tiere/studie-belegt-haustiere-machen-gluecklich-id158659.html

Kapitel 20

108 https://www.netdoktor.de/anatomie/hormone/

[109] https://www.lachlehrerin.de/wahr-oder-falsch-kinder-lachen-400-bis-400-mal-am-tag/

[110] https://www.evidero.de/welche-glueckshormone-gibt-es

[111] https://www.jeffsfinest.com/
der-ultimative-food-sexguide-21-lebensmittel-fuer-besseren-sex/

[112] https://www.apotheken-umschau.de/Hormone

http://www.medizinfo.de/endokrinologie/hormone.htm

[113] https://www.zeit.de/zeit-wissen/2013/04/hormone-haushalt-botenstoffe

[114] https://www.runnersworld.de/training/das-runners-high-das-muessen-sie-ueber-den-laufrausch-wissen.150606.htm

[115] https://www.dasgehirn.info/handeln/liebe-und-triebe/
liebe-ist-biochemie-und-was-noch

[116] https://www.brain-effect.com/magazin/glueckshormon-serotonin

[117] https://www.focus.de/gesundheit/ratgeber/sexualitaet/erotik/dr.sex/mehr-power_
aid_17599.html

[118] https://www.brain-effect.com/magazin/
adrenalin-noradrenalin-wirkung-neurotransmitter

[119] https://medlexi.de/Phenethylamin

[120] https://www.zeit.de/2016/15/oxytocin-hormon-gehirn-forschung

[121] https://www.zeit.de/2016/15/oxytocin-hormon-gehirn-forschung/seite-4

[122] https://www.deutschlandfunk.de/hormone-in-kosmetika-krebskrank-vom-
duschgel.697.de.html?dram:article_id=395881

[123] https://www.bund.net/chemie/toxfox/kosmetikprodukte/

https://www.spiegel.de/gesundheit/diagnose/bund-studie-viele-kosmetika-
enthalten-hormonell-wirksame-stoffe-a-912768.html

[124] https://www.bund.net/themen/chemie/toxfox/

[125] Richard David Precht: Wer bin ich und wenn ja, wie viele? Goldmann Verlag,
32. Auflage, S. 354.

[126] Stefan Klein: Die Glücksformel oder Wie die guten Gefühle entstehen. rororo
Verlag, 1. Auflage, S. 82

Kapitel 21

[127] http://www.ard.de/home/themenwoche/Ernst_Fritz_Schubert___Glueck_kann_
man_lernen_/408616/index.html?fbclid=IwAR22H3Rb310R4hiH3dRPuXwJHgUx
kpHW37NdlD9F9E7K47bOI2QhPD-KvD8

[128] https://www.fritz-schubert-institut.de/home/schulfach-glück/

[129] https://www.deutschlandfunkkultur.de/gluecksunterricht-in-der-schule-du-lernst-
hier-wie-du.1001.de.html?dram:article_id=387902

[130] https://www.welt.de/vermischtes/article165458022/Warum-Chinesen-einem-
Unfallopfer-keine-Hilfe-leisten.html

131 https://www.fritz-schubert-institut.de/home/schulfach-glück/

https://www.tagesspiegel.de/berlin/schule/pilotprojekt-an-drei-schulen-berliner-schueler-lernen-das-fach-glueck/20668904.html

https://www.morgenpost.de/berlin/article212718353/Glueck-kann-man-lernen.html

http://www.spiegel.de/lebenundlernen/schule/indien-dalai-lama-stellt-neues-unterrichtsfach-glueck-an-indischen-schulen-vor-a-1216236.html

Kapitel 22

132 http://www.artediem.net/content/bellebaum.html

133 https://www.healthyhabits.de/gluecklich/

134 Petra Lazarus und Wulfing von Rohr: Die Huna-Glücksformel. Entdecke die hawaiianische Leichtigkeit des Lebens. Ansata Verlag, 1. Auflage, S. 28.

135 https://www.spektrum.de/news/ist-glueck-eine-frage-der-gene/1301430

136 https://www.evidero.de/was-ist-glueck

137 https://www.wn.de/Welt/Vermischtes/2016/03/2306807-Gluecksformeln-Haben-Lieben-und-Sein-Welche-Lebensumstaende-machen-gluecklich

138 Florian Langenscheidt: Handbuch zum Glück. Heyne Verlag, 1. Auflage, S. 83.

139 https://www.nzz.ch/projekt_ewiges_glueck-1.2612993

140 https://www.sinndeslebens24.de/ergebnisse-der-gluecksforschung-was-macht-uns-gluecklich

141 http://www.artediem.net/content/gustav.html

142 Shawn Achor: The Happiness Advantage. New York 2010

143 IZPP. Ausgabe 1/2015. Themenschwerpunkt Glück und Leid: Karlheinz Ruckriegel: Glücksforschung.

144 https://www.br.de/nachrichten/deutschland-welt/weltglueckstag-was-uns-wirklich-gluecklich-macht,QmlzeSU

145 https://diepresse.com/home/panorama/welt/695730/Bhutan_Im-Koenigreich-des-Gluecks

146 https://www.bhutan-horizonte.de/bhutan-bruttonationalglueck.html

147 Der Regisseur Harald Friedl sagt in einem Interview, dass nicht nur positive Gedanken wichtig seien, sondern auch negative, da man damit blöde Sachen, die einem begegnet sind, besser verarbeiten könne. In der Psychotherapie haben sie ihren festen Platz, um mit dem Leben wieder klarzukommen. Wenn man zwanghaft versuchen würde, alles unter dem Deckmantel einer positiven Perspektive zu betrachten, bekomme man irgendwann Probleme. Ein Beinbruch oder ein Autounfall seien halt nun mal scheiße. Das dürfe man auch sagen und sich somit Luft schaffen. Raus mit der negativen Stimmung! Allerdings solle man dabei weiterhin optimistisch in die Zukunft schauen. Also ausgiebig fluchen und mit der Faust auf den Tisch und so und sich danach wieder auf die schönen Dinge besinnen.

[148] https://ministeriumfuerglueck.de/

[149] https://www.zeit.de/news/2019-03/19/
mehrheit-der-deutschen-nennt-sich-gluecklich-190319-99-445971

[150] https://www.glueck-lebenskunst.de/was-ist-glueck/articles/sonja-lyubomirsky.html

[151] Sonja Lyubomirsky: Glücklich sein: Warum Sie es in der Hand haben, zufrieden zu leben. Frankfurt/New York 2008, S. 34.

Kapitel 23

[152] https://universityofhappiness.de/das-ueberlebenswichtige-unglueck/

[153] https://universityofhappiness.de/das-ueberlebenswichtige-unglueck/

[154] https://www.fachportal-paedagogik.de/literatur/vollanzeige.
html?FId=981632#vollanzeige

[155] https://de.wikipedia.org/wiki/Glückstagebuch

[156] https://de.wikipedia.org/wiki/Glückstagebuch

[157] https://arbeitsblaetter.stangl-taller.at/EMOTION/Emotion.shtml

Kapitel 24

[158] http://positivepsychologie.eu/vortraege/
dankbarkeit-als-weg-zum-persoenlichen-glueck

[159] Tatjana Strobel: Was bleibt, wenn alles anders ist? mvg Verlag, 2018, Kapitel: Dank.

[160] https://givingpledge.org/

[161] https://www.amazon.de/Rassel-K%C3%BCrbis-Strohhalm-
Fl%C3%B6te-Kreative-Kiga-Instrumente-Musikmachen/
dp/3867022976

[162] Übersicht über Crowdfunding Plattformen: https://www.gruenderkueche.de/
fachartikel/uebersicht-crowdfunding-portale-crowdinvesting-liste-deutschland/

[163] https://www.deutschlandfunkkultur.de/warum-freundliche-menschen-besser-
leben.950.de.html?dram:article_id=138548

Adam Phillips & Barbara Taylor: Freundlichkeit: Diskrete Anmerkungen zu einer unzeitgemäßen Tugend. Klett-Cotta.

[164] Stefan Klein: Der Sinn des Gebens: Warum Selbstlosigkeit in der Evolution siegt und wir mit Egoismus nicht weiterkommen., S. Fischer Verlag, 2. Auflage, in: Teil I – Ich und Du.

[165] https://www.wlz-online.de/landkreis/schenken-menschheit(1)-5409506.html

[166] https://www.hbs.edu/faculty/Publication%20Files/10-012_0350a55d-585b-419d-
89e7-91833a612fb5.pdf

Kapitel 25

[167] https://www.welt.de/print-welt/article561229/Warum-bringt-der-Schornsteinfeger-
eigentlich-Glueck.html

[168] https://www.stuttgarter-nachrichten.de/inhalt.gut-zu-wissen-warum-schweine-glueck-bringen.72dd9168-275d-41f5-98f9-0f925ae3d263.html

[169] https://www.br.de/themen/wissen/klee-gluecksklee-kleeblatt-gluecksbringer-100.html

[170] https://www.rbb-online.de/schulstunde-glueck/das-geteilte-glueck/glueck-in-den-weltreligionen.file.html

[171] Yuval Noah Harari: Eine kurze Geschichte der Menschheit., Pantheon Verlag, 34. Auflage, S. 478

[172] https://www.der-buddhismus.de/die-3-geheimnisse-fuer-glueck-und-zufriedenheit/

[173] https://www.express.de/news/politik-und-wirtschaft/geld/dann-lieber-arm--unglaublich--wie-viel-pech-diese-lottogewinner-am-ende-hatten--23768530

[174] https://www.der-buddhismus.de/die-3-geheimnisse-fuer-glueck-und-zufriedenheit/

[175] https://zitatezumnachdenken.com/buddha

Kapitel 26

[176] https://www.matrixwissen.de/index.php?option=com_content&view=article&id=245:world-view-of-ancient-greece&catid=142:world-view&Itemid=122&lang=de

[177] https://www.anderegg-web.ch/phil/sokrates.htm

[178] https://www.thur.de/philo/philo5.htm

[179] https://www.philognosie.net/wissen-technik/einfuehrung-in-die-philosophie-des-aristoteles

[180] http://www.neuemoral.de/www_neuemoral_de/Philosophen/Aristoteles/Aristoteles_und_Moral/aristoteles_und_moral.html

[181] https://www.mittelschulvorbereitung.ch/contentLD/DE/T95pPhilosophie.pdf

[182] http://www.schmidt-bernd.eu/veranstaltungen/glueck/das-Glueck-bei-aristoteles.pdf

[183] https://www.diogenes.ch/leser/titel/ludwig-marcuse/philosophie-des-gluecks-9783257200218.html

[184] Stefan Klein: Die Glücksformel oder wie die guten Gefühle entstehen. rororo Verlag.

[185] https://www.br.de/radio/bayern2/sendungen/radiowissen/ethik-und-philosophie/epikur-grieche-hedonismus-100.html

https://www.wiwo.de/erfolg/management/das-gute-leben-lest-philosophen-statt-managementratgeber/20708270.html

[186] Stefan Klein: Die Glücksformel oder wie die guten Gefühle entstehen. rororo Verlag, 1. Auflage, S. 73.

[187] Rainer Grunert: Anleitung zum wunschlosen Glück. Windpferd Verlag, 1. Auflage, S. 11 ff.

[188] https://www.spektrum.de/lexikon/philosophen/diogenes-von-sinope/91

[189] http://pdf.kanarenexpress.com/9/pdf/kanaren_express_038.pdf

[190] http://www.artediem.net/content/bellebaum.html

[191] Richard David Precht: Wer bin ich? Goldmann Verlag, 32. Auflage, S. 364.

Kapitel 28

[192] https://www.vergleich.org/haarseife/?gid=CjwKCAjww
ZrmBRA7EiwA4iMzBCRFFBnuJxpBtgel6XxraoNtZ4
5BQ-jiCWHOhXv9rnbfD2XXmk-nuxoCuUcQAvD_BwE

[193] https://utopia.de/ratgeber/haarseifen-infos-und-tipps/

[194] https://www.smarticular.net/neutrale-bio-handseife-preiswert-selbst-herstellen/

[195] https://www.glamour.de/frisuren/haarpflege/shampoo-selber-machen

[196] https://www.smarticular.net/diy-natur-kosmetik-laengere-haltbarkeit

[197] https://www.manufactum.de/buch-fuenf-hausmittel-ersetzen-drogerie-p1537572/

[198] https://utopia.de/ratgeber/hausmittel-putzmittel-waschmittel/

[199] https://www.zeit.de/wissen/umwelt/2017-08/
kaffeebecher-pfand-nachhaltigkeit-umweltschutz/seite-3

[200] https://www.trendsderzukunft.de/
energie-aus-muell-schweden-zeigt-wie-gut-eine-null-muell-stadt-funktioniert/

[201] https://www.galileo.tv/earth-nature/das-hier-sind-die-fuenf-alternativen-zu-plastik/

[202] https://www.swr.de/wissen/oekologischer-fussabdruck-140-liter-wasser-stecken-in-
einer-tasse-kaffee/-/id=253126/did=20934850/nid=253126/kp1855/index.html

[203] https://www.merkur.de/wirtschaft/edeka-fuehrt-dosen-an-wursttheke-ein-nicht-
alle-kunden-sind-zufrieden-zr-10079456.html

https://utopia.de/rewe-eigener-behaelter-frischetheke-63738/

https://www.smarticular.net/muellfrei-einkaufen-alle-unverpacktlaeden/

[204] https://www.retuna.se/

https://www.stern.de/wirtschaft/news/in-schweden-steht-das-weltweit-erste-
recycling-kaufhaus-8486730.html

[205] https://www.welt.de/gesundheit/article116768015/Wattestaebchen-haben-im-Ohr-
nichts-zu-suchen.html

[206] Martina Kahl-Scholz: Mensch! Erstaunliches über den Körper. Springer Verlag,
1. Auflage, S. 48.

Kapitel 29

[207] https://www.amazon.de/Tr%C3%A4ume-Provence-Anja-Saskia-Beyer/
dp/2919802380/ref=tmm_pap_swatch_0?_encoding=UTF8&qid=1556655082&sr=1-3

[208] https://www.amazon.de/M%C3%BCritz-Mord-
M%C3%BCckenstich-Charly-Feyerabend/
dp/3740803916

[209] https://www.eatmovefeel.de/
natuerliche-tipps-um-glueckshormone-zu-erhoehen-und-sich-besser-zu-fuehlen/

[210] http://www.wohnfuehlen-blog.de/mood-food-das-beste-essen-fuer-gute-laune/

[211] https://www.ortefuermenschen.at/diese-lebensmittel-sollen-sie-zufriedener-machen/

Kapitel 31

[212] Florian Langenscheidt: Handbuch zum Glück, Heyne Verlag, 1. Auflage, S. 13, hier
zitiert der Autor den Psychiater Viktor Frankl.

[213] https://balanceyourlife.com/2016/02/as-i-began-to-love-myself-a-poem-on-self-love/

Charlie Chaplin on his 70th birthday (Anm. d. Autors: The origin of this poem
is uncertain. It is believed to have been written by Charlie Chaplin on his 70th
birthday, however some give credit to Kim & Alison McMilen, for a poem titled
»When I Loved Myself Enough«.

As I Began to Love Myself
As I began to love myself I found that anguish and emotional suffering
are only warning signs that I was living against my own truth.
Today, I know, this is
»AUTHENTICITY«.

As I began to love myself I understood how much it can offend somebody
As I try to force my desires on this person,
even though I knew the time was not right
and the person was not ready for it,
and even though this person was me.
Today I call it
»RESPECT«.

As I began to love myself I stopped craving for a different life,
and I could see that everything that surrounded me was inviting me to grow.
Today I call it
»MATURITY«.

As I began to love myself I understood that at any circumstance,
I am in the right place at the right time,
and everything happens at the
exactly right moment.
So I could be calm.
Today I call it
»SELF-CONFIDENCE«.

As I began to love myself I quit stealing my own time,
and I stopped designing huge projects for the future.
Today, I only do what brings me joy and happiness, things I love to do
and that make my heart cheer, and I do them in my own way and in my own
rhythm.
Today I call it
»SIMPLICITY«.

As I began to love myself I freed myself of
anything that is no good for my health –
food, people, things, situations, and everything
that drew me down and away from myself.
At first I called this attitude a healthy egoism.
Today I know it is
»LOVE OF ONESELF«.

As I began to love myself I quit trying to always be right,
and ever since I was wrong less of the time.
Today I discovered that is
»MODESTY«.

As I began to love myself I refused to go on living in the past and worry about
the future.
Now, I only live for the moment, where EVERYTHING is happening.
Today I live each day, day by day, and I call it
»FULFILLMENT«.

As I began to love myself I recognized that my mind can disturb me
and it can make me sick.
But as I connected it to my heart,
my mind became a valuable ally.
Today I call this connection
»WISDOM OF THE HEART«.

We no longer need to fear arguments,
confrontations or any kind of problems
with ourselves or others.
Even stars collide, and out of their
crashing new worlds are born.
Today I know THAT IS
»LIFE«!

Sample

Not For Resale

Printed in Germany
by Amazon Distribution
GmbH, Leipzig